Knaur

Von Hans-Jörg Uther herausgegeben sind außerdem erschienen:
Die schönsten Märchen von Liebe und Sehnsucht
Die schönsten Märchen von schlauen Katzen und listigen Katern
Die schönsten Märchen vom Essen und Trinken
Die schönsten Märchen von Sonne, Mond und Sternen
Die schönsten Märchen von Himmel und Hölle
Die schönsten Märchen von Müttern und Töchtern
Die schönsten Märchen vom Heilen
Die schönsten Märchen von unermeßlichen Schätzen
und großen Reichtümern
Die schönsten Märchen von Elfen und Feen
Die schönsten Märchen von Riesen und Zwergen
Die schönsten Pferdemärchen
Die schönsten Kindermärchen
Großmutters schönste Märchen
Die schönsten Weihnachtsmärchen

Über den Herausgeber:

Prof. Dr. Hans-Jörg Uther, geboren 1944, gehört zu den
bekanntesten Märchenexperten Deutschlands. Er lehrt an der
Universität Essen Literaturwissenschaft und ist tätig in der Redaktion
der »Enzyklopädie des Märchens«, einer Arbeitsstelle der Göttinger
Akademie der Wissenschaften. Die Reihe »Die Märchen der
Weltliteratur« betreut er als Herausgeber. Er ist Mitherausgeber der
internationalen Zeitschrift »Fabula«, Autor zahlreicher Beiträge zur
Erzählforschung und hat bedeutende Märchen- und
Sagensammlungen veröffentlicht, darunter eine vierbändige
kommentierte Ausgabe der Grimmschen »Kinder- und
Hausmärchen«.

DIE SCHÖNSTEN MÄRCHEN VON VÄTERN UND SÖHNEN

❦

Zusammengestellt und herausgegeben von
Hans-Jörg Uther

Knaur

Originalausgabe 2002
Copyright © 2002 bei
Droemersche Verlagsanstalt Th. Knaur Nachf., München
Alle Rechte vorbehalten. Das Werk darf – auch teilweise – nur mit
Genehmigung des Verlags wiedergegeben werden.
Umschlaggestaltung: ZERO Werbeagentur München
Satz: Ventura Publisher im Verlag
Druck und Bindung: Nørhaven Paperback A/S
Printed in Denmark
ISBN 3-426-62236-X

2   4   5   3   1

INHALT

DIE SCHÖNSTEN MÄRCHEN
VON VÄTERN UND
SÖHNEN

Ein Bauer schickte seinen Sohn, der nicht arbeiten wollte und immer sagte, er sei zu etwas Höherem bestimmt, auf die hohe Schule, damit er hier etwas Ordentliches lerne. Allein der Sohn dachte nicht an das Lernen, sondern lebte in einem fort lustig in den Tag hinein. Seinem Vater aber schrieb er immerfort um Geld, und der verkaufte allmählich seine Kühe und verpfändete zuletzt noch Haus und Hof. Endlich kam der teure Sohn von der Schule nach Hause, in ganz vornehmer Kleidung, und tat vor seinem Vater so, als habe er das ganze Buch der Weisheit in seinem Haupt. »Kannst du Lateinisch, mein Sohn?«

»Und wie! Vater, freilich!« Da ward der Alte recht stolz, denn er dachte, wer Lateinisch verstehe, könne in der ganzen Welt fortkommen und sei ein gemachter Herr. »Komme nur gleich zum Herrn Pfarrer, daß er sieht und hört, wer du bist. Ich habe schon um die Schule für dich angehalten!« Jetzt wurde es dem Studenten schwül und angst, er wollte nicht recht. Allein sein Vater ließ ihm keine Ruhe.

Der alte Bauer hatte dem Pfarrer schon viel von seinem gelehrten Sohn erzählt und wie er sein Vermögen auf ihn verwendet. Sie traten ein, und der Alte grüßte und bat, der Herr Pfarrer solle mit seinem Sohn ein wenig gelehrt reden. »Sprichst du Lateinisch?«

»Jeta!« antwortete der Student und war ganz verlegen, und auf alle Fragen, die der Pfarrer tat, antwortete er immer nur: »Jeta, jeta, jeta!«

»Lieber Mann!« sprach darauf der Pfarrer zum Bauern,

»Euer Sohn ist so gelehrt!« und schüttelte dabei das Haupt, »daß wir ihn nicht brauchen können!« Der Bauer merkte aber, was das sagen sollte. Denn er hatte gesehen und gehört, daß sein Sohn eigentlich nichts wisse. Aber er hielt seinen Zorn zurück. Er führte ihn nun zum Herrn Notarius. Dieser sollte ihm auch auf den Zahn fühlen und sehen, ob er zum Schreiber tauge: »Kannst du Kontrakte, Schuldscheine, Quittungen und Testamente schreiben?« fragte der Notarius den Jungen. »Briefe um Geld an meinen Vater kann ich schreiben, die hat man mir oft diktiert, und Testamente schreiben, wozu? Mein Vater hat ja ein gedrucktes!« Der Notarius wußte nun genug. »Oh, lieber Mann«, sprach er zum Bauern, »ich bedaure sehr, aber Euren Sohn kann ich in der Schreibstube nicht brauchen!«

Der Bauer wurde jetzt fast wütend vor Zorn. Allein er ließ hier nichts merken. Im Heimgehen aber sprach er bei sich: »Es ist fast zum Haarausreißen. Meine schönen Kühe und mein Vermögen habe ich geopfert und soll jetzt Spott und Schande erleben!« Als er mit seinem Sohn in den Hof zurückgelangte, lud eben der Knecht Mist auf einen Wagen. Der Bauer nahm einen Stock, hob ihn jetzt drohend gegen seinen Sohn und schrie: »Kerl, jetzt sage mir gleich, wie heißt der Ochs auf Lateinisch?«

»ochsus«, sagte der Sohn und zitterte am ganzen Leib.

»Der Rock?«

»rockus.«

»Die Gabel?«

»gablistus.«

»Der Mist?«

»mistitus.«

»Alsi, tea ochsus, zech aus de rockus en nomm de gablistus en lad de mistitus. Sonst hiewen ich dese stockus en han dich iwert Krucifixus, dat de kreischt: ach, Härr Jesus!« Mit dem Rock war auch der Student bald ausgezogen, und von nun an mußte der ungeratene Gelehrte im Stall und im Mist arbeiten, daß es eine Art hatte – und das war recht!

DIE POMERANZEN

Es war einmal ein König, der hatte eine Tochter, und die war krank. Nun hatte sie einen Heißhunger auf Pomeranzen, es gab aber keine weit und breit im ganzen Land. Sonntags nach der Messe ließ der König durch einen Trommler ausrufen, wer seiner Tochter Pomeranzen brächte, sollte sie zur Frau bekommen. Da war nun ein Bauersmann, der in der Messe gewesen war und solches gehört hatte. Er hatte aber drei Söhne, dieser Bauersmann. »Wenn ich nur Pomeranzen bekommen könnte«, sagte er zu sich selber, »damit einer meiner Söhne sie heiraten würde. Wie glücklich wäre ich darüber!« Als er heimkam, fand er einen Pomeranzenbaum, der war ganz voll Pomeranzen. Er ließ seine Söhne rufen und sprach zum Ältesten: »Da sind sechs Pomeranzen. Die wirst du der Königstochter bringen!« Er wickelte ihm die sechs Pomeranzen ein und legte sie in einen Korb.

Der Bursche mußte durch einen Wald, um in das Gebiet des Königs zu gelangen. Als er mitten im Walde war, begegnete er einer kleinen guten Frau. Sie sagte zu ihm: »Was habt

Ihr denn in Eurem Korb?« Darauf antwortete er ihr sehr ungezogen: »Geht das Euch etwas an?« Sie sagt: »Ja, ich möchte es wissen!«

»Nun ja«, sagt er zu ihr, »ich habe einen Scheißdreck!« Da entgegnete ihm die gute Frau: »Scheißdreck soll es sein!« Und die Pomeranzen haben sich in Scheißdreck verwandelt. Als er ins Schloß gekommen ist, hat er gesagt, er bringe Pomeranzen für die Prinzessin. Da hat man seinen Korb geöffnet und Dreck darin gefunden. Darüber haben die Leute, die dort waren, eine große Wut auf ihn bekommen und haben ihn binden und einsperren lassen.

Als der Vater sah, daß sein Sohn nicht wiederkam, wurde er unruhig und sprach zum anderen Sohn: »Hier sind zwölf Pomeranzen. Geh und schau, was dein Bruder macht!«

Und als der Bursche in den Wald kam, begegnete er wieder der nämlichen kleinen guten Frau. Sie sagt zu ihm: »Was habt Ihr denn da in Eurem Korb, mein Freund?« Er sagt zu ihr: »Aber geht das Euch etwas an?« Darauf sie: »Aber ich möchte es wissen!« Er erwidert: »Es sind Eselsohren darin!« Da sprach sie: »Eselsohren sollen es sein!« Am Morgen kommt er mit seinen tappigen Holzschuhen ins Schloß zur Königstochter. Man fängt an: »Was bringt uns denn der schon wieder?« Er antwortet: »Ich bringe Pomeranzen für die Prinzessin!« Man öffnete den Korb: Große Eselsohren waren darin. Darüber sind sie wieder in große Wut geraten und haben ihn genauso eingesperrt.

Darauf hat es den Vater verdrossen, daß seine Söhne gar nicht zurückkommen, und er hat zu seinem Jüngsten gesagt: »Was soll das nun heißen, daß sie nicht wiederkommen?« Darauf hat jener gesagt: »Vater, wenn ich ginge, vielleicht hätte ich mehr Glück!« Da sprach der Vater, welcher diesen Sohn nicht sehr liebte, zu ihm: »Du! Du glaubst immer, daß du es besser kannst wie die anderen!« und später: »Nun ja, es ist gut, hier sind drei Pomeranzen. Geh hin, wenn du willst!« Der Junge ist sehr zufrieden und geht. Auch ihm begegnet die kleine gute Frau. Sie sagt zu ihm: »Wohin geht Ihr so vergnügt, mein Freund?« Darauf antwortet er ihr: »Frau, ich will der Königstochter diese Pomeranzen bringen!« Sie sagt zu ihm: »Mein Freund, weil du so höflich bist, will ich dir sagen, wie du es machen mußt. Du bist nur ein Bauer. Du weißt nicht, wie du es anstellen mußt, um zum Ziel zu kommen. Zunächst hat die Tochter des Königs einen Liebhaber, den sie lieber hat als dich; sie wird nichts von einem Bauern wissen wollen.« Dann sagt sie zu ihm: »Da sind drei Dinge: eine kleine Pfeife, eine Ahle und ein kleines Messerchen und hier ein kleines Stäbchen. Wenn du in Not bist, so sagst du: ›Kraft meines kleines Stäbchens, wenn nur meine kleine gute Frau da wäre!‹ Dann werde ich zu dir kommen und dir aus der Not helfen!«

Nun geht er sehr zufrieden weiter. Er kommt in das Reich des Königs. Man fragt ihn, was er auch noch habe, ob es wieder so häßliche Dinge wären? Da meint er: Nein, er habe Pomeranzen. Man öffnete seinen Korb, es war ein ganzes Dutzend darin, die schönsten Pomeranzen, die man auftreiben konnte. Er selber war sehr erstaunt, da er nur drei zu haben glaubte. Man führt ihn zum König. Man stellte ihn der Königstochter vor, welche ein schiefes Gesicht macht, als sie ihn sieht. Dann sagt der König zu ihm: »Du mußt mir drei Aufgaben lösen, ehe du meine Tochter bekommst. Hier sind hundert Hasen, du mußt sie hüten gehen. Aber bedenke:

Heute abend darf kein einziger fehlen!« Nun ist er mit seinen Hasen fort. Alle Hasen machen sich nach rechts und links davon, er konnte sie nicht dazu bringen, daß sie wiederkamen. Er nimmt sein Stäbchen und murmelt: »Kraft meines kleinen Stäbchens, wenn nur meine kleine gute Frau da wäre!« Die kleine gute Frau erscheint und redet ihn an. »Hör, mein Freund, du mußt auf deiner Pfeife blasen, und all deine Hasen werden zurückkommen. Doch paß auf! Der Liebhaber der Königstochter wird kommen und dich um einen bitten, weil er gerne möchte, daß du einen verlierst. Du mußt ihm sagen: ›Ich will Euch gern einen geben, aber unter der Bedingung, daß ich Euch dreimal die Ahle in den Hintern hineintreiben darf.‹ Und dann wirst du einen Pfiff tun, und dein Hase wird zurückkommen. Dann wird der König kommen, um dich seinerseits um einen zu bitten. Du mußt ihm sagen: ›Ich will Euch gern einen geben, aber unter der Bedingung, daß ich Euch einen Zipfel vom Ohr abschneiden darf.‹ Schließlich wird die Königstochter selber kommen, einen zu erbitten. Du mußt ihr sagen: ›Ich will Euch gern einen geben, aber unter der Bedingung, daß ich Euch umarmen darf.‹ Für ein Fräulein wie sie wird das recht unangenehm sein, aber damit du einen Hasen verlierst, wird sie schon einverstanden sein.«

Abends geht er ins Schloß mit all seinen Hasen. Der König sagt ihm, er habe einen weniger, die Prinzessin sagt ihm, er habe einen weniger, der Liebhaber desgleichen. Darauf zählt er sie ihnen vor, und die Rechnung stimmt trotzdem. Jetzt sagt der König: »Was ist zu tun, um ihn zu erwischen? Ich muß ihn erwischen!« Er läßt ihn auf einen Speicher steigen, dort gab es Korn, Hafer und alle Arten von Getreide durcheinander gemengt. Er sagt zu ihm: »Dies alles siehst du. Gut. Heute abend muß alles ausgelesen sein, alles in Ordnung gebracht, jedes auf seinem Platz.« O weh! Der andere sagt: »Das ist sehr schwierig, aber man muß schließlich einen Versuch machen.« Und dann: »Kraft meines kleinen Stäbchens, wenn nur meine kleine gute Frau da wäre!« Die kleine gute Frau kommt und sagt: »Mutter der Ameisen, steige in meine Tasche! Mutter der Ameisen, steige aus meiner Tasche!« Da ist alles in Ordnung gebracht gewesen, jedes, wo es hingehörte. Am Abend steigt der König hinauf und ist ganz verwundert gewesen. Er sagt: »Was muß man tun, um ihn zu erwischen?« Und dann: »Jetzt wirst du mir einen Sack mit Wahrheiten füllen. Das ist die letzte Aufgabe, die du zu erfüllen hast!«

Nun sagt jener: »Was soll das sein, ein Sack Wahrheiten?« Er murmelt wieder: »Kraft meines kleinen Stäbchens, wenn nur meine kleine gute Frau da wäre!« Da sprach die gute Frau zu ihm: »Du weißt den Tag, da du die Hasen hütetest. Du mußt ihnen vor aller Welt erzählen, was du mit ihnen gemacht hast, das sind die Wahrheiten. Du mußt dem König zuletzt erzählen, was du mit ihm gemacht hast. Er wird nicht wollen, daß du es offenbar machst, und er wird dir seine Tochter geben.« Später sagt er: »Gnädiger Herr, ich werde Euch einen Sack mit Wahrheiten füllen! Liebhaber der Königstochter, seid Ihr nicht gekommen, mich um einen Hasen zu bitten, und habe ich Euch nicht drei Ahlenstiche in den Hintern versetzt? Das ist eine Wahrheit. Und Ihr, mein Fräulein, seid Ihr nicht gekommen, mich um einen Hasen zu bitten? Ich habe Euch einen gegeben, aber ich habe Euch sehr heftig umarmt. Da ist noch eine Wahrheit. Und Ihr, gnädiger Herr ...« Da bemerkte der König, daß er die Wahrheit von ihm reden wollte, und er hat es nicht gewünscht. Er hat sich geschämt und gesagt: »Genug davon! Du sollst meine Tochter haben!« Und dann hat jener sich mit der Königstochter verheiratet. Seine Brüder hat er aus dem Gefängnis entlassen, dann ist er zu seinem Vater auf Besuch gegangen und konnte sich die Bemerkung nicht versagen: »Ihr seht wohl ein, daß ich zwar der jüngste, aber auch der Pfiffigste von allen bin!«

DIE DREI RABEN

Es war einmal ein reicher König, der hatte zwei Söhne. Der älteste davon, welcher dem alten König in der Herrschaft folgen sollte, hörte eines Tages von fremden Wandersleuten die Schönheit der Tochter des Königs von Engelland preisen. Das entzündete ihm das Herz in der Brust, und er lief zu seinem Vater und bat ihn, daß er um die Hand der Prinzessin anhalten dürfe. Der alte König aber sprach zu ihm: »Der König von Engelland ist ein gewaltiger, stolzer Herrscher, dem sind alle Könige der Welt nicht reich und mächtig genug, und jedem, der kommt und um seine Tochter wirbt, läßt er das Haupt abschlagen. Bleib darum im Lande und nimm dir eine andere Prinzessin.«

Der Königssohn schlich betrübt von dannen, aß nicht und trank nicht und wurde von Tag zu Tag zusehends schwächer. Da sah der alte König ein, daß dem Unglück nicht mehr zu wehren sei: »So oder so tot«, dachte er und erlaubte den Brüdern, ein Schiff auszurüsten und nach Engelland zu segeln.

Der jüngere Prinz aber war ein über die Maßen kluger Mann, er ließ darum die herrlichsten Kunstwerke aus der Schatzkammer des Königs und was sonst von schönen Dingen in dem Lande zu finden war, auf das Schiff bringen und stattete seinen Bruder und sich selbst als Kaufleute aus. Dann stachen sie in See.

Nach vielen Tagen und Nächten bekamen sie Engelland in Sicht, und es dauert gar nicht lange, so lagen sie hart an dem königlichen Schloß vor Anker. Die beiden Prinzen stiegen in ihrem Kaufmannskleidern aus dem Schiff, sechs Diener mußten allerhand Kostbarkeiten vor ihnen her tragen, und so schritten sie durch das Tor in das Schloß hinein. Drinnen saß der König auf seinem Thron und die Tochter zu seiner Rechten neben ihm. Als die fremden Kaufleute die schönen goldenen und silbernen Geräte als Geschenk überreicht hatten, ward die Prinzessin begierig, auch die anderen Kostbarkeiten zu sehen, die noch in dem Schiffe waren, und sie ließ ihrem Vater keine Ruhe, bis er ihr erlaubte, mit ihren Kammerjungfern zum Schiff herabzugehen und dort die Schätze zu besichtigen.

Als sie nun auf dem Verdeck waren, stieg der älteste Prinz mit der Königstochter und ihren Jungfrauen in den Schiffsraum hinab, und sie konnten sich gar nicht satt sehen an all den herrlichen Dingen, welche er ihnen zeigte. Inzwischen hieß sein Bruder die Schiffsleute die Anker lichten, die Segel wurden gesetzt, ein frischer Wind blies in die Leinwand, und ehe sich's die Prinzessin im Raum und der König auf seinem Schloß versahen, schwamm das Schiff schon auf hoher See.

Nachdem die Prinzessin ihre Augen genugsam an den reichen Schätzen geweidet hatte und wieder hinaufgestiegen war, rang sie vor Verzweiflung die Hände und wollte über Bord in das Meer springen. Da stürzte ihr jedoch der Prinz zu Füßen, nannte seinen Namen und beteuerte, nur deshalb habe er die ganze Fahrt unternommen, weil er sie so innig liebte und ohne List nicht in ihren Besitz gekommen wäre. Als die Prinzessin erfahren hatte, daß der fremde Kaufmann eines reichen Königs Sohn sei, und da sie befand, daß er jung von Jahren und hübsch von Ansehen war, so hörte sie mit dem Weinen auf und ergab sich in ihr Schicksal.

Anders war's mit dem alten, stolzen König von Engelland. Er tobte und fluchte und befahl sofort, die ganze Flotte auszurüsten und den Räubern nachzusetzen. Aber der kluge Bruder des Prinzen hatte zuvor die Fahrzeuge des Königs angebohrt, und so sanken die Schiffe, als sie im tiefen Wasser waren, und die Verfolgung mußte aufgegeben werden. Nun lebten aber in Engelland drei garstige, alte Zauberweiber, die alles Übel verrichten konnten. Nach denen sandte der König, und als sie bei ihm waren, befahl er ihnen, den Räuber zu töten und seine Tochter, tot oder lebendig, wieder zu ihm zurückzubringen.

Da verwandelten sich die drei Hexen in kohlschwarze Raben, stiegen hoch in die Luft und flogen seewärts dem Schiffe nach. Als die Nacht heranbrach, hatten sie die beiden Prinzen eingeholt und ließen sich auf den Spitzen der Mastbäume nieder. Alle Schiffsleute schliefen, nur über die Augen des jüngeren Prinzen konnte kein Schlaf kommen, und er saß einsam am Fuße des Hauptmastes.

Da hörte er, wie der eine Rabe sprach: »Schwestern, wie werdet ihr's beginnen, des Königs Gebot zu vollführen? Ich mache es so: Wenn das Schiff vor Anker geht, so wird der

Prinz mit seiner jungen Gemahlin von Vater und Mutter und dem ganzen Hofe feierlich empfangen. Für die Prinzessin steht ein herrlicher Schimmel mit goldenem Sattelzeug bereit, daß er sie in das Schloß trage. In diesen Schimmel verwandle ich mich selbst, und wenn sich die Prinzessin auf meinen Rücken gesetzt hat, so trage ich sie durch die Luft zurück in ihres Vaters Reich.«

Sprachen die beiden anderen Raben: »Schwester, hat auch niemand deine Reden gehört?«

Antwortete die Hexe: »Mag's gehört haben, wer will. Wenn er's dem Prinzen sagt, so wird er bis zu den Knien zu Stein. Aber nun erzählt auch ihr, wie ihr dem Könige dienen wollt!«

Da hob der zweite Rabe an und sprach: »Wenn der Prinz mit seiner jungen Gemahlin vor das Königsschloß kommt, so wird ihnen die Königin einen Becher Wein darreichen. Den habe ich vergiftet. Trinken sie davon, so sinken sie zu Boden und sind tot.«

»Weiß auch niemand darum?« fragten die anderen Raben. »Meinethalben mag jemand darum wissen, außer mir«, versetzte die zweite Hexe, »denn sagt er dem Prinzen davon und warnt ihn, so wird er bis an die Brust zu Stein. Da wird' er's wohl bleiben lassen.«

»Jetzt will ich auch sagen, was ich vorhabe«, sprach der dritte Rabe. »Wenn der Königssohn und die Prinzessin in das Brautgemach treten, so fallen sie tot zu Boden. Denn ich habe die ganze Kammer verhext, und der Zauber kann nicht anders gehoben werden, als daß jemand seinen Degen zieht und damit vor dem Eintritt des jungen Paares drei Kreuze in der Luft beschreibt.«

»Wenn nun aber jemand deine Worte gehört hat?«, sprachen die beiden ersten Raben. »Das hilft wenig!« sprach der dritte, »erzählt er dem Prinzen davon, so wird er vom Kopf bis zur Sohle ein Stein.« Nachdem sie das gesagt hatten, hoben sich die drei Raben in die Lüfte und flogen krächzend davon.

Der jüngere Prinz hatte die Reden der drei Raben genau verfolgt und behielt alle Worte, die sie gesprochen, in seinem Herzen. Als das Schiff endlich die Stadt anlief, wo der Vater der beiden Prinzen König war, zog ihnen richtig der alte König mit seinem ganzen Hofstaat entgegen, und zur Einholung der Braut brachte er einen herrlichen Schimmel mit. Schon wollte die Königstochter von Engelland das Roß besteigen, als ihr Schwager dazwischensprang und dem Schimmel seinen Degen durchs Herz stach, daß er tot zusammenbrach und sein rotes Blut den weißen Seesand färbte.

Der alte König war sehr zornig darüber und schalt seinen jüngeren Sohn. Auch dem Bruder war die Sache nicht recht. Indessen trösteten sie sich damit, daß das Geschehene nun einmal nicht mehr zu ändern sei. Als sie nun an das Schloß kamen, stand die alte Königin vor dem Tor und hielt einen Becher Wein in der Hand, daß das junge Paar den Ehrentrunk daraus tränke. Ehe sie sich's versahen, war ihnen aber wieder der jüngere Prinz zuvorgekommen und schlug mit seinem Degen auf den Becher ein, daß das Glas in tausend Stücke sprang und der köstliche Wein verschüttet wurde. Das war dem König denn doch zuviel. »Erst hast du mich gekränkt, als du den Schimmel erstachst, und nun beleidigst du deine eigene Mutter!« rief er ergrimmt. »Begehst du noch einmal solch große Freveltat, so lass' ich dich in ein Gefängnis werfen, das weder Sonne noch Mond bescheint.« Der jüngere Prinz biß sich mit den Zähnen auf die Lippen, daß das Blut hervordrang, doch sprach er kein Wort der Rechtfertigung. Stumm und still schritt er hinter dem Bruder und der Königstochter von Engelland einher, als die beiden aber das festlich geschmückte Brautgemach betreten wollten, sprang er zum dritten Male ihnen in den Weg, drängte sich vor ihnen auf die Schwelle und schlug mit seinem Degen dreimal kreuzweise in die Luft hinein.

»Nun tut der Bösewicht gar seinem eigenen Bruder und der jungen Braut etwas an«, schrien der alte König und die Königin mit einer Stimme, »ihm war's nicht genug, uns beide zu kränken!« Und der König rief den Henker, der mußte den Prinzen nehmen und ihn bei Wasser und Brot in einen finsteren Kerker werfen. Nur einmal an jedem Tage durfte er das liebe Sonnenlicht sehen. Dann ließ ihn der König zu sich in den Krönungssaal rufen und fragte ihn vor seinem Bruder und allen Großen des Reiches, warum er den Schimmel erstochen, das Glas zerschlagen und mit dem Degen die drei Kreuze beschrieben habe. Aber der Prinz war standhaft und antwortete jedesmal nicht weiter darauf, sondern bemerkte nur kurz: »Ich darf nicht sagen, warum ich das alles getan habe. Denn sag' ich es euch, so werde ich vom Kopf bis zur Sohle ein Stein.«

Das schien dem König und seinem ganzen Hofe eine schändliche Lüge. Man glaubte ihm nicht und spottete seiner noch obendrein. So ging es ein halbes Jahr. Da ward seine Seele müde, und als ihn sein Vater wieder hinaufführen ließ und fragte: »Warum hast du den Schimmel erstochen, das Glas zerbrochen und mit dem Degen die drei Kreuze beschrieben?«, antwortete er: »Wenn ihr mein Unglück wollt, so will ich's euch erzählen. Der Schimmel war ein verwandeltes Zauberweib. Hätte sich die Königstochter von Engelland darauf gesetzt, so hätt' er sich mit ihr in die Lüfte erhoben, und sie wäre unwiederbringlich verlorengegangen. Das wußte ich, und darum erstach ich das Tier; sagte ich aber irgendeinem Menschen davon, so würde ich bis zu den Knien zu Stein werden. Seht nur her, Vater und Bruder, zu Stein, wie ich jetzt bin!«

Dem König und dem ältesten Prinzen ward himmelangst bei diesen Worten, und sie liefen herbei und sahen, daß er wirklich bis zu den Knien kalter Stein geworden war. Jetzt baten und flehten sie: »Halt inne, mein Sohn, halt inne, lieber Bruder!«, denn sie sahen seine große Treue. Er aber antwortete: »Habt ihr mich so weit ins Elend getrieben, mögt ihr mich auch ganz zugrunde richten« und erzählte darauf, wie's mit dem Becher bestellt gewesen. »Schaut her, Vater und Bruder«, rief er dann, »daß ich dies verraten habe, macht meinen Körper bis zur Brust zu Stein.«

Mit dem König und seinem ältesten Sohn baten nun alle Großen des Reiches und das ganze Hofgesinde, er möge doch jetzt schweigen und wenigstens das Haupt und die Brust retten. Aber ihr Reden half ihnen nichts, schon hatte der Prinz seinen Mund wieder aufgetan und begann zu erzählen, warum er mit dem Degen die drei Kreuze in der Luft beschrieben. Und als er das letzte Wort gesprochen, erstarrte ihm seine Zunge, und vom Kopf bis zur Sohle war er ein kalter, toter Stein, wie die drei Raben vorhergesagt hatten.

Der alte König weinte und jammerte, aber noch weit mehr klagte der älteste Prinz, denn es fiel ihm schwer auf die Seele, daß er die Treue seines Bruders mit Undank belohnt habe. Um nun doch etwas von ihm zu haben, mußten seine Diener den Stein in sein Schlafgemach tragen, und immer, wenn er seinen armen Bruder dort stehen sah, betete er zum lieben Gott, daß er ihn noch einmal erlösen möchte. So vergingen ein paar Jahre, und die Königstochter von Engelland hatte ihrem Gemahl zwei herzige Kinder geschenkt, rot wie Blut und weiß wie Schnee, als ihm eines Nachts träumte: »Du kannst deinen Bruder erlösen, wenn du deine beiden Kinder schlachtest und mit ihrem Blute den Stein bestreichst.« Als er erwachte, kam es ihm so vor, als sei der Traum von Gott gekommen, zu dem er so oft um das Leben seines Bruders gebetet hatte. Ohne sich lange zu besinnen, nahm er die beiden Kinder aus ihren Bettchen heraus, schlug ihnen mit dem scharfen Schwert das Haupt ab und besprengte mit dem warmen Blut den Stein.

Es dauerte gar nicht lange, so begann sich der Felsblock zu regen und zu bewegen, und ehe er sich's versah, stand sein Bruder gesund und munter vor ihm, und sie herzten und küßten einander. Danach gedachte er jedoch seiner Kinder und wandte sich traurig um, damit er ihre Leichen betrachte. Aber wie verwunderte er sich, als die Kleinen vergnügt am Boden spielten, als sei ihnen niemals etwas Böses zugestoßen, und verlangend die Händchen nach ihm ausstreckten. Jetzt war die Freude erst recht groß, und es wurde ein herrliches Fest gefeiert, bei dem es hoch herging. Ich wollte, du und ich, wir wären mit dabei gewesen. Denn wer's mitgemacht hatte, dem ist der Mund noch danach lecker.

Im Sommer achtzehnhundertsechsundsechzig gab es einen trockenen Sommer. Warum war er wohl so trocken? Waaske, ein Zauberer, erklärte diesen trockenen Sommer folgendermaßen:

An einem warmen Frühlingstag legte sich Pikker, der Donnergott, in den Sonnenschein schlafen. Den Dudelsack legte er an seine Seite und seinen Arm auf den Dudelsack, damit niemand ihm diesen stehlen könne.

Vanapagan, der Teufel, ging zufällig vorbei und sah Pikker schlafen. Sofort bekam er Lust, den Dudelsack zu stehlen. Aber er konnte ihn nicht in seine Hände bekommen, denn Pikkers Arm lag auf dem Dudelsack.

Vanapagan war nicht um einen Rat verlegen, er hatte sogleich einen Plan.

Er nahm seinen Sohn auf die Arme und hob ihn empor, damit er den Dudelsack stehle. Aber dem Sohn ging es ganz ebenso. Er konnte nicht heran, denn Pikkers Arm lag auf dem Dudelsack!

Vanapagan kratzte sich hinter dem Ohr, holte da eine Laus hervor, reichte sie seinem Sohn und hieß ihn, sie hinter Pikkers Ohr zu setzten, damit sie ihn dort beiße. Wenn Pikker sich hinter dem Ohr kratze, solle er ihm sogleich den Dudelsack fortnehmen.

So geschah es auch. Die Laus fing an zu beißen. Pikker kratzte sich den Kopf, der Knabe nahm den Dudelsack fort und gab ihn Vanapagan.

Dann gingen sie sogleich in die Hölle. Vanapagan verschloß den Dudelsack hinter sieben Schlössern, von wo ihn niemand mehr herausbekommen konnte.

Als Pikker aus dem Schlaf erwachte und seinen Dudelsack nirgends fand, wurde er sehr traurig: Woher sollte denn jetzt die Erde ihren Regen bekommen! Pikker erriet sogleich, daß Vanapagan den Dudelsack gestohlen hatte. Was konnte ihm aber da helfen?

Pikker begann zum Zeitvertreib mit seinem Sohn Fische zu fangen. Als sie bis zum Abend gefischt hatten, hatten sie noch keinen einzigen Fisch gefangen.

Plötzlich sah der Sohn, wie ein kleines Männchen unten mit einem Messer ins Zugnetz ein Loch schnitt, die Fische in seinen eigenen Sack laufen ließ und das Loch rasch wieder zunähte. Pikker nahm das kleine Männchen fest: Das war Vanapagans Sohn, welcher sich mit Fischestehlen beschäftigte.

Der Knabe begann zu bitten: »Wir haben in der Hölle bald große Hochzeit, denn die Höllentochter heiratet, da haben wir frisches Fleisch nötig.«

»Aber anders lasse ich dich nicht frei, es sei denn, daß du versprichst, mich auch zur Hochzeit zu rufen!«

Vanapagans Sohn hatte freilich keine Lust, ihn zu rufen, da er aber sah, daß man ihn anders nicht freilassen würde, so versprach er, Pikker zur Hochzeit einzuladen.

Da sagte auch Pikkers Sohn: »Wenn du mich nicht zur Hochzeit einlädst, nehmen wir die dir die Fische weg. Dann müßt ihr eure Hochzeit ohne frisches Fleisch abhalten.«

Dem Knaben tat es leid, die Fische fahrenzulassen, und so lud er Pikkers Sohn ebenfalls zur Hochzeit.

Im Herbst, im Monat August, kamen die Einladungsschreiben: Pikker und sein Sohn sollten in die Hölle zur Hochzeit kommen.

Die Hochzeit begann. Die Höllengesellschaft tobte in der größten Hochzeitslust. Schnaps gab es so viel, daß die Hochzeitsgäste darin schwammen. Aller Art Instrumente – Dudelsäcke, Posaunen, Flöten und Trommeln – lärmten durcheinander. Der alte Satan war in bester Laune und blickte auf diese Hochzeitslust, wo alle Höllenbewohner hüpften und sprangen.

Plötzlich kam es Vanapagan in den Sinn, daß er noch einen Dudelsack hatte, der hinter sieben Schlössern verschlossen lag. Er ging und brachte auch diesen her, um die Blasmusik zu verstärken. Wohl versuchte er, ihn zu blasen, aber er konnte keinen Ton herausbringen.

Pikker schaute hin: »Sieh da, wo mein Dudelsack ist! Könnt ich ihn nur in die Hände bekommen, ich würde euch schon etwas vorblasen!«

Alle Höllenmusikanten versuchten, darauf zu blasen, aber keiner konnte den Dudelsack handhaben. Schließlich sprach Pikkers Sohn: »Laßt auch mich probieren, ob ich nicht ein paar Töne herausbringe!«

Der Dudelsack wurde Pikkers Sohn übergeben. Der Knabe besah ihn von allen Seiten, dann setzte er ihn an seinen Mund. Alle Hochzeitsgäste versammelten sich um den Knaben, um den neuen Dudelsack hören zu können.

Kreuzmillionendonnerwetter! Als der Knabe loslegte, da fuhren Blitze aus dem Dudelsack, und Donnergetöse erscholl. Viele der Hochzeitsgäste wurden vom Blitz erschlagen, und die am Leben geblieben waren, verschwanden spurlos.

Pikker und sein Sohn spazierten durch die leere Hölle und fanden nirgends ein lebendes Wesen. Pikker nahm den Dudelsack und blies darauf so, daß die Hölle krachte.

DER GOLDVOGEL

Es war einmal ein König, der hatte vier Söhne. Er hatte einen silbernen Baum, und auf dem Baum wuchsen goldene Äpfel. In der Nacht aber kam ein Goldvogel in den Garten und stahl von den Äpfeln. Da ging der älteste Sohn hin und hielt Wache. Er wachte die ganze Nacht, aber er sah nichts. Dann ging der zweite Bruder als Wache, der sah auch nichts. Nun kam der allerjüngste Sohn zu seinem Vater und sprach: »Vater, laß mich einmal wachen!« Der Vater wollte ihn nicht gehen lassen, weil er noch so jung war, aber schließlich ließ er es zu. Der Knabe nahm ein Messer und eine Kanne voll Wasser. Mit dem Messer schnitt er sich einen Stock vom Baum, und mit dem Wasser wusch er sich das Gesicht, um nicht einzuschlafen. Dann wachte er die Nacht auf dem Baum. Da kam der Vogel geflogen, und der Knabe sprang vom Baum herunter und haschte nach ihm, um ihn zu fangen, aber er hatte nur eine Feder erwischt; die strahlte wie lauter Feuer. Früh am Morgen ging er nach Hause, und der Vater fragte ihn: »Nun, was hast du gesehen?« Und der Königssohn sprach: »Es flog ein Goldvogel in den Garten, aber als ich nach ihm griff, behielt ich nur eine Feder in der Hand.«

Da schickte der Vater den ältesten Sohn aus, den Vogel zu suchen. Er gab ihm ein gutes Pferd und dreihundert Taler mit auf den Weg. Der ritt drei Tage lang, und als es Abend wurde, kam er an einen großen Wald, wo er nicht hindurchkonnte, und er kehrte wieder um. Danach zog der zweite Sohn aus und nach ihm der dritte, um den Wundervogel zu fangen. Der Vater gab jedem sechshundert Taler in den Beutel und sein allerbestes Pferd. Aber beiden erging es wie dem ältesten.

Da bat der Jüngste wieder: »Vater, laß mich ausziehen und den Vogel suchen! Ich nehme die Feder als Kennzeichen mit.« Der Vater gab ihm ein Pferd und so viel Geld für die Reise, wie ein Pferd zu tragen vermochte. Und der Knabe ritt so lange, bis der Weg zu Ende war. Da kam er erst an einen großen Wald und dann vor eine große steinerne Mauer. Er ritt durch den Wald, ritt zwischen Tigern und Bären hin und kam auf eine breite Landstraße, wo drei Wegweiser standen. Auf dem ersten stand geschrieben: »Gehst du den Weg, wirst du und dein Pferd gefressen.«

Auf dem zweiten stand: »Du wirst gefressen, das Pferd bleibt am Leben.«

Und auf dem dritten war zu lesen: »Das Pferd wird unter dir gefressen, du bleibst am Leben.«

Da überlegte der Knabe drei Tage lang, wohinaus er gehen sollte, und er ging schließlich den Weg, wo geschrieben stand: »Das Pferd wird gefressen, du bleibst am Leben.« Kaum hatte er den Weg betreten, als ein Löwe auf ihn lossprang, und sein Pferd zerfiel unter ihm in zwei Hälften. Da weinte der Knabe drei Tage lang. Aber der Löwe kam und sprach: »Setz dich auf meinen Rücken.« Er tat, wie ihm geheißen wurde, und der Löwe sprang mit ihm drei Werst auf einmal. Als er ihn drei Tage getragen hatte, fragte er den Knaben: »Wohin willst du denn eigentlich?« Das sagte der Knabe: »Zu dem Goldvogel.« Da lief er wieder drei Tage mit dem Jungen auf dem Rücken.

Sie kamen an einen hohen Hügel, der maß sieben Klafter, und der Löwe sprang mit dem Jungen den Hügel hinauf. Dort war ein Zaun von großen Apfelbäumen, und an dem Zaun hing ein prächtiger goldener Käfig, darin saß der Vogel. »Nimm den Vogel«, sprach der Löwe, »aber den Käfig nimm nicht!« Der Knabe sah auf, gewahrte den schönen Vogel und den noch schöneren Käfig und nahm den Vogel mit dem Käfig. Da kamen sie mit Stangen und Piken und fingen den Knaben. Sie ließen ihn nicht eher fort, als bis er versprach, ihnen aus dem anderen Königreich ein flachsmähniges Roß zu bringen. Da lief er zu dem Löwen und sprach: »Sie haben mich gepackt und mir befohlen, aus dem anderen Königreich ein flachsmähniges Roß zu bringen.« Da schalt ihn der Löwe tüchtig und sprach: »Den Vogel solltest du nehmen, aber nicht den Käfig.«

Dann setzte sich der Knabe wieder auf den Rücken des Löwen, und sie liefen in das andere Königreich und gingen dort in die königlichen Ställe, wo ein flachsmähniges Roß stand. Da sprach der Löwe: »Das Pferd nimm, aber den Zaum nimm nicht!« Er ging auf das Pferd zu. Das Pferd war schön, doch der Zaum noch schöner, er konnte das Pferd nicht ohne den Zaum wegführen. Er warf ihm das Zaumzeug über den Kopf, aber es fing an zu klirren, so daß sie ihn ergriffen. Dann sagten sie zu ihm: »Wir geben dir nur dann das Pferd, wenn du hingehst und uns aus dem dritten

Königreich die allerschönste Jungfrau bringst, die schöne Marina.«

Nun, da machten sie sich nach dem dritten Königreich auf, und sie kamen unter des Königs Fenster. Dort war ein großer Garten. Der Löwe ging hinein, versteckte sich unter einem Apfelbaum und wartete auf die Jungfrau. Als sie in den Garten kam, nahm er sie auf den Rücken und lief davon, und der Knabe setzte sich hinter das Mädchen. Da jagten ihnen drei Wächter nach. Der Löwe legte das Ohr an den Boden, um zu hören, ob sie verfolgt würden, und er hörte, daß sie ihnen nachjagten, denn der Boden zitterte. Er ließ den Knaben und das Mädchen in den Wald laufen und zerriß alle drei Wächter. Dann nahm er beide wieder auf den Rücken, und sie liefen dahin, wo der Knabe die Jungfrau hinbringen sollte. Da verwandelte sich der Löwe selbst in ein Mädchen und sprach zu dem Knaben: »Wenn drei Tage vergangen sind, so rufe mich!« Nach drei Tagen rief ihn der Knabe, und er war wieder bei ihnen. Dann liefen sie dorthin, wo sie das flachsmähnige Roß haben wollten. Der Löwe machte sich selbst zum Rosse und sprach: »Wenn du fünf Tage mit dem Rosse gewartet hast, so rufe mich!« Da riefen sie lange, aber der Löwe kam nicht.

Doch zuletzt bekam der Knabe alles! Das Mädchen bekam er, das flachsmähnige Roß mit dem Zaum und den Goldvogel in dem Käfig. Sie machten sich auf den Heimweg und gelangten zu dem Platze, wo der Löwe das Pferd gefressen hatte. Da war der Löwe wieder bei ihnen, und der Knabe dankte dem Löwen, daß er ihm so viel Gutes getan hatte. Dann zog er mit seiner jungen Braut weiter, und sie ritten auf dem flachsmähnigen Rosse der Heimat zu. Am

Wege aber stand ein Eichbaum, so schön, wie noch niemand einen gesehen hatte. Und der Knabe und das Mädchen waren so müde, daß sie sich nicht mehr auf dem Pferd halten konnten. Sie stiegen ab, banden das Pferd an den Baum und legten sich unter die Eiche, um zu schlafen. Dem Goldvogel hängten sie mit dem Käfig in den Baum an einen Ast. Da kam der älteste Bruder des Weges daher. Er sah, wie der Jüngste mit seiner Braut schlief, sah an dem Baumstamm das flachsmähnige Roß angebunden und den Goldvogel in dem goldenen Käfig an dem Aste schaukeln. Da ärgerte er sich, daß sein jüngster Bruder alles bekommen hatte. Er fiel über ihn her und tötete ihn. Dann nahm er den Vogel, das Mädchen und das flachsmähnige Roß und ging nach Hause.

Aber der Löwe wurde gewahr, daß jener Mann den Knaben getötet hatte, der mit ihm gegangen war, lief unter die Eiche und deckte seinen Leichnam mit Blättern zu. Es kamen aber ein Schwan und ein Rabe herbeigeflogen, die begannen an dem Knaben zu picken. Da sprang der Löwe aus dem Versteck, packte die Vögel und sprach zu ihnen: »Wenn ihr Wasser des Lebens und Wasser des Todes bringt, lasse ich euch fliegen.« Und die Vögel brachten ihm Wasser vom Lebensquell. Da las er alle Stücke zusammen, die abgehauen waren, und bestrich sie mit dem Wasser des Todes, da wurde der Körper wieder ganz, und die Wunden schlossen sich. Dann benetzte er mit Lebenswasser seine Lippen, und der Knabe wurde wieder lebendig. Er stand auf und sprach: »Huhu, huhu, wie lange hab' ich geschlafen!« Der Löwe antwortete ihm: »Du hättest bis in alle Ewigkeit geschlafen, wenn ich nicht gewesen wäre.« Dann hieß er ihn flink heimgehen, wo sie alles zur Hochzeit bereiteten, denn der älteste Bruder wollte seine Braut feiern.

Da bat der Knabe den Löwen, ihn so schnell wie möglich nach Hause zu bringen. Er kam heim zu seinem Vater, und der Löwe ging mit ihm und sprach: »Wenn Ihr die Hochzeit nicht verhindert, zerreiße ich alle Hochzeitsgäste in Stücke.« Da wurde die Hochzeit abgesagt. Und der Knabe erzählte alles, wie es sich zugetragen hatte, daß er mit Hilfe des Löwen alles bekommen hatte, wie er sich mit seiner Braut unter die Eiche gelegt, um zu schlafen, und der Bruder gekommen war, ihn getötet und beraubt hatte. Da gab der Vater Befehl, den ältesten Bruder an den Schweif des flachsmähnigen Rosses zu binden, und ließ den jüngsten damit in den Wald jagen. Dort aber schleifte dieser den Betrüger so lange, bis kein Glied mehr am andern war.

DER GEHORSAME SOHN

Lang, lang ist es her. Eines Tages ließ ein Zar seinen Sohn zu sich kommen und sprach: »Ich bin schon alt, bald werde ich sterben, und du wirst den Thron besteigen. Das Land zu regieren ist schwer. Es gibt ein Sprichwort: ›Der Anführer muß mehr Verstand als vierzig Mann klügster Leute besitzen.‹ Wenn du jetzt genau auf meine Lehren hörst, dann wird dich in Zukunft kein Unglück ereilen.«

»Sprich, Vater, ich höre«, antwortete der Sohn.

Der Vater begann, ihn zu belehren: »Wenn du in ein

anderes Land reitest und du unterwegs von der Nacht überrascht wirst, du aber noch weit reiten mußt, dann leg dich nie in einer Schlucht hin, leg dich auf einer Erhöhung schlafen. Tue keinem, bei dem du mit Brot und Salz bewirtet worden bist, etwas Böses. Weise kein Frühstück zurück.«

Wieviel Zeit danach verfloß, ist nicht bekannt. Jedenfalls starb der Zar, und sein Sohn wurde Zar.

In jenem Jahr war der Frühling kalt, und das Volk konnte kein Korn aussäen. Hunger befiel das Land. Der junge Zar verteilte alle staatlichen Kornvorräte an das Volk. Im nächsten Jahr gelang die Aussaat, doch der Sommer geriet heiß, der Herbst kalt, und daher war die Ernte höchst niedrig, und das Volk geriet wieder in Armut. Man bat den Zaren um Hilfe, doch der konnte nun nicht mehr helfen. Das Volk war vom Hungertod bedroht.

Der Zar befahl, alle seine Kamele mit verschiedenen Kostbarkeiten zu beladen, und brach in ein Land auf, wo ein reicher Kaufmann lebte, mit dem der selige Zar den Handel abwickelte.

Die Karawane war einige Tage unterwegs. Und eines Tages schließlich kamen sie in strömenden Regen; eine Siedlung war weit und breit nicht in Sicht, und so waren sie gezwungen, auf offenem Feld zu übernachten. Die Leute, welche den Zaren begleiteten und einen geschützten Ort vorzogen, legten sich in einer Schlucht schlafen, der junge Zar aber, der sich an das Vermächtnis seines Vaters erinnerte, legte sich auf einer Anhöhe hin. Gegen Morgen hörte der Regen auf. Der Zar erwachte, wrang seine kaum nassen Kleider aus, und, als die Sonne aufgegangen war, wurde er vollkommen trocken. Die aber, welche sich in der Schlucht versteckt hatten, wurden lange Zeit nicht trocken. In der Nacht war von der Anhöhe viel Wasser in die Schlucht heruntergeflossen, und die Leute waren naß bis auf die Haut und mit Dreck beschmiert.

Nach einigen Tagen war die Reise beendet. Der Kaufmann erwies sich zu Hause als guter Gastgeber. Die Gäste wurden von ihm gut empfangen.

Am nächsten Tag ließ der Kaufmann den Zaren in seinem Haus und führte selbst die Karawane in ein anderes Land, um die Kostbarkeiten in Korn umzutauschen.

Lassen wir die Karawane ihres Weges ziehen, wir aber erzählen inzwischen von einer Frau des Kaufmanns.

Der Kaufmann hatte zwei Frauen, und die Jüngere davon verliebte sich in den jungen Zaren. Abends, als sie dem Zaren das Bett machte, begann sie, ihm schöne Augen zu machen, mit ihm ungehörig verführerisch zu reden. Das mißfiel dem Zaren.

Am nächsten Tag begann die jüngere Frau, gekränkt durch das kühle Benehmen des Zaren, ihm zu drohen: »Wart ab, wenn der Kaufmann zurückkommt, werde ich ihm erzählen, daß du mich zur Verletzung meiner Ehre zwingen wolltest, und der Kaufmann wird dich töten.«

Der junge Zar antwortete ruhig: »Soll er mich töten, dafür werde ich als ehrlicher Mann sterben, auf deine Verführungen werde ich trotzdem nicht eingehen.«

Erbost durch den Mißerfolg, beschloß die jüngere Frau, den Zaren zu töten. Sie mietete Tagelöhner und trug ihnen auf, 40 Arba, also zweirädrige Karren, voll Dornengestrüpp, zu hacken und mit ihm den Tandyr, den Erdofen zum Backen von Fladen, zu füllen. Sie befahl, das ganze Dornengestrüpp in dem Tandyr zu verheizen, und hieß sie: »Wenn irgend jemand sich dem angeheizten Tandyr nähert, dann packt ihn und werft ihn ins Feuer, dann macht, daß ihr wegkommt.«

Während die jüngere Frau die Vorbereitungen zu dem Mord trifft, laßt uns zu der Karawane zurückkehren und schauen, was da vorgeht.

In einigen Tagen erreichte die Karawane eine Stadt. Dort verkaufte der Kaufmann, wie er es erhofft hatte, schnell alle Kostbarkeiten und kehrte, nachdem er Korn eingekauft hatte, nach Hause zurück.

Nachdem der Kaufmann seine Kamele entladen hatte, betrat er sein Haus und sah seine jüngere Frau blutverschmiert.

»Was ist mit dir, sag es mir sofort!«

Die jüngere Frau heulte los: »Hör mich an, mein Lieber. Nach deiner Abreise hat dein Gast begonnen, mich zu bedrängen, und wollte mich vergewaltigen. Ich habe mich ihm verweigert. Darauf hat er mich zusammengeschlagen. Töte diesen Sittenstrolch von einem Zaren oder ich werde bis zum Tod mit dir unzufrieden sein.«

Der Kaufmann begann Zweifel zu hegen: »He, Frau! Dieser Zar konnte keine Vergewaltigung verüben. Ich kenne ihn durch seinen Vater und seine Mutter. Doch wenn es in der Tat so ist, dann rate mir doch mal, wie ich ihn töten soll.«

Da freute sich die Frau: »Ich habe mir schon vor langem ausgedacht, wie man diesen Zaren töten könnte.«

»Du erweist dich klug und schnell in deinen Entschlüssen. Los, erzähl mal, was du dir ausgedacht hast«, sprach der Kaufmann.

Lächelnd sprach die jüngere Frau: »Ich habe 40 Tagelöhner eingestellt und befohlen, daß sie 40 Arba Dornengesträuch hacken, dieses Dornengesträuch in dem großen Tandyr verheizen und denjenigen, der als erster sich dem glühenden Tandyr nähert, hineinwerfen sollen. Jetzt werden die Tagelöhner den Tandyr sicher angeheizt haben. Ich werde zu dem Zaren gehen und ihn bitten, zu erfahren, ob die Tagelöhner mit ihrer Arbeit fertig seien.«

Der Kaufmann hieß ihren Plan gut. Die jüngere Frau bat den Zaren, dem Ofen einen Besuch abzustatten.

Als der junge Zar dorthin unterwegs war, begegnete er einer alten Frau, die neben ihrer Tür fegte. Die alte Frau warf einen Blick auf den Zaren und sprach: »Mein Sohn, bist du nicht der, welcher bei dem Kaufmann zu Gast ist? Komm in mein Haus und laß dich mit Brot und Salz bewirten.

Doch der junge Zar hatte es eilig, seinen Auftrag auszuführen.

»Das Essen ist in meinem Hause schon vorbereitet«, wiederholte die Alte, »ich bitte einzutreten.«

Da erinnerte sich der junge Zar der Vermächtnisse seines Vaters. Er trat bei der alten Frau ein und ließ sich in Ruhe bewirten.

Wollen wir den jungen Zaren sich bewirten lassen und kehren zu der jüngeren Frau des Kaufmanns zurück. Mit der Absicht, an der Asche, in welcher der junge Zar verbrannt war, zu riechen, zog sie einen alten Kittel an, damit man sie nicht erkannte, kam zu dem Ofen und begann zu schnuppern. Die Tagelöhner, die sich in der Nähe versteckt hielten, packten sie, warfen sie in den Tandyr und liefen auseinander.

Nachdem der junge Zar bei der alten Frau sich gesättigt hatte, kam er an den Tandyr und entdeckte dort den verkohlten Leichnam eines Menschen. Er eilte zu dem Kaufmann, um ihm davon zu erzählen. Doch der Kaufmann empfing ihn erstaunt und unwirsch: »Wo kommst du her? Meine Frau ist hingegangen, um an der Asche zu riechen, nachdem du verbrannt warst, und du bist am Leben? …«

»Weshalb hatte ich denn in dem Tandyr verbrannt werden sollen?« fragte der junge Zar erstaunt.

Der Kaufmann fuhr auf: »Wie?! Als ich fortgeritten bin, eure Kostbarkeiten in Korn umzutauschen, hast du da nicht meine Frau bedrängt und versucht, sie zu vergewaltigen? Und hast nicht du sie, als sie nicht darauf einging, sie blutig geschlagen?«

»Nein, ich habe nichts Schlechtes gegen Eure Frau im Schilde geführt. Es ist wahr, daß sie selbst versucht hat, mich zu verführen, sie hat mir sogar gedroht, wenn ich mich nicht einverstanden erklären sollte, ihren Wunsch zu erfüllen. Doch ich habe mich nicht schrecken lassen und habe weder ihre noch meine Ehre verletzt. Ich erinnere mich stets an das Vermächtnis meines Vaters: ›Tue keinem, bei dem du mit Brot und Salz bewirtet worden bist, etwas Schlechtes.‹ Und ich habe es auch nicht getan.«

Und gerade seitdem lebt das Sprichwort: »Wer andern eine Grube gräbt, fällt selbst hinein.«

Der Kaufmann und der junge Zar kamen an den Tandyr. Die Leiche der jüngeren Frau des Kaufmanns hatte sich schon in Asche verwandelt. Der Kaufmann sammelte die Asche auf und bestattete sie. Darauf beluden sie die Kamele mit dem Korn, das für die Kostbarkeiten eingetauscht worden war, und begaben sich auf den Weg in das Land des jungen Zaren.

Als der junge Zar zu Hause eintraf, verteilte er das Korn an seine Untertanen. Der Hunger hörte in dem Land auf. Seitdem begann das Volk in dem Land des jungen Zaren von Jahr zu Jahr immer besser zu leben.

DER RAT

Ein Bei beschloß zu erfahren, wie man ihn bestatten würde, wenn er stürbe. Nachdem er seine drei Söhne, seine zwei Töchter und seine Frau zu sich gerufen hatte, fragte der Bei: »Hör zu, Frau, wie wirst du mich begraben, wenn ich sterbe?«

»Alles Schlechte hat auch seine gute Seite‹ – heißt ein Sprichwort«, antwortete die Frau, »wir sind gottlob nicht arm und kennen keine Not. Wenn du stirbst, werde ich allen Reichtum, den du angehäuft hast, für die Bestattung und den Leichenschmaus ausgeben. Ich werde dich in teure Gewänder kleiden, in ein seidenes Leichentuch wickeln. Über deinem Grab werde ich ein Mausoleum mit goldenen Kuppen errichten lassen. Ich selbst werde ein ganzes Jahr Trauer tragen.«

Der Bei kratzte sich den Bart: »Ich bin mit deinen Plänen nicht zufrieden. Nein, du kannst mich nicht, wie es sich gehört, bestatten.«

Darauf wandte er sich an den ältesten Sohn mit der

gleichen Frage. Der antwortete: »Zu Eurer Leichenfeier werde ich alle berühmten Leute einladen und sie fragen, wie man Euch würdig begraben soll. Nach dem Rat, den sie mir geben werden, werde ich handeln.«

»Das freut mich ebenfalls nicht«, sprach der Bei.

Der mittlere Sohn antwortete auf die Frage seines Vaters: »Ich werde aus der ganzen Welt Berichte sammeln, wer wie seinen Vater bestattet hat – und dann werde ich das Begräbnis auf die beste Weise vollziehen.«

»Das taugt auch nichts«, sprach der Bei. Darauf wandte er sich an den Jüngsten seiner Söhne und fragte ihn: »Nun, und wie wirst du mich begraben, mein Junge?«

Der Jüngste dachte nach und antwortete: »Ich werde euch genau so begraben, wie Ihr Euren Vater begraben habt.«

Der Bei schüttelte seinen Kopf: »Nein, nein, auch damit bin ich nicht einverstanden.«

Die ältere Tochter antwortete auf die gleiche Frage des Beis: »Zu Eurem Begräbnis werde ich das beste Vieh schlachten und zu Eurem Gedenken einen prächtigen Leichenschmaus veranstalten.«

»Deine Antwort gefällt mir nicht«, sprach der Bei. »Sicher wird die liebe Kleine besser als die anderen antworten. Also los, mein Töchterchen, sag mir, wie du mich bestatten wirst, wenn ich tot bin.«

Die jüngste Tochter antwortete: »Ich werde Euch bestatten, wie noch niemand seine Väter bestattet hat.«

»Nein doch, nein doch«, sprach der Khan verbittert, »keiner von euch hat mich mit seiner Antwort befriedigt. Ihr könnt mich nicht würdig begraben. Los, ruft meine Knechte und Hirten her, ich möchte hören, was sie sagen werden. Es gibt nicht umsonst das Sprichwort: ›Gutes erwarte von Armen.‹«

Der jüngste Sohn lief los und rief alle Knechte und Hirten des Beis zusammen. Der Bei wandte sich an sie: »Sagt mir, meine lieben Arbeiter, wie ihr mich begraben werdet, wenn ich sterbe. Diese Frage habe ich jedem meiner Angehörigen gestellt, eine befriedigende Antwort aber von keinem erhalten.«

Die Knechte und Hirten wechselten Blicke. Sie schwiegen lange, da sie nicht wußten, was sie dem Bei antworten sollten. Als erster fand sich der Jüngste von ihnen, ein Hirtenjunge. Er sprach: »Wenn Ihr erlaubt, hochverehrter Herr, dann werde ich auf Eure Frage antworten.«

»Sprich«, erlaubte der Bei.

»Mein Herr«, begann der Hirtenjunge, »der Tod ereilt jeden. Den einen früher, den anderen später, doch jeder muß sterben. Eure Frage ist schwierig. Ich denke jedoch, daß Ihr so begraben werdet, wie Ihr sterben werdet.«

Auch diese Antwort befriedigte den Bei nicht. Er wurde wütend und jagte alle von sich fort.

Seit diesem Familienrat vergingen mehrere Jahre. Dem Bei starben die Frau und alle Kinder, und er blieb allein. Schlimmer noch: Der Bei ging pleite, er verlor seinen Reichtum und blieb nackt zurück. Vor Kummer ging er in die Wüste und starb dort. Die Leiche des Beis blieb unbegraben.

Also hatte der junge Hirtenknabe recht gehabt. Seitdem gibt es das Sprichwort: »Wie du stirbst, so wirst du begraben werden.«

Es war einmal ein Mann, der hatte zwei Söhne, der eine hieß Hans, der andere Jagerle. Einmal schickte sie der Vater aufs Feld. Der ältere sollte im Walde Holz fällen, der jüngere die Schafe hüten. Da schickte gegen Mittag Hans den Jagerle nach Hause, daß er das Essen hole: Man gab ihm aber daheim einen Topf mit Milch und einen Palukes. Als Jagerle an den Fluß kam und gerade über die Brücke ging, so schrien die Frösche »quack-ack-kack! quack-ack-kack!« Der Junge glaubte, sie riefen: »Jagerle schau, Jagerle schau!«, und dachte: Ihr armen Tierchen, ihr seid gewiß sehr hungrig, wartet, ihr sollt nicht umsonst gebeten haben! Damit goß er aus seinem Topf die Milch in den Fluß, die Frösche tauchten unter und waren still. Jagerle aber freute sich des, denn er dachte, jetzt äßen sie und seien befriedigt. Wie er nun so in seinen Gedanken in den Fluß sah, merkte er nur einmal zu seinem Schrecken, daß die Brücke eine Menge Löcher hatte. »O ihr armen Schafe, wie würdet ihr hier eure Füße gebrochen haben, wenn ich nicht beizeiten die Gefahr bemerkt hätte.« Damit nahm er den Palukes und strich, so weit er reichte, alle Löcher zu. Dann eilte er froh zur Herde und in den Wald zu seinem Bruder. Dieser fragte ihn: »Hast du das Essen gebracht?«

»Ja, aber als ich auf die Brücke kam, da baten mich die hungrigen Tierchen im Wasser so flehentlich, daß ich ein Stein gewesen wäre, wenn ich mich ihrer nicht erbarmt hätte. Ich goß ihnen denn die Milch hinunter. Dann denke dir nur, die Brücke war so voller Löcher, daß unsere Schafe sich gewiß die Füße zerbrochen hätten, wenn ich das nicht bei Zeit gesehen, allein nun habe ich sie mit dem Palukes zugeschmiert.«

»O du Dummbart, der du bist, jetzt leide Hunger. Ich will mir schon Erdbeeren im Walde suchen!«

Jagerle ging voll Ärger zu der Herde, weil ihn sein Bruder so gescholten hatte. Bald überkam ihn der Hunger auch so sehr, daß er seinen ganzen Tornister durchsuchte, ob er da nicht etwas zum Beißen finde. Endlich fand er noch eine verschimmelte, harte Brotkrume. Er fing gleich an zu nagen und zu kauen. Die Schafe aber lagen auch da und kauten ebenfalls. Jagerle aber verdroß das sehr, denn er dachte, sie machten ihm nach und spotteten seiner. Er nahm seinen Stock und schlug sie alle tot. Als gegen Abend sein Bruder hinzukam, da sie miteinander die Schafe heimtreiben sollten, schlug er die Hände zusammen und rief: »Um Gottes willen, was hast du getan?«

»Ich bin nicht einer, der sich verspotten läßt!« sprach Jagerle. »Als ich da an einer verschimmelten Brotkrume nagte, machten sie mir ein schiefes Gesicht, jetzt haben sie's bezahlt bekommen!«

»O weh!« sprach Hans, »was wird uns der Vater tun? Ich will mich hüten, ihm vor die Augen zu kommen!« Er schlich sich aber verstohlen nach Hause, nahm sich seinen Geldbeutel und wollte in die Welt laufen. Jagerle aber war ihm nachgegangen, und da er nichts hatte, nahm er die Tür auf den Rücken und lief ihm nach. »Bleibe mir vom Halse!« sprach Hans, »ich gehe nicht mit dir!«

»Das sollst du auch nicht!« sprach Jagerle, »aber ich gehe mit dir!« Da kamen sie abends, als es schon dunkel war, in einen Wald. Nur einmal sahen sie in der Ferne eine Menge

Räuber kommen. »Jetzt sind wir verloren, wenn du mir nicht folgst«, sprach Hans zu Jagerle, »nur schnell mir nach!«

Hans stieg auf einen Baum. Jagerle kletterte mit der Tür nach. Die Räuber aber kamen immer näher und ließen sich gerade unter dem Baum nieder und machten ein Feuer. Die beiden auf dem Baum quälte der Rauch, allein sie hielten aus. Da rief Jagerle: »Hans, ich muß pissen!«

»Nur das nicht, sonst sind wir verloren!« drohte dieser. Doch Jagerle pißte und gerade ins Feuer und in die Töpfe und Pfannen. »Wie es auf einmal regnet!« sprachen die Räuber. Nach einiger Zeit rief Jagerle wieder: »Hans, ich muß misten!«

»Nur das nicht!« drohte Hans, »sonst sind wir verloren.« Aber – Not bricht Eisen! Bald fiel etwas dem Räuberhauptmann auf die Nase. Erschrocken wischte sich der gleich ab und sprach: »Es muß ein großer Vogel auf diesem Baum nisten!« Es dauerte nicht lange, so rief Jagerle: »Hans, ich kann die Tür nicht länger halten, ich muß sie fallen lassen!«

»Nur das nicht!« drohte Hans, »sonst sind wir verloren.« Alsbald aber – platsch! Lag sie schon unten und schlug zwei Räuber tot, die anderen liefen im Schrecken davon, und als sie in der Ferne wieder Atem geschöpft, riefen sie: »Das war ein Donnerschlag, Gott sucht uns heim, wenn wir es am wenigsten vermuten!« Als aber Hans und Jagerle sahen, daß die Räuber fort waren, so stiegen sie hinunter und nahmen alle Schätze, und da war auch eine silberne Flöte vom Hauptmann. Jagerle nahm sie an den Mund und fing damit ein Hirtenstück an zu pfeifen. Einer der Räuber wagte es, sich wieder der Unglücksstätte zu nähern, und trat zu Jagerle und sprach: »Aber wie kannst du so schön pfeifen!«

»Ja!« sprach Jagerle, »man hat mir die Zunge gelöst!«

»Willst du mir sie nicht auch lösen?« bat der Räuber. »Warum nicht! Komm nur her.« Da schnitt Jagerle dem Räuber die Zunge aus. Der lief aber alsbald heulend fort zu seinen Kameraden, und als diese ihn fragten, was ihm geschehen, rief er nur verworren: »Hababababa!« Sie glaubten, er sei vom bösen Geist besessen, und flohen vor ihm nach allen Richtungen fort, und niemand hat sie mehr gesehen. Hans und Jagerle kehrten nun mit dem vielen Geld nach Hause, und ihr Vater verzieh ihnen und vergaß über den großen Schätzen die verlorenen Schafe.

DER JUNGE RIESE

Ein Mann, der nicht gern was tut, läßt seine Frau und seinen Sohn sitzen und wandert aus. Die Frau läßt sich's erst recht sauer werden, um sich und ihr Kind durchzubringen. Der Junge wird größer und größer, will auch gern etwas verdienen, es ist aber keine Gelegenheit dazu. Deshalb entschließen sich beide und suchen auch das Weite. Auf der Reise geht der Knabe einmal vom Weg ab in die Hecke, er sieht da nämlich ein Bändlein am Baum hängen, das holt er sich und bindet's um seinen rechten Arm. Als er zurückkommt, muß er über einen Hagen springen, im Sprung greift er einen Ast am Baum und reißt so den Baum mit um. Da merkt er, daß er mehr Kraft hat als bisher. Er packt nach einem stämmigen Baum, und im Nu hat er auch den aus der

Erde gerissen. Da ist er überzeugt, das Bändchen habe ihm die Riesenkraft gegeben, und spricht zu seiner Mutter: »Mutter, nun sind wir gerettet. Jetzt fürcht' ich mich vor nichts mehr. Jetzt will ich uns schon Brot verdienen. Solche Kraft hat nicht jeder.« Sie gehen weiter, es wird Abend, sie kommen in den Wald an ein Haus, darin wohnt ein Riese, ein furchtbar großer Kerl. Weil der vor der Tür steht, so fragt der Sohn, ob er sie diese Nacht wohl beherbergen wolle, sie wollten's gern bezahlen. Nein, sagt der Riese, bezahlen ließ er sich das nicht. Er wolle ihnen aber einen anderen Vorschlag machen. Sie sollten diese Nacht und immer bei ihm bleiben und es gut haben, wenn sie seine Frau und der Sohn sein Sohn sein wollten. Alle beide sind damit zufrieden, bleiben da und haben's auch gut. Bei der Arbeit sieht der Riese aber, daß sein Sohn noch mehr Kraft hat als er, und sagt deshalb zu seiner Frau, dem Jungen müßten sie über die Seite helfen, sonst mache der ihnen noch viel zu schaffen. Die Frau will erst nicht daran. Es ist doch ihr Fleisch und Blut, es ist ihr Sohn, muß aber endlich zustimmen, sonst ist sie ihres Lebens nicht sicher. Der Riese befiehlt, sie solle sich morgen krank stellen, dann wolle er den Jungen nach dem Berg schicken, der gegenüberliege, von dort solle er Heidelbeeren holen und drei davon essen. Dann sänke er in Schlaf und würde von den Räubern, die dort drüben hausten, aus dem Weg geräumt. So kommt's auch.

Am folgenden Morgen steht die Frau nicht auf, der junge Riese fragt, wo seine Mutter bliebe? Da sagt der alte Riese, sie liege krank im Bett. Es könne ihr aber leicht wieder geholfen werden, wenn sie von jenem Berg ein paar Hände voll Heidelbeeren genösse. Da spricht der Sohn, der seine Mutter unendlich liebhat und gar nichts Arges ahnt, er wollte gleich hingehen und ein Körbchen voll holen. Da rät ihm sein Vater, wenn die Heidelbeeren schnell helfen sollten, so müsse er drei davon essen. Zuvor geht er aber doch erst einmal zu seiner Mutter und will sie, ehe er weggeht, erst noch einmal sehen. Sie stellt sich dabei auch sehr krank. Hierauf nimmt er Abschied und geht eilig fort.

Unterwegs nach dem Berg begegnet ihm ein Löwe, der kommt auf drei Beinen zu ihm und streckt ihm die eine Tatze entgegen. Der junge Riese fürchtet sich aber nicht, geht darauf los, faßt die Tatze, untersucht sie und findet einen Dorn darin stecken. Er zieht ihm den Stachel heraus und verbindet die Pfote mit seinem Tuch. Aus Dankbarkeit bleibt der Löwe bei ihm und schnurrt und wedelt mit dem Schwanz. Beide kommen miteinander an den Berg, der junge Riese pflückt sein Körbchen voll Heidelbeeren und ißt, wie ihm sein Stiefvater vorher geraten, drei Heidelbeeren davon. Kaum hat er sie aber gegessen, so wird er so todmüde, daß er sich hinlegen und schlafen muß. Der Löwe aber legt sich neben ihn hin. Kaum ist der junge Riese eingeschlafen, so kommen die Räuber. Der Löwe rüttelt seinen Wohltäter hin und her, zuletzt gibt er ihm mit der Tatze eine Ohrfeige, daß er aufwachen soll, er wacht aber nicht auf. Da kann der Löwe nicht anders und geht auf die Mörder los. Zwei schlägt er gleich nieder, einen zerreißt er in der Geschwindigkeit, die anderen greifen zum Hasenpanier. Der junge Riese schläft ruhig bis an den anderen Morgen fort, dann wacht er auf und geht mit seinem Begleiter nach Haus. Vor der Haustür wendet der Löwe um und geht in den Wald zurück. Der alte Riese ist ärgerlich, daß sein Stiefsohn wiederkommt, tut aber freundlich gegen ihn.

Die Kranke ist unterdessen gesund geworden. Kurze Zeit geht danach wieder hin, da wird die Mutter wieder krank, und der Sohn muß fort und Heidelbeeren pflücken mit dem Bemerken, wenn er den Korb vollhätte, drei Heidelbeeren davon zu essen. Er geht. Kaum tritt er in den Wald, so ist der Löwe wieder bei ihm und begleitet ihn. Es geht wieder so, statt der Räuber kommt diesmal eine Schar Wölfe, und der junge Riese schläft. Der Löwe schüttelt und rüttelt erst den Schläfer, er wacht aber nicht auf. Da beginnt der Löwe dazwischenzufahren, und die Wölfe machen, daß sie fortkommen. Der junge Riese ist wieder gerettet. Am anderen Morgen begleitet ihn der Löwe bis vor die Haustür und wendet dann um. Die Hausfrau ist schon genesen, und der Stiefvater spricht, er bliebe jedesmal lange aus. Ja, sagt der junge Riese, er hätte erst ein wenig geschlafen. Der Vater sagt, wahrscheinlich wäre gleich danach, als jener die Beeren gegessen hätte, von seinem Essen die Mutter gesund geworden.

Nach etlichen Wochen ist die Mutter des Nachts wieder krank geworden, und der Sohn geht gleich von selbst fort und will Heidelbeeren holen. Alles geht wie das vorige Mal. Statt der Wölfe kommt diesmal eine Schlange. Der Löwe versucht, seinen Wohltäter zu wecken, da er aber nicht erwacht, so beginnt er den Kampf mit der Schlange und bezwingt sie. Das hat aber Arbeit gekostet. Denn die Schlange hätte das edle Tier um ein Haar übermannt. Wie der Schläfer erwacht, so blutet der Löwe noch aus vielen Wunden, die ihm die Schlange versetzt hat, und kann sich noch kaum erholen. Da aber der Erwachte das besiegte Untier von einer Schlange sieht, nimmt er seinen Erretter in Arm, drückt ihn voll Dank an seine Brust und nimmt ihn mit nach Haus. Als sein Vater sieht, daß der Sohn in solcher Gesellschaft kommt, quillt ihm vor Ärger das Herz, und er beschließt, ihn auf andere hinterlistige Weise umzubringen. Aber wie, das weiß er noch nicht. Vor der Haustür wendet der Löwe auch diesmal wieder um. Des Nachts, als der Sohn im Bett liegt, nimmt der Vater einen Doppelspieß, der gerade auf beide Augen paßt, und sticht dem jungen Riesen mit einem Stich beide Augen aus. Geblendet sucht er das Weite und kommt auf die Heerstraße, da ist aber auch gleich sein treuer Löwe wieder bei ihm. Der unglückliche Sohn klagt ihm sein Leid und fragt, ob er kein Mittel wüßte, ihm zu helfen. Da fängt der Löwe an zu reden und spricht: »Hörst du das Rollen eines Wagens?«

»Ja«, sagt der Geblendete, »warum?«

»Warte«, antwortet der Löwe, »in dem Wagen kommt dir Hilfe und Rettung.«

Es dauert nicht lange, so ist der Wagen da, es steigt eine feine, freundliche Dame heraus und bittet den Blinden, mit dem Löwen in den Wagen zu steigen. Beide tun's, und fort geht's im Galopp. Sie fahren den ganzen Tag. Gegen Abend, wie die Sonne bald untergehen will, kommen sie an einen See. Die Dame sagt zu dem Blinden, er möge einmal aussteigen. Er tut's. Sie führt ihn ans Wasser und sagt, er solle sich damit waschen. Auch das tut er. Und – o Wunder, nach und nach kommt ihm sein Augenlicht, und am Ende kann er ganz sehen. Da drückt er der Dame die Hand und sagt, er könne ihr nicht genug danken, daß sie ihm zu seinem Augenlicht verholfen habe, wenn er es ihr nur wieder vergelten könne! O, sagt sie, das könne er wohl, ob er ihr Mann werden wolle? Sie sei eine verwünschte Prinzessin, ihr Vater sei auch verwünscht, und das sei der Löwe, der da bei ihm sei. Wenn er nun wirklich so dankbar sei, wie er sage, so seien sie beide gerettet. Da schwor er bei Gott, daß er so dankbar sei, wie er gesagt hätte. Da verwandelte sich der Löwe in einen alten stattlichen Mann, die Dame in ein allerliebstes junges Mädchen. Alle drei umschlangen sich und schlossen den Bund ewiger Treue. Dabei fand's sich, daß der Löwe ein verwünschter König, die Dame eine verwünschte Prinzessin, der alte Riese der Zauberer gewesen ist, der sie verwünscht hatte. Als der junge Riese das hörte, wie an all dem Unglück der alte Riese Schuld gehabt hatte, da fuhren sie zurück, der junge Riese schlug seinen Stiefvater tot und nahm seine Mutter mit. Nachher ist er noch König geworden und hat mit seiner Jungfrau recht glücklich gelebt. Nun ist's aus.

DER ARME WEBER UND DIE INDISCHE KÖNIGSTOCHTER

Früh vor Zeiten lebten in einer Stadt im Norden Indiens Vater und Sohn namens Sanggasba. Da sie kein Vermögen besaßen, so pflegten sie durch Holzhandel ihr Leben zu fristen. Einstmals waren sie mit einer Tracht Holz auf dem Rücken von der Spitze eines Berges herab in einen dichten Wald gekommen. Bei dieser Gelegenheit, als sie mitten in diesem Dickicht auf einem Stück unbewaldeten Wiesengrundes sich zum Ausruhen niedersetzten, sprach der Vater Sanggasba zu seinem Sohn: »Während der in dieser Gegend wohnende Sanggasba so mächtig und einflußreich war, bin ich ganz ohne irdische Güter geblieben. Wenn ich einmal sterbe, so bring meine Gebeine auf diesen Platz und bestatte sie hier. Was meine Armut und Dürftigkeit anlangt, so bin ich deshalb in diese Lage gekommen, weil eine unglückliche Stätte meines Vaters Gebeine beherbergt hat. Wenn du meine Gebeine hier birgst, so wirst du mit einer Fülle von Macht und Glanz ausgestattet werden, welche die eines Königssohnes an Umfang erreicht.« Weil nun ihr Holz nach allen Richtungen ging, so konnte der Sohn während dieser Zeit, wo er seines Vaters Geschäft betrieb, sonst nichts lernen. Nur ein Tuchweber war er geworden. Einst, nachdem er um Brennholz zu sammeln wegegangen war, starb der Vater. Da nahm er denn die Gebeine seines verstorbenen Vaters auf die Schultern, trug sie auf die ihm früher gewiesene Stelle und bestattete sie dort. Da er die Anweisungen seines Vaters nicht alle verstanden hatte, so zog er in den dortigen Stätten umher und verschaffte sich durch den Verkauf der gewobenen Tücher seinen Lebensunterhalt.

Einstmals hatte er sich in eine jenseits eines Berges gelegene Stadt begeben. Nachdem er das für seine Webereien angeschaffte Garn zusammengenommen hatte, verweilte er auf dem Rückweg im Wald und begann sein Garn ineinanderzuschlingen und Tuch zu weben. Während er von Hunger und Durst gequält bei sich dachte: »Ich will gehen, Wasser zu suchen«, kam eine Lerche und setzte sich auf den Webstuhl. Er schlug mit dem Weberschiffchen nach ihr und tötete sie. Um sie zu braten und dann zu verzehren, suchte er die früher von seinem Vater besprochene Stelle auf. Dabei dachte er: »Die Worte meines Vaters: Wenn diese Stätte meine Gebeine aufnimmt, so wirst du reich werden«, sind offenbar falsch gewesen. Jetzt ist dieses Tuchweben in der Welt ein schlechtes Geschäft. Ich will von dem heutigen Tage an mein Webergeschäft aufgeben, die Gewebe verbrennen und um die Tochter des Königs von Indien werben und so dessen Schwiegersohn werden.« Mit diesem Entschluß machte er sich auf den Weg.

Da die Heimkehr der Königstochter zur Burg sich lange verzögert hatte, so hatte man gerade zu der Zeit in der Nähe des fürstlichen Palastes auf einem Berg bei dem Bild eines Garuda-Vogels von der Residenz aus ein öffentliches Dankfest veranstaltet. Auf diesen Berg stieg er empor. Er aß von den bei dem braunen Brandopfer gebräuchlichen Teigfiguren, und die an dem Garuda befestigten Seidenstoffe steckte er sich an die Brust. Zur Königsburg gelangt, rief er den Pförtnern zu: »Öffnet das Tor!« Als diese nicht öffneten, rührte er die große fürstliche Gesetzverkündigungstrommel. Auf die Frage des Königs, was das zu bedeuten habe, meldeten die Pförtner: »Ein Taugenichts wartet draußen, der sagt, er habe dem König eine Mitteilung zu machen.» Da der König den Auftrag gab, den Mann seine Mitteilung vor ihm selbst machen zu lassen, so ließ man ihn vor den König.

»Weshalb« sprach der König, »bist du gekommen? Was ist dein Begehren?«

»Um die Tochter des Königs zu freien und dein Schwiegersohn zu werden«, antwortete er, »bin ich gekommen.« Die Minister in der Umgebung des Königs äußerten ihre Entrüstung und rieten dem König, ihn mit dem Tod zu bestrafen. Doch der König sprach: »Man töte ihn nicht. Dabei ist kein Unglück. Freit ja doch der Sohn des Bettlers um die Königstochter, und wählt wiederum der König eines

Bettlers Tochter! Man behalte ihn hier und lasse ihn nicht weggehen!«

Bald darauf kam die Königin zu ihrem Mann. »Dieser Mann«, sprach der König zu seiner Frau, »ist gekommen, um unsere Tochter zu freien.« Die Königin geriet in gewaltigen Zorn. »Der Mensch muß wahnsinnig sein!« rief sie, »man töte ihn.« Doch der König sagte: »Laßt ihn nicht töten. Die Sache hat ja nicht so viel auf sich.«

Inzwischen war auch die Königstochter erschienen. Der König sagte im Scherz zu seiner Tochter: »Dieser Mann wirbt bei mir um dich, du mußt ihn heiraten.« Allein die Tochter versetzte: »Daraus wird nichts. So ein Mann, das ist doch nur ein Scherz!«

»Wenn du ihn nicht heiratest«, sprach der König, »was für einen Mann willst du künftig heiraten? Für ein Mädchen dürfte es keine so feststehende Regel sein, sich an das Beispiel der Eltern zu halten.«

»Soll ich denn«, sprach die Tochter, »einen solchen Bettler heiraten?«

»Nun«, fragte der König weiter, »was für einen Mann willst du denn heiraten?«

Die Tochter antwortete: »Einen Mann, der aus Seide Stiefel zu machen versteht, möchte ich heiraten!« Unter diesen Umständen zog man dem Mann die Stiefel aus, und wie man sie näher untersuchte und in der Tat Seidenstoffe aus den Stiefeln hervorzog, da sah man ihn mit allgemeiner Verwunderung an und sprach kein Wort mehr. »Das ist kein gewöhnlicher Mensch«, rief der König und gewährte ihm einstweilen den Aufenthalt. Die Königin aber dachte also. Wenn dieser Mann hierbleibt, so kann man nicht wissen, ob er nicht meine Tochter doch noch bekommt. Ich will ihn mit einer List aus dem Weg zu räumen suchen. In dieser Absicht fragte sie den Mann: »Auf welchen Grund hin machst du denn Ansprüche auf die Prinzessin? Willst du sie erlangen, indem du Schätze für sie bietest? Oder willst du sie durch deine Tapferkeit dir verdienen?«

Der Mann erwiderte: »Ich habe keine Schätze, ich will sie verdienen, indem ich dem König und der Königin Proben meines Mutes ablege.«

Zu der Zeit dieses Gesprächs war gerade ein Fürst der Ungläubigen herangerückt, den König zu bekriegen. Darum sprach die Königin zu dem Mann: »Wenn du dieses feindliche Heer zurückschlägst, so wollen wir dir unsere Tochter geben.«

»So mag es geschehen!« versetzte er. »Man gebe mir nur ein gutes Roß, Panzer und Bogen und Pfeile.« Die Königin war mit diesem Anerbieten zufrieden. Man gab ihm Panzer, Bogen und Pfeile, gab ihm auch starken Wein und gab ihm endlich ein Roß unter den Leib und sandte ihn von seiner Mannschaft zu sich. Doch kaum hatte er sich etwas entfernt, so ließen ihn diese mit den Worten: »Reit jetzt nur du allein!« im Stich. Da er aber sein Pferd nicht im geringsten mit dem Mundstück zu lenken imstande war, so trug es ihn in ein Dickicht. Unter dem Ausrufe: »Ich bin des sicheren Todes!« hielt er sich an den Zweigen eines Baumes am Gipfel desselben fest. Allein da die Wurzel des Baumes ausriß, so schmetterte der Stamm viele Leute vom feindlichen Heer nieder. Die Feinde riefen: »Das ist kein gewöhnlicher Mensch. Das muß sicher ein unter einer angenommenen Hülle auftretender Held sein« und ergriffen eiligst die Flucht. Er aber nahm sofort ihre Waffen und Rosse sämtlich mit, und als er sie dem König überreichte, freute sich dieser ungemein und versprach, ihm die Tochter zu geben.

Doch die Königin war damit nicht einverstanden. »Er soll erst seine Tapferkeit zeigen«, sprach sie.

»Wie soll ich denn«, sprach der Mann, »meine Tapferkeit zeigen?«

»Auf unserem Gebirge hier«, versetzte die Königin, »hält sich ein neun Spannen langer Fuchs auf, der mitten auf seinem Rücken ganz gestreift ist. Erlege diesen Fuchs, und bringe mir den Balg.«

Er nahm darauf ein Pferd, ein Rind, Bogen und Pfeile und Lebensmittel in Empfang und machte sich auf den Weg. Viele Tage lang suchte er den Fuchs, ohne ihn zu finden. Schon kehrte er wieder um und war bereits in die Nähe der Königsburg gelangt. Da bemerkte er, daß er seinen Bogen verloren hatte. Ohne den Fuchs gefangen zu haben, ist der Verlust des Bogens ein Unglück für mich! dachte er und machte sich auf, seinen Bogen zu suchen. Auf einem Bergrücken an einer Stelle, wo er sich zum Ausruhen niedergesetzt hatte, war der Bogen zurückgeblieben. Bevor der Mann aber noch dahingelangte, war der Fuchs, indem er die Bogensehne entzweizubeißen versuche, vom Bogen, als er seine Stirn durchzwängen wollte, erschlagen worden. Auf diese Weise bekam er den Fuchsbalg und überbrachte ihn dem König und der Königin.

Doch auch damit gaben sich die beiden nicht zufrieden, sondern stellten eine neue Forderung: »Du mußt noch eine Probe deiner Tapferkeit ablegen, dann geben wir dir ganz bestimmt unsere Tochter zur Frau.«

Der Mann fragte: »Welche Probe soll ich denn noch ablegen?«

»In der Nordgegend«, hieß es, »sind sieben berittene Dämonen der Mongolen. Führe uns diese her.« Die Königstochter veranlaßte, daß man ihm zu diesem Zweck guten Reiseproviant gab, und ebenso ließ sie ihn sieben Stück zerriebene Roggenbrote und sieben Stück weiße Weizenbrote reichen. Dabei ließ sie ihn ein starkes, ausdauerndes Roß besteigen. So brachte sie ihn auf den Weg. Während des Nachtlagers aß er von seinem sieben Stück schwarzen Roggenbrot.

Bald gelangte er in das Land der Mongolen. Auf einen mitten in einer Ebene sich befindlichen Hügel machte er halt. Er zog seine sieben Stück weißen Brote hervor. Als er sie aber besah, dachte er: »Ich will doch lieber eines von den schwarzfarbigen essen.« Doch kaum wollte er sich eines der Brote nehmen, als ihn plötzlich der Schlucken befiel. Im selben Augenblick erschienen die sieben berittenen mongolischen Dämonen. Kaum war er ihrer ansichtig geworden, so ließ er seine Brote im Stich und machte sich eiligst davon. Während sie ihm nachjagten, sprach einer von ihnen: »Was sollen wir ihm nachsetzen?«

Der Haufen aber rief: »Nehmen wir seine Lebensmittel!« Deshalb kehrten sie um und verzehrten sieben Stück Brote, jeder von ihnen eines. Da aber in den sieben Broten Gift eingemischt war, so starben die sieben Dämonen an diesem Gift. Nachdem der Mann wieder umgekehrt war, nahm er die Pferde, sieben Köcher samt Bogen und Pfeilen und überbrachte sie dem König. Der König war hocherfreut, gab ihm seine Tochter, errichtete einen Thron dem seinen ganz gleich, versammelte seine zahlreichen Untertanen, veranstaltete ein großes Fest und übergab ihm sein Reich zur Hälfte. Und von da an wurde er dem König so teuer wie sein eigenes Leben.

»Weil der Vater Sanggasba eine glückliche Stätte gefunden, deshalb ist auch sein Sohn so glücklich geworden!« sprach bei diesen Worten der Erzählung der mit Glück und Wohlstand gesegnete Khan.

DER BARTLOSE

Roter Faden gebunden,
Um die Spule gewunden,
Gib ihr 'n Stoß, daß sie sich drehe,
Und das Märchen vor sich gehe,
Und der schöne Abend schön vergehe.

Guten Abend von hinten bis vor und allen Pallikaren!« Ein Mann hatte einen einzigen Sohn, der war bartlos, ohne Haar. Was dieser Knabe von seinem Vater verlangte, das gab ihm der, weil er der einzige war. Der Knabe sagt eines Tages zu seinem Vater: »Liebst du mich wirklich, mein Vater?«

»Ich liebe dich, mein Sohn, mit meiner [ganzen] Seele und was du von mir verlangst, das will ich dir tun.«

»Gib mir Geld, daß ich mir einen Topf Honig kaufe!« Er gab ihm Geld. Der Knabe ging, kaufte einen Topf Honig und setzte sich in die Sonne. Er rief seinen Vater: »Komm, Vater, sieh dir mein Kunststück an!«

»Na schön, laß mich dein Kunststück sehen! Was willst du machen?« Er beschmierte nun seine Füße mit Honig, und Millionen Fliegen sammelten sich und setzten sich auf seine Füße. Er gab mit seinen Händen einen Schlag darauf und tötete vierzig Fliegen. Darauf sagt er zu seinem Vater: »Geh und bestelle mir ein Schwert, und der Meister, der es macht, soll auf das Schwert schreiben, daß ich, der Bartlose, vierzig Drachen mit einem Streich getötet habe.«

»Ha ha! Mein Sohn, du mit deinem Kunststück!«

»Mein Kunststück ist gut, mein Vater.«

»Eh, ich gehe, dir das Schwert zu bestellen.«

Als er das getan hatte und es ihm brachte, las er auf dem Schwert und sagte: »Vierzig Drachen hat der Bartlose mit einem Streich getötet.«

Der Bartlose nahm seine Waffen, um jagen zu gehen, und nahm auch sein Schwert. Er sagt zu seinem Vater: »Gib mir deinen Segen, ich gehe auf die Jagd.« Er ging ins Freie und setzte sich unter einen Baum und hing sein bloßes Schwert an den Baum, wo er saß. Der Bartlose hatte aber nicht die Kraft eines Vögelchens und war feige. Nach einiger Zeit schlief er unter dem Baum ein. In dieser Gegend waren neununddreißig Drachen, die hatten auch eine Schwester, Nummer Vierzig. Die Drachen kamen zu diesem Baum, um sich zu setzen und auszuruhen. Als sie angekommen waren, sahen sie das Schwert hängen und lasen die Inschrift auf dem Schwert und sahen, daß sie besagte, dieser Bartlose habe mit diesem Schwert vierzig Drachen getötet. Als sie die Inschrift auf dem Schwert gelesen hatten, erbebten sie und wußten nicht, was sie tun sollten, ob sie fliehen oder mit dem Manne, der da schlief, reden sollten. In diesem Augenblick erwachte durch das Geräusch, das die Drachen machten, der listige Bartlose, aber er tat, als ob er schliefe, doch hörte er von jetzt an zu, was die Drachen redeten. Da sagten nun die Drachen: »Laßt uns gehen und mit ihm sprechen, und wenn er auf unseren Anruf sich furchtlos erhebt, so wollen wir ihn mitnehmen und ihm unsere Schwester geben, damit wir ihn zum Drachen machen und unserer vierzig werden. Wenn nicht, so wollen wir mit ihm reden, und er mag aufstehen, und ist er feig, so wollen wir ihn auffressen.« Der Bartlose hörte ihre Unterhaltung und wäre beinahe vor Angst ohnmächtig geworden.

Die Drachen machen sich also auf und kommen und rufen ihn an: »Gebieter!«

Er, verschlagen und furchtsam, wie er war, tut, als ob er schlafe, und sein Herz schlägt vor Angst. Die Drachen sagen: »Wir wollen ihn nicht Gebieter rufen, sondern wir wollen ihn Pallikare rufen. – He, Pallikare, wach auf!«

Als er hörte, daß sie ihn Pallikare nennen, erhebt er sich mit einem Ruck und ruft: »Schwert meines Vaters! Ich will die neununddreißig Drachen treffen, daß mein Schwert es mache wie das erstemal!« Die Drachen fielen ihm alle auf einmal zu Füßen und sagten zu ihm: »Nein, Pallikare, wir wollen dich zum Gefährten.«

»Ihr wollt mich zum Gefährten machen?«

»Gehen wir auf unsere Jagd!« Aber jener hatte große Furcht in seinem Herzen, und die Drachen wußten nicht, daß er ein solches Hasenherz war, daß ihn ein Hauch umgeworfen hätte und er den Kopf verlieren wollte vor Furcht. Er war jedoch so schlau wie kein zweiter. Er fragte sie: »Wieviel seid ihr?«

»Wir sind neununddreißig, und dich wollen wir zum Bruder, daß wir vierzig werden.«

Der Bartlose sagt zu ihnen: »Da ihr nur neununddreißig seid, so schenke ich euch das Leben, weil mein Schwert gewohnt ist, vierzig mit einem Strich zu erschlagen.« Aber sein Herz schlägt ihm dabei vor Furcht. Er sagt also zu ihnen: »Eh, gehen wir zu euch nach Hause!«

Sie machten sich also auf den Weg und begannen zu gehen, aber der Bartlose kam mit ihnen nicht mit und blieb zurück. Sagt er zu ihnen: »Was lauft ihr so? Soll ich anfangen, mich zu rühren, so werde ich euch bald entschwunden sein. Ihr müßt mir nahe bleiben, damit wir zusammen marschieren, sonst ziehe ich mein Schwert und köpfe euch.« Aber in seinem Innern packten ihn sieben Ängste, weil er in große Gefahr geriet, und er stellte Überlegungen an, wie er sie mit seiner Schlauheit hineinlegen könnte.

Sie kamen endlich alle zu Hause an. Als sie angekommen waren, sagten sie zu ihrer Schwester: »Das ist dein Mann, daß du's weißt.« Die Drachin sagte: »Ich gehorche dem Befehl meiner Brüder und nehme ihn zum Manne.« Des Morgens aber sagten sie zu ihm: »Bleib du hier, und wir wollen auf die Jagd gehen!« Sie gingen also auf die Jagd und ließen ihren einen Bruder da, um Wasser und Holz für seine Schwester zu holen, daß sie das Abendtreffen koche. Lassen wir die Drachen jagen und reden: »Wie sind wir Unglücklichen mit diesem Ungeheuer hereingefallen, das wir da haben! Er wird uns hinauswerfen«, und lassen wir sie in ihrer Bedrängnis und wenden uns dem Bartlosen, dem Schlaukopf, zu.

Was machte der Bartlose in dem Hause den Tag über mit seiner Frau und ihrem Bruder, dem Drachen?

Er nahm das Schwert und tat damit, als ob er ein Heer von Tausenden erschlagen wolle. Dort in der Nähe waren viele

Ortschaften, und er sagte: »Ich werde mein Schwert nehmen und in diese Ortschaften hinabgehen und niemanden übriglassen. Ich bin es so gewöhnt, daß mein Schwert Menschen erschlägt.« Der Drache sagt zu ihm: »Nein, mein Pallikare tue dies nicht, denn es bringt uns keine Ehre, dies in den Ortschaften zu tun. Denn es ist schade, daß die Menschen zugrunde gehen.« Der erwidert: »Schade hin, Schade her! Ich weiß nichts von dergleichen. Ich will meine Kunst zeigen.« Da wendete sich seine Frau an ihn und sagt: »Mir zuliebe tue dies nicht, mein Pallikare, denn wir haben viele Gerichte in diesen Orten.« Er sagt zu ihr: »Das erstemal, wo du mich etwas bittest, will ich auf dich hören und nicht gehen. Aber ein anderes Mal verwehre mir nicht meine Kunst. Sonst verletzt du mich, denn ich habe schon tausend Drachen getötet.« (Der hatte aber niemanden als die Fliegen auf seinen Füßen getötet.)

Am Abend kamen nun die Drachen nach Hause, aber bekümmert, und finden ihren Bruder beinahe weinend vor Kummer. Sie sprachen mit ihrer Schwester, und sie setzte ihnen Essen vor, und sie aßen. Sagen sie zu ihm: »Setze dich zu uns zum Essen«, aber jener wollte nicht. Sagen die Drachen zu ihm: »Warum setzt du dich nicht zu uns zum Essen?« Jener erwiderte: »Ich setze mich nicht mit Feiglingen zum Essen. Denn ich bin gewohnt, unter Pallikaren zu sitzen.« Die Drachen setzten sich also und aßen allein, und dann begaben sie sich hinaus und dachten über das Ungeheuer nach, mit dem sie belastet waren. Der Bartlose saß drinnen mit seiner Frau, und sie aßen. Und er sagte zu seiner Frau in großer Wut: »Ich tue hier nichts. Ich muß in ein Land gehen, wo ich Drachen und Ungeheuer zum Morden finde, da ich es so gewöhnt bin.« Die Drachen hatten einen versteckt, der hörte, was der Bartlose zu seiner Frau sagte. Und sie fragten ihn, was er in der Stunde, als er aß, gesagt habe, und gerieten noch mehr in Furcht und Unruhe, da sie seine Ohnmacht nicht kannten, denn wenn sie es gewußt hätten, würden sie es ihm zu verstehen gegeben haben.

Der Bartlose ging nun mit seiner Frau schlafen. Die Frau aber dachte nach, was sie anstellen mußte, um zu erfahren, ob ihr Mann ein wildes Tier war oder nicht.

Um also zu sehen, ob er tatsächlich ein Pallikare war, nahm sie ihn bei der Hand, damit sie zu Bett gingen, und seine Finger klebten von dem geringen Druck zusammen, den sie dabei ausübte. Sagt zu ihm seine Frau: »Was ist das, daß deine Finger zusammenkleben?«

»Unsere Art ist so, daß unsere Fingerspitzen zusammenkleben, wenn wir von der Süßigkeit des Honigs schlürfen.« Seine Frau merkte, daß er nicht eine Pendara wert und ein Schwindler sei. Aber sie hielt es geheim und sagte es nicht ihren Brüdern.

Lassen wir nun die süß schlafen und wenden uns zu den Drachen, die in ihrer Not nicht schlafen konnten. Sie berieten, wie sie ihn verderben könnten, und fanden keinen Rat. Sagt der älteste von den Brüdern: »Ich merke, daß er ein Feigling und Schwindler ist.« Sagten sie anderen: »Es ist nicht so, sondern er ist ein Pallikare.« Und der Bartlose bleibt wieder ein Pallikare.

Als der Bartlose geschlafen hatte, stand seine Frau auf und begab sich heimlich hinaus, um zu horchen, was die Drachen, ihre Brüder, sagen. Sagt der jüngste Drache: »Morgen abend wollen wir unserer Schwester sagen, sie solle ihn in die zweite Kammer allein schlafen legen, und wir wollen in der Nacht mit neununddreißig Äxten hingehen und ihm neununddreißig Axthiebe versetzen und ihn verzehren, daß wir von ihm befreit sind.« Alle Drachen waren einverstanden. Dann wurde es Tag, und sie gingen auf ihre Jagd. Der Bartlose blieb bei seiner Frau, und sie sagt zu ihm: »Meine Brüder haben die Absicht, mir zu sagen, ich solle dir zum Schlafen das Bett in der zweiten Kammer aufstellen, damit sie nachts kommen und dir neununddreißig Axthiebe versetzen und dich töten.« Und er fragt sie: »Werden sie dies wirklich tun?«

»Sie werden es tun.« Sagt der Bartlose: »Ich werde mein Schwert zu mir nehmen und sie erschlagen.« Während er dies sagte, zitterte er vor Furcht. Sagt zu ihm seine Frau: »Ich habe erkannt, daß du feige bist und vor Furcht zitterst, aber fürchte dich nicht, denn ich bin eine mitleidige Frau und werde dich beraten, daß dir nichts widerfährt. Aber höre meinen Rat!« Nahe der Bettstelle war ein großer Schrank ohne Glasscheiben. In diesen Schrank gingen zwei Menschen hinein: Seine Frau geht nun mit ihm hinunter, und sie finden dort einen großen dicken Holzklotz, nehmen ihn und legen ihn unters Bett. Und sie sagt zu ihm: »Abends, wenn du dich zu Bett legst, nimmst du diesen Baumstumpf und legst ihn aufs Bett und bedeckst ihn mit der Bettdecke und gehst in den Schrank und schließt ihn zu.« Der Schrank hatte aber ein Loch, und sie sagte, er solle durch das Loch beobachten, was sie tun würden. »Wenn sie kommen und dir mit den neununddreißig Äxten eines versetzen werden, indem sie nicht merken, daß nicht du, sondern der Baumstumpf da liegt, so werde ich zu ihnen sagen, sie sollen nicht gleich in der Frühe wieder zu dir gehen, weil es möglich sei, daß du sie mit dem Schwert tötest;

und wenn sie weggegangen sind und sich hinausbegeben haben, so öffnest du den Schrank, nimmst den Baumstumpf und legst ihn unter das Bett. Dann lege dich selbst in dein Bett schlafen. Und des Morgens werden sie kommen, dich zu rufen, und werden zu dir sagen: ›He, Pallikare, Pallikare!‹ Und du mußt dich erheben und zu ihnen sagen: ›Was sucht ihr hier und lasset mich nicht schlafen? Ich werde mein Schwert nehmen und euch töten. Mich haben diese Nacht Flöhe gebissen und mich nicht schlafen lassen.‹ Das wird sie nun zittern machen.«

Die Drachen kehrten abends von der Jagd zurück und begrüßten den Pallikaren und ihre Schwester und setzten sich und aßen Brot, aber der Bartlose mit seiner Frau getrennt. Darauf sagen sie zu dem Bartlosen: »Wir haben hier eine Gewohnheit. Den ersten Abend legt sich der Mann mit der Frau schlafen. Den zweiten aber macht sie ihm in einem anderen Zimmer getrennt von sich das Bett.«

»Es kümmert mich nicht. Macht, wie ihr wollt! Mein Schwert habe ich in der Hand.« Aber er zittert dabei, und sein Herz schlägt vor Furcht. Die Drachen gingen also und legen sich hin. Und jener ging in seine Kammer und hob den Baumstumpf unterm Bett hervor und legte ihn aufs Bett und deckte ihn zu und machte ihn zurecht, daß er wie ein Mensch aussah. Er löschte die Lampe aus und stieg dann in den Schrank und schaute durch das Loch. Als es auf fünf Uhr nachts ging, standen die Drachen auf und gingen mit neununddreißig Äxten in aller Stille hin und treten in die Kammer und versetzen ihm neununddreißig Axthiebe und sagen: »Da, den haben wir umgebracht. Gehn wir jetzt hinaus, und später kommen wir wieder und machen ein Frühstück aus ihm.«

Der Bartlose zitterte vor Furcht bei dem Donner der Äxte, die auf dem Baumstumpf erdröhnten. Als die Drachen weggegangen waren, begibt er sich aus dem Schrank und legt den Baumstumpf unter das Bett und verbirgt ihn, und dann legte er sich ins Bett und schlief. Später stehen die Drachen wieder auf und gehen nachzusehen, was der Bartlose macht, und stellen sich außen an die Tür und rufen ihn. Dieser tut, als ob er schlafe. »Pallikare, Pallikare!« rufen sie ihn. Er tut wieder, als ob er nicht höre. Sie rufen ihn von neuen: »Pallikare, Pallikare!« Und er sagt zu ihnen: »Was macht ihr? Wenn ihr mich nicht Pallikare genannt hättet, so hätte ich euch gefressen. Diese Nacht haben mir die Flöhe neununddreißig Bisse in den Leib versetzt, so daß ich nicht geschlafen habe. Schert euch weg von hier, damit ich etwas schlafe. Denn die Flöhe haben mich diese Nacht nicht schlafen lassen.«

»Wir sagen dir Lebewohl, um auf die Jagd zu gehen.«

»Trollt euch schnell weiter!« Die Drachen gingen also weg und auf die Jagd und zitterten vor Angst, weil sie hören, daß ihn neununddreißig Flöhe gebissen und nicht hätten schlafen lassen.

Lassen wir die Drachen in ihrer Bedrängnis und auf die Jagd gehen, und kehren wir zu dem Bartlosen, dem Schwindler, zurück! Sagt zu ihm wiederum seine Frau: »Den Baumstumpf mußt du wieder aufs Bett legen und mit den Kleidern bedecken und in den Schrank steigen und dich verstecken. Des Abends werden sie zwei Kessel Wasser kochen und kommen, dich mit dem Gekochten zu übergießen, und du machst wieder dasselbe, wenn sie weggehen, wie vorige Nacht. Und des Morgens werden sie kommen und dich rufen, und du tust, als ob du nicht hörst. Das zweitemal, wenn sie dich wieder rufen, stehst du mit großer Heftigkeit auf, nimmst das Schwert und sagst ihnen, du würdest sie niederhauen: ›Was sucht ihr hier, wo ich diese Nacht so geschwitzt habe und mein Bett von Schweiß trieft.‹ Das mußt du ihnen sagen.«

Des Abends setzten sich also die Drachen nieder und aßen, begaben sich dann heraus und setzten sich dort. Auch der Bartlose ging mit der Drachin essen. Als sie gegessen hatten, geht der Bartlose in sein Bett schlafen, nimmt den Baumstumpf und legt ihn aufs Bett und deckt ihn mit den Decken zu wie einen Menschen und löscht die Lampe aus. Dann steigt er in den Schrank und versteckt sich. Die Drachen nahmen die Kessel und stellten sie auf zum Wasserkochen. Fragt sie ihre Schwester, die Drachin, was sie machen wollten. Sie antworteten: »Wir wollen uns baden.« Sie tut, als wenn sie nichts wüßte, und sagte: »Ich gehe schlafen, um mich auszuruhen, denn ich bin davon, daß ich euch das Essen gekocht habe, sehr ermüdet.« Die Drachen erwiderten: »Gehe nur schlafen, wir werden uns allein baden.« Als es vier Uhr nachts geworden war, kochte das Wasser, und sie nahmen die Kessel und gossen das kochende Wasser über ihn. Dann gingen sie weg, legten sich schlafen und sagten: »Morgen wollen wir gehen und ihn verzehren.« Der Bartlose aber stieg, als die Drachen weg waren, aus dem Schrank, schob den Baumstumpf weg und warf ihn unter das Bett und legte sich dann schlafen.

Des Morgens kamen die Drachen und riefen ihn: Pallikare, Pallikare!« Der tut, als ob er nicht aufwacht, und sie wiederholen ihren Ruf: »Pallikare, Pallikare!« Da steht er auf, ergreift mit Macht sein Schwert und sagt zu ihnen: »Was habt ihr denn, daß ihr am frühen Morgen kommt und mich ruft und mich nicht schlafen läßt, wo ich die Nacht geschwitzt habe, daß mir von der großen Hitze der Schweiß von oben herab- und vom Bett herunterläuft und ich ganz naß bin?«

»Wir sind gekommen, dir zu sagen, daß wir wieder auf die Jagd gehen.«

»Geht an eure Arbeit. Habe ich mit euren Geschäften zu tun, daß ihr jeden Morgen kommt und mich weckt?«

Die Drachen gingen also bekümmert weg und sagten: »Vorgestern versetzten wir ihm neununddreißig Hiebe und er sagte, daß ihn Flöhe gebissen hätten. Den zweiten Abend gossen wir zwei Kessel kochenden Wassers über ihn, und er sagte, er habe Schweiß vergossen, daß er von seinem Bett triefe. Aber wir sind nun einmal hineingefallen und müssen überlegen, wie wir ihn loswerden. Denn sonst wird er uns alle töten.« Sagt der Jüngste zu ihnen: »Ich werde morgen zu Hause bleiben, um Wasser von der Quelle zu holen, damit unsere Schwester abends das Essen kocht. Ich werde aber zu ihm sagen, ich hätte zu tun; er soll gehen und Wasser von der Quelle bringen und den Schlauch, der sechzig Oka faßt, füllen, damit ich seine Stärke prüfe.« Wie gesagt, so getan. Sie ließen den jüngsten Bruder zu Hause.

Als sie sich anschickten, das Essen zu kochen, sagt der Drache zu dem Bartlosen: »Pallikare, nimm den Schlauch und fülle ihn an der Quelle mit Wasser und bringe es, denn ich habe zu tun und kann nicht selbst gehen.« Die Drachin hatte aber schon den Tag vorher den Bartlosen beraten und gesagt: »Sie werden dich drängen, Wasser zu holen, und dir den Schlauch geben, daß du so viel Wasser hineintust, wie du tragen kannst. Du aber mußt, wenn du das Wasser bringst, sagen, du hättest Durst nach Wasser, und mußt auf den

Schlauch vor dir treten, daß er dünner wird, so daß er dich nicht prüfen kann. Ich werde zu ihm sagen: ›Geh selbst und bringe Wasser. Er hatte Durst und hat es ausgetrunken. Geh nun und fülle den Schlauch, daß ich das Essen kochen kann.‹« Der Bartlose tat so, wie ihm die Drachin riet.

Des Abends fragten die Drachen den jüngsten Bruder, was er gemacht habe, und er sagt zu ihnen: »Ich forderte ihn auf zu gehen, den Schlauch an der Quelle zu füllen und das Wasser zu bringen, weil ich zu tun hätte und nicht gehen könnte. Er ging auch und füllte den Schlauch mit Wasser und brachte es und sagte, daß er Durst habe, und trank alles aus.« Fragen ihn die Drachen: »Hast du gesehen, daß er alles ausgetrunken hat?« Er antwortet: »Ich habe es mit meinen eigenen Augen gesehen, daß er alles ausgetrunken hat. Ich ging dann und füllte den Schlauch.« Da sagten die anderen: »Wir sind gehörig hereingefallen. Er ist ein reines Ungeheuer.« Wieder sagt der Jüngste: »Ich werde morgen wieder zu Hause bleiben und mit ihm in den Wald gehen, und da werde ich sehen, was er kann.«

Lassen wir nun die Drachen und wenden uns wieder der Drachin und dem Bartlosen zu, dem sie einen Rat geben wird. »Morgen abend«, sagt die Drachin, »werden sie mit dir in den Wald gehen, und du tue, was ich dir sage, damit dich die Drachen nicht treffen.«

»Na, was wirst du mir raten? Ich höre.«

»Hier, dieses Seil ist fünfhundert Klafter lang. Wenn du in den Wald gegangen bist, binde das eine Ende des Seiles an einen Baum und dann geh weiter und wickle den ganzen Wald ein. Der Drache wird dich fragen, was du dort machst, und du antwortest: ›Ich binde das Seil an, daß mit einem Zuge der ganze Wald fällt und ich ihn nach Hause bringe. Denn es verdrießt mich, daß ihr jeden Tag nach Holz geht: Ich will es allein erledigen, daß wir für das ganze Jahr genug haben.‹ Er wird zu dir sagen: ›Nein, nein – laß das. Denn wenn du den ganzen Wald niederwirfst, dann wird er künftig kein Holz mehr geben, und wir werden kein Holz mehr haben. Laß das, ich werde Holz machen und es nach Hause bringen.‹«

Des Morgens blieb der jüngste Drache zu Hause und sagte zu dem Bartlosen: »Mein Pallikare, gehen wir und holen Holz, damit unsere Schwester kochen kann.«

»Schön, gehen wir, aber nehmen wir Stricke mit!« Er ruft die Drachin: »Gib uns einen Strick, drei- bis vierhundert Klafter lang!« Die Drachin gab ihm das Seil, von dem sie gesprochen hatte. Der Drache fragt ihn: »Was willst du mit diesen Stricken machen?«

Er antwortete: »Diese Stricke nehmen wir und binden das Holz zusammen. Gehen wir jetzt, marsch, vorwärts!« Sie gingen in den Wald und der Drache fing an, Holz mit der Axt zu hauen. Sagt zu ihm der Bartlose: »Was machst du denn da?«

»Ich werde Holz hauen, es mit den Stricken zusammenbinden und nach Hause bringen.«

»Laß das, Mensch«, sagt der Bartlose, »ihr seid Schwächlinge. Ich werde Holz machen und nach Hause bringen.« Und er bindet das eine Ende des Stricks an einen Baum und geht herum und umwickelt den ganzen Wald und sagt zu dem Drachen: »Geh weg, denn ich werde nun an dem Strick ziehen und den ganzen Wald niederwerfen und nach Hause bringen, und dich würde ich treffen, darum geh weg von hier!« Der Drache sagte zu ihm. »Nein, mein Pallikare, das dürfen wir nicht machen. Denn künftig würde der Wald kein

Holz mehr hergeben. Aber laß das! Ich werde Holz schlagen und nach Hause bringen.« Und er machte Holz und trug es nach Hause, und der Bartlose blieb untätig.

Des Abends kommen also die Drachen und fragten ihn, was er gemacht habe. Und der Drache erzählt ihnen die ganze Geschichte. Die sagen: »Da stecken wir schön in der Patsche!« Sie überlegten sich, was sie sonst noch versuchen könnten, und es sagt ein anderer Drache: »Ich weiß, wie wir ihn erproben und sehen, ob er stark ist. Wir wollen morgen die Kugel bringen und damit spielen. Da werden wir ihn alle sehen.«

Lassen wir nun die Drachen und wenden uns wieder dem Bartlosen mit der Drachin zu. Die sagt zu ihm: »Morgen werden die Drachen zu dir sagen, ihr sollt gehen und mit der Kugel spielen. Die Kugel ist hundert Oka schwer. Jene werden alle die Kugel werfen und dann zu dir sagen, auch du sollst sie werfen. Du mußt dann mit dem Fuß auf die Kugel treten und sagen: ›Was ist das? Das ist leicht wie eine Nuß. Aber ich werde die Kugel so werfen, daß ich viele Städte und Dörfer zermalme.‹

Konstantinopel und Anatoliens Auen
Sollen des Bartlosen Kugel schauen.
Und wenn es sich läßt so richten,
Wird sie zehn Städte vernichten.

Jene werden dich fragen: ›Welche Städte wird sie zerstören?‹ Du antwortest: ›Konstantinopel, Smyrna, Chios, Andros und die Städte Anatoliens.‹ Dann werden die Drachen zu dir sagen: ›Bleib ruhig, denn wir haben dort Brüder und die wirst du uns töten.‹

›Na, schön, wenn ihr nicht wollt, so werfe ich sie nicht.‹«

Des Morgens also erhoben sich die Drachen und sagten zu ihm: »Gehen wir und werfen die Kugel!«

»Ja, gehen wir, ich habe viel Zeit dazu, und es ist meine Leidenschaft.« Sie gehen also an die Stelle, so sie die Kugel werfen wollten, und die Drachen fingen an. Als sie alle die Kugel geworfen hatten, sagten sie zu ihm: »Wirf auch du die Kugel!«

»Gut, ich werde aufstehen.« Er setzt seinen Fuß auf die Kugel und sagt: »Was ist das? Das ist wie eine Nuß, aber ich werde die Kugel so werfen, daß ich viele Städte vernichte.

Konstantinopel und Anatoliens Auen
Sollen des Bartlosen Kugel schauen.
Und wenn es sich läßt so richten,
Wird sie zehn Städte vernichten.

Da sagen die Drachen zu ihm: »Welche Städte werden zugrunde gehen?«

»Konstantinopel, Smynra, Chios, Andros und die Städte Anatoliens.«

»Bleib ruhig, denn in allen diesen Städten und Ortschaften sind Brüder von uns, und du würdest sie töten.«

»Na, dann werfe ich sie nicht, wenn ihr nicht wollt.« Sie gingen weg, und so war der Schelm, der Bartlose, gerettet.

Des Abends kamen die Drachen nach Hause, setzten sich und sagten zu ihm: »Willst du nicht zu deinem Vater gehen?« Antwortet der Bartlose: »Ich will es.« Sie fahren fort: »So geh, und der jüngste Drache hier wird sich Geld aufladen und in dein Haus bringen.«

Am anderen Morgen also beluden sie den jüngsten Drachen mit Geld, und der Bartlose ging mit ihm zum Hause seines Vaters. Als sie in die Nähe seines Dorfes kamen, sagte er zu dem Drachen: »Bleib hier, denn mein Vater ist ein Ungeheuer und wird dich töten. Aber ich werde mit ihm sprechen und ihm sagen, daß du mein Schwager seist, und dann wird er dich nicht umbringen, und ich werde auf den Söller heraustreten und dich rufen.« Dieser Schelm, der Bartlose, ging also ins Haus. Seine Mutter hatte Feuer angezündet und füllte zehn Krüge mit Feuer, trat mit ihnen auf den Söller und rief den Drachen: »Heda!« Und als er bis an die Pforte gekommen war, fing sie an, auf ihn die ganzen Krüge mit dem Feuer herabzuwerfen, und als der Drache sie sah, glaubte er, es seien Kugeln, die platzen und aus denen Feuer hervorkomme. Er fürchtete sich, warf das Geld hin und floh. Da kam der Bartlose herunter, nahm das Geld ins Haus und sagte zu seinem Vater: »Da habe ich Geld gebracht.«

»Ei, das hast du gut gemacht, mein Sohn, meinen Segen!« Der Drache aber lief davon und kam zu seinen Brüdern, und sie fragten ihn, wie es ihm ergangen wäre: »Sie hätten mich beinahe umgebracht. Sie kamen auf den Söller und warfen Bomben. Die Kugeln fielen auf die Straße, die fing an zu brennen; und ich rettete mich mit großer Mühe.«

Weder bin ich dabei gewesen, noch brauchst du es mir zu glauben.

Ein Bauer hatte zwei Söhne. Als er den letzten erhielt, sagte er zu seiner Frau: »Laß ihn sieben Jahre saugen, den Hans!« Es geschah so, und als die Zeit um war, schickte der Vater den Hans aus in den Wald, einen Baum auszureißen und heimzubringen. Der Junge ging hinaus und brachte einen Baum heim. Der war dem Bauern aber zu klein, und die Mutter mußte ihn daher noch sieben Jahre an der Brust haben. Nach dieser Zeit sandte er den Hans wieder aus, und der starke Junge brachte einen Sägbaum; und der war recht. Da sagte der Bauer zu seiner Frau: »Jetzt mußt du ihn herabtun.«

Darauf spannte er seine zwei Söhne an den Pflug zum Ackern. Der Hans aber zog immer vor, weil er stark war, und stieß endlich voll Ungeduld seinen Bruder ganz hinweg, weil dieser immer hinten blieb. Lieber zog er allein am Pflug. Zur selben Zeit fuhr ein reicher Herr des Weges; der sieht den Hans und fragt sogleich den Bauern, ob der Junge ihm nicht feil wäre. Der Bauer aber wußte nicht, was er dafür bekäme. So bot ihm der Herr seine zwei Rosse vom Wagen und einen Sack voll Geld. Der Bauer war zufrieden, wenn es auch dem Hans recht wäre. Dem Hans war es recht, und der Bauer spannte ihn vor den Wagen. Dann fragte er ihn, wie er heiße, Hans oder Hansl. Der Hans aber sagte darauf, es sei gleich, er höre überall. Wieder fragte der Herr, ob er laufen könne. Der Hans erwiderte: »Ein wenig«, und der Herr befiehlt ihm: »So lauf!« Da läuft der Hans und läuft immer stärker. Der Herr aber kriegt Angst und ruft ihm zu: »Hansl, stand!« Der Hansl geht aber immer geschwinder und hört nicht auf seinen Herrn, der ihn zurückhalten will, weil sonst alles hin wäre, und bald fliegt ein Rad, dann das andere, dann der Kasten, und der Hans geht nur mehr vor den zwei Rädern, zuletzt an der Deichsel allein. So mußte der Herr ihm nachlaufen, der Hans aber war lange zur Stelle, als er ankam. Die Frau ging ihrem Mann jammernd entgegen und schimpfte, daß er wieder einmal einen feinen Knecht eingestellt habe.

Am anderen Morgen befahl der Herr dem Hans, mit zwei Rossen ins Holz zu fahren. Aber alle Knechte waren am Morgen schon auf, nur der Hans blieb liegen und wollte auch nicht aufstehen, bis man ihm einen großen Topf voll Knödeln brachte. Die verzehrte er, den letzten wie den ersten, und fuhr dann aus. Auf dem Weg sieht er die anderen Knechte schon heimwärts ziehen mit den holzbeladenen Wagen. Da kam er in einen Hohlweg; und das war ihm recht. Denn er verrichtete seine Notdurft ungesehen, aber so stark, daß die Knechte, als sie hinkamen, steckenblieben. Hans fährt nun ein, holt die Klafter Holz und zieht wieder heimwärts. Im Hohlweg aber können seine Rosse nicht durch, so arg er auch antreibt. Voll Zorn schlägt er den einen Gaul nieder, und weil der zweite jetzt noch weniger den Wagen hinüberbringen kann, auch diesen und wirft das Aas auf den Wagen hinauf und zieht nun selber. Es waren aber Wölfe in der Gegend zu Hause, und einer kam herangesprungen, um das Aas herabzureißen. Doch Hans schlägt den Wolf tot und wirft auch ihn auf den Wagen und bringt den Wagen allein heim. Da schimpfte die Frau noch mehr als gestern mit dem Mann über den dummen Knecht und ruhte nicht eher, als bis der versprach, den Hans fortzutun.

Der aber sagte zum Hans: »Weißt was, Hans, ich gehe ins Wirtshaus zum Wein. Wenn es Abend wird, kommst du und leuchtest mir mit der großen Laterne heim.« Als es nun gegen die Nacht zuging, zündete der Hans den Stadel an. Das Feuer gab großen Schein, und der Herr kam in Angst gelaufen. Weidlich wurde Hans ausgescholten über diesen neuen Streich; der aber entgegnete ruhig, er habe den Befehl des Herren getreulich vollzogen. Die Scheuer sei ja die große Laterne gewesen und hätte dem Herrn recht gut geleuchtet, weil er so schnell habe laufen können.

Nun wollte die Frau gar nichts mehr von Hans wissen. Am Hause war ein tiefer Brunnen, der, lange nicht gebraucht, ohne Wasser stand. Diesen sollte Hans reinigen; und während er unten wäre, könnte man ihn totwerfen. Hans stieg wirklich in den Brunnen, wie es der Herr befahl. Die oben geblieben waren, warfen ihm große Steine nach. Aber der Hans rief heraus: »Da müssen Hennen oben sein, die scharren und kratzen Sand herunter.« Nun werfen sie einen großen Mühlstein hinab; der fiel gerade so, daß er dem Hans als Halskrause diente. Dieser machte seine Arbeit fertig und stieg unverletzt herauf.

Weil bisher alles vergeblich war, schickten sie ihn auf eine Mühle, wo es niemanden litt. Dort sollte er mahlen. Als es Mitternacht schlug, klopfte es. »Herein!« ruft Hans. Da kommen ihrer zwölf, einer um den anderen, und setzen sich an den Tisch und fangen an, Karten zu spielen. Hans geht hin und schaut zu und sieht, wie sie sich im Spiel betrügen. Nicht faul, nimmt er einen von ihnen bei der Mitte und trägt ihn in die Mühle hinunter und nimmt das obere Zeug herab und schleift dem Geist den halben Hintern zu. So trägt er ihn wieder hinauf und setzte ihn wieder hin. Wie das die anderen sahen, liefen sie alle fort, der mit dem halben Hintern hintendrein. Am Morgen aber bringt der Hans sein Mehl richtig heim.

In Verzweiflung, daß sie ihn nicht loswerden können, schicken sie ihn zur Hölle: Er solle dort ein Achtel Geld, daß die Teufel schuldig wären, holen. Der Hans geht zur Hölle und verlangt für seinen Herrn das Geld. Die Teufel aber weigerten sich und stritten sich lange herum, bis der mit dem halben Hintern herangelaufen kam und den anderen zu verstehen gab, mit diesem sei nichts zu machen. So ging Hans mit dem Geld heim.

Ein naseweiser Teufel aber konnte es nicht verwinden, daß der Hans mit dem Geld fortging, und lief ihm nach und hielt ihn auf dem Weg an und sagte: »Hier habe ich einen Sack voll Geld. Wollen wir wetten: Wer auf meinem Hüfthorn am stärksten blasen kann, dem soll alles, was dein und mein ist, gehören.«

Dem Hans war dies recht. Da blies der Teufel in das Hüfthorn, daß die ganze Welt erzitterte. »Du Tropf!« sagte Hans, »kannst du's nicht besser! Gib her das Hörnl, aber laß es mich erst einmal mit einer Weide zusammenbinden, damit es nicht zerreißt, wenn ich blase.« Da ward dem Teufel bange. »Halt!« schrie er, »das gilt nicht, ohne Horn dürft' ich ja gar nicht mehr in die Hölle hinein!« Er lief mit dem Horn davon und ließ dem Haufen das Geld.

Der Hans trägt nun das Geld heim zur Frau; die aber schickt ihn fort zu seinem Vater mitsamt dem Geld, damit er nur ging. Und so war der große Hans wieder zu Hause.

Früher war es nicht so wie jetzt, früher geschahen allerhand Wunder auf der Welt, und auch die Welt selbst war nicht so, wie sie jetzt ist. Zu unserer Zeit gibt es von alledem nichts mehr. Ich will euch ein Märchen erzählen von dem Waldkönig Och, was das für ein Kerl war.

Vor langer Zeit einmal, und früher, als unsere Erinnerung zurückreicht, vielleicht waren auch unsere Väter und Großväter noch nicht einmal auf der Welt, da lebte ein armer Mann mit seiner Frau, und sie hatten nur einen einzigen Sohn, aber selbst der war nicht so geraten, wie es sein sollte; er war so faul, dieser einzige, daß Gott erbarm! Nichts tat er, und kaltes Wasser ließ er nicht an sich heran, sondern lag immer nur auf dem Ofen und wühlte in der Hirse herum. Er war vielleicht schon zwanzig Jahre alt, aber er saß noch immer ohne Hosen auf dem Ofen und kroch nie hinunter. Gab man ihm zu essen, so aß er, gab man ihm nichts, so war er auch damit zufrieden. Vater und Mutter aber waren sehr bekümmert und sprachen: »Was sollen wir mit dir anfangen, wo du doch zu nichts zu gebrauchen bist? Andere Kinder sind ihren Eltern eine Hilfe, aber du frißt ganz unnütz unser Brot!« Er wollte aber von Arbeit nichts wissen, saß da und wühlte in der Hirse. Zu unserer Zeit, was so die fünf-, sechsjährigen Buben sind, die tragen schon Hosen und helfen den Eltern. Jener aber war ein Kerl fast bis zur Decke und ging immer ohne Hosen.

Vater und Mutter grämten und grämten sich, und schließlich sagte die Mutter: »Was denkst du, Alter, mit ihm anzufangen, wo er doch schon erwachsen ist, aber solch ein Nichtsnutz, daß er keine einzige Arbeit versteht? Du solltest ihn irgendwohin geben und ihn verdingen, vielleicht lernt er etwas bei fremden Leuten.« Sie beschlossen so, und der Vater gab ihn zum Schneider in die Lehre. Dort blieb er an die drei Tage und lief davon. Er kroch auf den Ofen und wühlte aufs neue in der Hirse. Der Vater schimpfte und prügelte ihn ordentlich durch und gab ihn dann zu einem Schuster, das Schusterhandwerk zu erlernen. Aber er lief auch dort davon. Der Vater prügelte ihn wieder und tat ihn zu einem Schmied in die Lehre. Doch er blieb auch dort nicht lange und lief fort. Was sollte der Vater beginnen? »Ich will den Hundesohn, den Faulpelz, in ein anderes Reich bringen und dem ersten besten verdingen, vielleicht läuft er dort nicht davon.« Und er führte ihn fort.

Sie gingen und gingen, lange oder auch nicht lange, und sie kamen schließlich in einen Wald, der war so dunkel, daß man nur noch Himmel und Erde zu sehen vermochte. Als sie den Wald durchschritten hatten, waren sie etwas müde geworden. Am Wege aber stand gerade ein verkohlter Baumstumpf. Da sprach der Vater: »Ich bin müde geworden und will mich setzen und ein wenig ausruhen.« Und als er sich auf den Baumstumpf niederließ, sagte er ächzend: »Och! Wie bin ich müde!« Kaum hatte er diese Worte gesprochen, als im selben Augenblick aus dem Baumstumpf ein kleines altes Männchen hervorkroch. Ganz runzlig war es, und ein grüner Bart hing ihm bis zu den Knien hinab. »Was brauchst du von mir, guter Freund!« fragte es. Der Bauer staunte: von wo ist das wunderliche Ding hergekommen? Und er sprach zu ihm: »Hab ich dich denn gerufen? Scher dich fort!«

»Wie, hast du mich denn nicht gerufen?« erwiderte das Männchen, »natürlich hast du's getan!«

»Wer bist du denn?« fragte der Bauer. »Ich bin der Waldkönig Och. Warum riefst du mich?«

»Pack dich fort, ich hab nicht daran gedacht, dich zu rufen!« sagte der Bauer.

»Und doch hast du mich gerufen und hast Och! gesagt.«

»Ich war müde geworden, darum hab ich es gesagt.«

»Wohin gehst du denn?« fragte Och.

»Wohin die Augen schauen! Ich will hier meinen liederlichen Sohn verdingen, vielleicht bringen ihm fremde Leute Vernunft bei, denn daheim lief er fort, wohin ich ihn auch gab.«

»Verding ihn mir«, sagte Och, »ich werd ihn in die Lehre nehmen, aber unter einer Bedingung: Wenn du nach einem Jahr ihn holen kommst und du erkennst ihn, so nimm ihn mit, erkennst du ihn nicht, muß er mir noch ein Jahr dienen!«

»Schon gut«, sagte der Bauer. Und sie bekräftigten es durch Handschlag und tranken darauf den Kauftrunk, wie sich's gehört. Der Bauer ging dann heim, den Sohn aber führte Och zu sich.

Und als der Waldkönig mit ihm fortging, führte er ihn in jene andere Welt unter der Erde und brachte ihn in eine grüne Hütte, die war von einem Rohrzaun umgeben. In der Hütte aber war alles grün: Die Wände waren grün und die Bänke, Ochs Frau war grün, und die Kinder waren grün, kurz – alles, alles. Und die Nixen, die bei ihm dienten, die waren so grün wie Rauten! »Na, setz dich«, sagte Och zu seinem Knecht, »und iß etwas!« Die Nixen brachten ihm Essen, und auch das Essen war grün; und er aß sich satt. »Jetzt geh«, sagte Och, »schlag Brennholz klein und trag es her.« Der Knecht ging hinaus. Ob er nun Holz gehauen hat oder nicht, er legte sich drauf und schlief ein. Och kam heran und sah ihn schlafen. Da hob er ihn auf, ließ das Holz zusammentragen, legte den gefesselten Knecht darauf und zündete den Holzstoß an. Der Bursche verbrannte! Dann streute Och die Asche in den Wind, aber eine Kohle fiel aus der Asche heraus. Och besprengte sie mit Lebenswasser, und der Knecht ward wieder lebendig, aber er war schon ein wenig behender geworden. Och befahl ihm nochmals, Holz zu hacken, aber er schlief wieder ein. Och zündete das Holz an, verbrannte den Knecht, streute die Asche in den Wind, besprengte die Kohle mit Lebenswasser, und der Bursche ward wieder lebendig und so schmuck, wie es keinen zweiten gab! Da verbrannte ihn Och zum drittenmal und besprengte wieder die Kohle mit Lebenswasser, und aus dem faulen Lümmel ward ein so flinker und schöner Bursch, daß es nicht zu sagen noch zu denken, nur im Märchen zu erzählen ist.

Und er diente ein Jahr bei dem Waldkönig. Doch als das Jahr herum war, ging der Vater seinen Sohn holen. Er kam in den Wald, setzte sich auf den verkohlten Baumstumpf und rief: »Och!« Da kroch der Och aus dem Baumstumpf hervor und sprach: »Guten Tag, Bauer!«

»Guten Tag, Och!«

»Was willst du denn, Bauer?«

»Ich bin um meinen Sohn gekommen.«

»Na, so geh, erkennst du ihn, so nimm ihn mit dir, erkennst du ihn aber nicht, muß er mir noch ein Jahr dienen.«

Der Bauer ging mit dem Och, und sie kamen in seine

Hütte. Och trug ein Maß Hirse hinaus und streute sie umher; da lief eine Unmenge von Hähnen zusammen! »Na, such ihn dir heraus«, sagte Och, »wo ist denn dein Sohn?« Der Bauer sah sie sich an, doch alle Hähne waren einander gleich, einer wie der andere, und er erkannte seinen Sohn nicht. »Na, dann geh nur wieder, wenn du ihn nicht erkannt hast, ein Jahr dient dein Sohn noch bei mir.« Und der Bauer ging nach Hause.

Als das zweite Jahr herum war, ging der Bauer wieder zu Och. Er kam zum Baumstumpf und rief: »Och!« Da kroch dieser zu ihm hinaus und sprach: »Komm, such ihn heraus!« Er führte ihn in die Schafhürde, die war aber voll von Schafen, und eines glich dem anderen. Der Bauer suchte und suchte und fand ihn nicht heraus. »Geh nur heim, wenn's so steht«, sagte Och, »dein Sohn wird noch ein Jahr bei mir wohnen.« Der Bauer ging fort und grämte sich.

Auch das dritte Jahr ging herum. Der Bauer wanderte wieder zum Och. Und wie er so dahinging, begegnete ihm ein alter Mann, der war so weiß wie Milch, und auch seine Kleider waren weiß. »Guten Tag, Bauer!«

»Guten Tag, Alter!«

»Wohin führt dein Weg?«

»Ich geh zu Och, meinen Sohn auszulösen.«

»Wie geht das zu?«

»So und so«, sagte der Bauer und erzählte dem weißen Alten, wie er seinen Sohn dem Och gegeben hatte und unter welcher Bedingung. »Oh, da steht's schlimm, Bauer!« sagte der Alte, »der zieht die Sache lang hinaus.«

»Ich sehe ja schon selbst, daß es schlecht steht«, erwiderte der Bauer, »aber ich weiß nicht, was in aller Welt ich anfangen soll. Wißt Ihr nicht, Alterchen, wie ich meinen Sohn erkennen kann?«

»Ich weiß es wohl!« meinte der Alte.

»Sagt es mir doch, Alterchen, mein Täubchen, ich will mein Lebtag für Euch beten! Denn immerhin, wie er auch gewesen sein mag, er ist doch mein Sohn, mein eigen Blut!«

»Hör mal zu«, sagte der Alte, »wenn du zum Och kommst, wird er Tauben herauslassen. Dann nimm dir aber keine andere als diejenige, die nicht fressen, sondern unter dem Birnbaum sitzen und sich das Gefieder glattstreichen wird: Das ist dein Sohn!« Da dankte der Bauer dem Alten und ging weiter.

Er kam zum Baumstumpf und rief: »Och!« Och kam sogleich herausgekrochen und führte ihn in sein Waldreich. Dann schüttete er ein Maß Weizen aus und lockte die Tauben. So viele flogen ihrer zusammen, daß Gott erbarm! Und eine war genau wie die andere. »Such deinen Sohn!« sagte Och, »erkennst du ihn – ist er dein, erkennst du ihn nicht – ist er mein!« Alle Tauben pickten den Weizen auf, nur eine saß ganz allein unter dem Birnbaum, hatte sich aufgeplustert und strich sich das Gefieder glatt. Da sprach der Bauer: »Da ist mein Sohn!«

»Na, du hast's erraten! So nimm ihn denn auch.« Er verwandelte die Taube, und ein so schmucker Bursche stand da, wie es keinen schöneren mehr auf der Welt gab. Der Vater freute sich von Herzen, umarmte ihn und küßte ihn. »Komm, mein Sohn, laß uns nach Hause gehen!« Und sie machten sich auf.

Sie gingen ihres Weges und plauderten miteinander. Der Vater fragte, wie es beim Och gewesen wäre, und der Sohn erzählte. Und dann erzählte der Vater, wie elend es ihm gehe, und der Sohn hörte zu. Endlich sagte der Vater: »Was sollen wir jetzt anfangen, mein Sohn? Ich bin arm, und du bist arm. Drei Jahre hast du gedient und nichts erarbeitet!«

»Grämt Euch nicht, Vater, alles wird gut werden. Schaut, dort jagen Herrensöhne hinter den Füchsen her. Ich will mich in einen Windhund verwandeln und den Fuchs fangen, dann werden die jungen Herren mich von Euch kaufen wollen. Verkauft mich für dreihundert Rubel, aber nur ohne Halsband, so werden wir zu Geld kommen und reich werden!« Und als sie weitergingen, da jagten die Hunde am Waldrande den Fuchs und jagten hart hinterher, daß der Fuchs nicht auskam, doch erreichen konnte ihn kein Hund. Sofort verwandelte sich der Sohn in einen Windhund, jagte den Fuchs und fing ihn. Die jungen Herren kamen aus dem Walde angesprengt. »Ist das dein Windhund!«

»Ja, er ist mein!«

»Ein guter Hund! Verkauf ihn uns.«

»Kauft nur.«

»Was willst du für ihn haben?«

»Dreihundert Rubel ohne Halsband.«

»Was sollen wir mit deinem Halsband? Wir wollen ihm ein vergoldetes machen lassen. Hier hast du hundert Rubel!«

»Nein.«

»Na, so nimm das Geld. Gib den Hund her!« Sie zählten ihm das Geld ab, nahmen den Hund mit sich und jagten weiter. Sie ließen den Windhund auf einen Fuchs los, doch als er hinter dem Fuchs herjagte, lief er in den Wald, verwandelte sich wieder in den Burschen und kam zum Vater zurück.

Und als sie weitergingen, sprach der Vater: »Was nützt uns

das bißchen Geld, mein Sohn. Es reicht nur, für die Wirtschaft etwas anzuschaffen und die Hütte auszubessern.«

»Sorgt Euch nicht, Vater, es kommt noch mehr zusammen. Dort jagen Herrensöhne mit dem Falken Wachteln. Ich will mich in einen Falken verwandeln, die jungen Herren werden mich kaufen wollen, und Ihr verkauft mich dann wieder für dreihundert Rubel, aber ohne Kappe.« Sie gingen über ein Feld, und die Herren ließen den Falken auf die Wachtel los. Der Falke stößt hinab, aber die Wachtel fliegt davon. Da verwandelte sich der Sohn in einen Falken und stieß sofort auf die Wachtel hinunter. Die jungen Herren sahen es. »Ist das dein Falke?«

»Ja, er ist mein.«

»Verkauf ihn uns.«

»Kauft ihn nur.«

»Was willst du für ihn haben?«

»Gebt ihr dreihundert Rubel, so nehmt den Falken, aber ohne Kappe.«

»Wir werden ihm eine aus Brokat machen.« Sie handelten, und schließlich verkaufte er ihn für dreihundert Rubel. Dann ließen die Herren den Falken auf eine Wachtel, aber er flog fort, weiter und immer weiter, verwandelte sich wieder in den Burschen und kam wieder zum Vater zurück.

»Na, jetzt sind wir schon ein wenig reicher geworden« sagte der Vater. Aber der Sohn meinte: »Wartet nur, Vater, es wird noch mehr werden. Wenn wir auf den Jahrmarkt kommen, will ich mich in ein Roß verwandeln, und Ihr verkauft mich dann. Man wird Euch tausend Rubel für mich geben, aber verkauft mich nur ohne Halfter.« Und als sie in den nächsten Flecken kamen, war dort gerade Jahrmarkt. Der

Sohn verwandelte sich in ein Roß, und es war feurig wie ein Drache, so daß man Furcht hatte heranzutreten! Der Vater führte das Roß am Halfter, und es bäumte sich und stampfte die Erde mit den Hufen! Da stellten sich die Händler ein und feilschten. »Für tausend ohne Halfter«, sagte der Vater, »dann kriegt ihr es.«

»Was brauchen wir das Halfter, wir machen ihm einen Zaum, der wird aus Silber sein und vergoldet!« Fünfhundert gaben sie. »Nein! Dafür bekommt ihr's nicht.«

Da kam ein Zigeuner heran, der war auf einem Auge blind. »Was willst du, Bauer, für das Roß?«

»Tausend, ohne Halfter.«

»He, teuer bist du, mein Lieber! Nimm fünfhundert mit dem Halfter!«

»Nein, das paßt mir nicht«, sagte der Vater.

»Na, sechshundert – hier!« Aber der Zigeuner mochte noch so sehr handeln, der Bauer gab nicht nach. »Gut, ich gebe dir's, Alter, aber mit dem Halfter.«

»He, nein, Zigeuner! Das Halfter ist mein.«

»Guter Freund, hast du schon einmal gesehen, daß man ein Pferd ohne Zaum verkauft? Man kann es ja so nicht einmal dem anderen in die Hände geben.«

»Wie du willst, aber das Halfter ist mein!« sagte der Bauer. »Dann will ich dir noch fünf Rubel zulegen, Alter, aber mit dem Halfter.«

Der Bauer überlegte sich's: Der Zaum war vielleicht seine drei Silberlinge wert, der Zigeuner aber gab fünf Rubel! Da ließ er ab und gab ihm Roß und Halfter. Sie tranken den Kauftrunk drauf, und dann steckte der Bauer sein Geld ein und ging nach Hause, der Zigeuner aber saß auf und ritt davon. Das war aber kein Zigeuner, sondern Och hatte sich nur in einen Zigeuner verwandelt.

Das Roß trug den Och weit fort und trug ihn höher als die Bäume und niedriger als die Wolken. Endlich ließen sie sich in dem Walde nieder und kehrten heim zum Och. Er ließ das Roß auf der Weide und ging selbst in die Hütte. »Er ist mir nun doch nicht entschlüpft, der Hundesohn!« sagte er zu seiner Frau. Zur Mittagszeit aber führte Och das Roß am Zügel zur Tränke an den Fluß. Kaum hatte er es herangeführt und sich zum Saufen niederbeugen lassen, als es sich in einen Barsch verwandelte und davonschwamm. Och besann sich nicht lange, verwandelte sich in einen Hecht und verfolgte den Barsch. Aber sooft er ihn erreicht hatte, sträubte der Barsch seine Flossen und kehrte ihm den Schwanz zu, daß der Hecht ihn nicht zu fassen bekam. Schließlich rief der Hecht:

> »Barschchen, Barschchen,
> Dreh dein Köpfchen her zu mir,
> Komm und plaudere mit mir!«

»Willst du, Gevatter, mit mir plaudern«, sprach der Barsch zum Hecht, »so hör ich dich auch so.« Und wieder hatte der Hecht ihn fast erreicht und rief:

> »Barschchen, Barschchen,
> Dreh dein Köpfchen her zu mir,
> Komm und plaudere mit mir!«

Doch der Barsch sträubte nur die Flossen und sagte: »Willst du das, Gevatter, so hör ich dich auch so.« Lange jagte der

Hecht ihm nach, aber vergebens! Endlich schwamm der Barsch an das Ufer. Dort wusch gerade die Zarentochter ihre Wäsche. Der Barsch verwandelte sich in einen Granatring mit goldener Fassung, den erblickte die Zarentochter und hob ihn aus dem Wasser heraus. Sie brachte ihn heim und rühmte sich: »Schau, was für einen schönen Ring ich gefunden hab, Väterchen!« Dem Vater gefiel er, aber die Zarentochter wußte gar nicht, an welchen Finger sie ihn stecken sollte, so schön war er!

Und als darauf einige Zeit vergangen war, meldete man dem Zaren, daß ein Kaufmann gekommen sei. Das war aber Och, der sich verwandelt hatte. Der Zar ging hinaus und fragte: »Was willst du, Alterchen?«

»So und so«, sagte der: »Ich bin auf dem Schiff übers Meer gefahren und brachte für den Zaren in meiner Heimat einen Granatring mit, aber ich ließ ihn ins Wasser fallen. Hat nicht vielleicht einer von Euren Dienern den Ring gefunden?«

»Nein«, sagte der Zar, »aber meine Tochter hat ihn gefunden.« Und sie riefen sie herbei. Och bat sie flehentlich, den Ring zurückzugeben, »denn ich kann nicht länger leben«, sagte er, »wenn ich den Ring nicht mitbringe!« Sie gab ihn aber nicht her, und damit gut! Da trat aber der Vater für den Kaufmann ein und sprach: »Gib ihn her, Töchterchen, sonst kommt der Arme durch uns ins Unglück. Gib ihn nur!« Und Och bat sie so sehr: »Was Ihr nur wollt, nehmt von mir, aber gebt mir nur den Ring wieder!«

»Na, wenn es so ist«, sagte die Zarentochter, »soll er nicht mein sein und nicht dein sein!« und warf den Ring auf die Erde. Da zerfiel der Ring in Hirsekörner, und sie kullerten in der ganzen Hütte herum. Och besann sich aber nicht lange und verwandelte sich in einen Hahn und fing eilends an, die Körner aufzupicken. Er pickte und pickte und hatte schon fast alles aufgepickt. Ein Hirsekorn aber war unter den Fuß der Zarentochter gerollt, und das hatte er nicht aufgegessen. Und als er fertig war, flog er durchs Fenster und machte sich davon. Das Hirsekorn aber verwandelte sich in einen Burschen, der war so schmuck, daß die Zarentochter sich sofort in ihn verliebte, als sie ihn sah. Und gleich bat sie auch den Zaren und die Zarin, sie möchten ihn ihr zum Manne geben. »Mit keinem anderen werd ich glücklich werden«, sagte sie, »nur bei ihm ist mein Glück!« Der Zar runzelte wohl die Stirn darüber, daß er die Tochter einem einfachen Kerl geben solle, aber schließlich war er zufrieden. Und sie segneten die beiden und verheirateten sie und feierten eine solche Hochzeit, daß alle Welt zusammenlief.

Dort war auch ich, Met und Wein trank ich, und kam auch nichts in den Mund, so floß es doch übern Bart, und davon bin ich so weiß geworden.

DER MANN IN ALLEN FARBEN

Es war einmal ein alter Holzhacker, welcher verwitwet war und mit seinen sieben Söhnen mitten in einem Großen Wald wohnte. Eines Tages rief der Holzhacker seine sieben Söhne zu sich und sprach: »Ihr Burschen! Bis heute habe ich geschwitzt, um euch euer Brot zu verdienen. Jetzt, da ihr groß seid, geht selbst hin und arbeitet für euren Lebensunterhalt. Ich habe noch genug Kraft, um nicht auf Almosen angewiesen zu sein. Wenn ich nicht mehr kann, so werde ich einen Sack nehmen und von Tür zu Tür um Brot betteln gehen, wie es einst unser Herr Jesus Christus getan hat.«

»Vater, wir sind reisefertig! Wenn wir Geld haben, werden wir Euch welches bringen, und Ihr sollt nicht betteln gehen.«

»So geht! Der liebe Gott bewahre euch! Aber zuvor will ich noch jedem von euch ein Geschenk machen.« Der alte Holzhacker öffnete nun seinen Kasten, darin befand sich ein Kleid, das war aus allen Farben zusammengestückelt, weiterhin eine Börse, die enthielt sechs Dukaten. Er gab jedem einen Dukaten, wobei er bei dem ältesten der Söhne anfing, so daß für den jüngsten nichts mehr übrigblieb. Die, welche ihre Dukaten empfangen hatten, verabschiedeten sich von ihrem Vater und gingen fort. Dann sagte der alte Holzhacker zu dem Jüngsten, der noch wartete: »Bursch, nimm dieses zusammengestückelte Kleid und sei nicht neidisch auf deine Brüder! Du wirst der Mann in allen Farben sein.« Gesagt, getan. Der Mann in allen Farben nahm Abschied von seinem Vater und ging fort.

Bei Sonnenuntergang gelangte er an den Saum eines großes Waldes und streckte sich unter einer Eiche nieder, um hier die Nacht zu verbringen. Der Mann in allen Farben war gerade am Einschlummern, als er Schreie und Geräusch in den Ästen vernahm. Eine Drossel war es, welche bei ihrem Nest klagte, weil eine Schlange sich emporgeringelt hatte, um ihre Kleinen zu fressen. Sogleich nahm der Mann in allen Farben seinen Stock und schlug die Schlange entzwei. Die Schlange war aber von der Art derer, die das unter der

Erde verborgene Gold bewachen. Sie hatte in ihrem Bauch zwölf Doppellouisdor und ebenso viele spanische Quadrupel. »Gut«, sagte der Mann in allen Farben, »die Doppellouisdor sind für mich und die spanischen Quadrupel für meinen Vater. Er streckte sich wieder unter der Eiche aus, schlief die ganze Nacht und ging bei Sonnenaufgang weiter.

Nach drei Stunden Marsch machte er in einer Herberge an der Seite der Straße halt. Als er Suppe gegessen und eine Flasche getrunken hatte, bezahlte er die Pächterin und fragte sie nach dem Weg. »Mann in allen Farben, wenn du immer geradeaus gehst, so wirst du in drei Tagen in Paris sein. Wenn du aber rechts gehst, so kommst du um Mittag in das Land des Hungers und Durstes, und ich weiß nicht, wohin du dann gelangst.« Der Mann in allen Farben hielt sich rechts. Gerade zum Mittag gelangte er in das Land des Hungers und Durstes. Dort gab es keinen Fluß, keinen Bach, keinen Brunnen, keine Quelle. Die Erde war dort so trocken wie der Boden eines Backofens. Menschen und Tiere, groß und klein, Gras und Bäume, alles kam dort um, gekocht und gebraten von der Sonne. Drei Tage und drei Nächte lang wanderte der Mann in allen Farben, ohne zu essen und zu trinken. Da fand er einen Toten auf dem Boden ausgestreckt, der noch in seiner rechten Hand eine schmiedeeiserne Stange hielt, welche neun Zentner wog. Der Mann in allen Farben beerdigte den Toten, betete für ihn zu Gott, nahm die neun Zentner schwere schmiedeeiserne Stange und wanderte weiter, bis der nächste Morgen dämmerte.

Bei Sonnenuntergang hatte er das Land des Hungers und des Durstes hinter sich. Aber vor ihm lag ein Gebirge, steil wie eine Mauer, welches mehr als hundert Klafter hoch aufstieg. Am Fuße des Gebirges gewahrte er ein Haus, dessen Türen und Fenster sperrangelweit offenstanden. Es war das Haus des Ohneseele, welcher gerade ausgegangen war, um seinen Rundgang zu machen. Der Mann in allen Farben trat ein. Er nahm einen Brocken Brot vom Brett, stieg in den Keller, um sich Wein zu holen, und begann zu essen und zu trinken. Hierauf legte er sich ins Bett mit der neun Zentner schweren schmiedeeisernen Stange in Reichweite und schlief bis Mitternacht. Da wurde er durch lautes Gepolter geweckt. Es war Ohneseele, welcher von seinem Rundgang zurückkam.

»Ho! Ho! Ho! Wer hat sich da bei mir eingenistet? Warte, du Dieb, warte! Ich will dir den Geschmack am Brot verleiden!« Aber der Mann in allen Farben war schon aus dem Bett gesprungen und hatte die neun Zentner schwere schmiedeeiserne Stange mit der Hand umklammert. Nun gab es einen großen Kampf, welcher drei geschlagene Stunden währte. Schließlich wurde der Ohneseele durch einen gewaltigen Schlag auf den Kopf zu Boden gestreckt. »Mann in allen Farben, laß mich nicht länger leiden! Nie wirst du mich töten können. Es ist geweissagt, daß ich nicht sterben kann bis zum Ende der Welt, um nie wieder aufzuerstehen. Laß mich nicht länger leiden, und ich werde alles tun, was du mir gebietest.«

»Gut, Ohneseele, zeige mir, wo man den Berg erklimmt. Aber zeige recht, sonst hüte dich vor meiner neun Zentner schweren schmiedeeisernen Stange!« Nun zeigte der Ohneseele dem Mann in allen Farben die gute Straße, und dieser kletterte wie ein Geiß durch die hohen und steilen Felsen.

Plötzlich bemerkte er einen Wolf, der war so groß wie ein

Stier und lief im Galopp mit offenem Rachen auf ihn los. Was tat nun der Mann in allen Farben? Er schwang seine neun Zentner schwere schmiedeeiserne Stange und schlug damit solchermaßen auf den Kopf des Tieres, daß es auf den Tod verwundet niederstürzte. »Mann in allen Farben«, sagte der Wolf, »du bist nicht der erste, der ohne zu sterben das Land des Hungers und Durstes durchquert und dem Ohneseele seinen Willen aufgezwungen hat. Von denen, die bis hierher gekommen sind, habe ich viele gefressen. Aber manche sind weitergegangen und sind nun an einem Ort, welchen du alsbald erreichen wirst. Da ich durch deine Hand falle, so iß mein Fleisch und trink mein Blut, denn du brauchst Mut und bist noch nicht am Ende deiner Leiden.« Der Mann in allen Farben wartete, bis der Wolf tot war. Dann aß er sein Fleisch und trank sein Blut und fühlte sich alsbald von einer gewaltigen Kraft durchdrungen.

Eine Stunde später stand er auf dem Kamm des Gebirges, welches hier an hundert Klafter tief unmittelbar in einen Fluß abstürzte, der eine halbe Meile breit war. Das Wasser dieses Flusses machte ein furchtbares Getöse und strömte schneller als der Wind. Auf der anderen Seite des Flusses erblickte er ein Land so wunderschön, so wunderschön, daß man glauben konnte, es sei das Paradies des lieben Gottes. Auf dem Kamm des Gebirges traf der Mann in allen Farben eine Menge Leute, die ihren ganzen Mut dazu aufgewendet hatten, um bis hierher zu gelangen. Einige weinten, andere knieten nieder, falteten die Hände und riefen: »Mein Gott, mein Gott, gib, daß wir hinüberkommen!« Da dachte der Mann in allen Farben: Der liebe Gott steht denen nicht bei, die alles ihm überlassen. Diese Leute werden nie hinüberkommen.

Manche beratschlagten sich immer und entschlossen sich nie. Sie sagten: »Gut wegkommen ist alles, nur keine Eile! Wir haben Zeit!« Da dachte der Mann in allen Farben: Diese reden und handeln nie bis zum Tage des Gerichts. Es gibt Zeiten, da es zu reden, und Zeiten, da es zu handeln gilt. Wer nichts wagt, gewinnt nichts. Diese Leute werden nie hinüberkommen. Andere redeten miteinander: »Stürzen wir uns alle auf einmal hinab. Helfen wir einander, schwimmen wir mitsammen, alle mitsammen!« Da dachte der Mann in allen Farben: In diesem Falle muß man alles geben und nimmt nichts. Diese Leute werden nie hinüberkommen. Es waren auch zwei oder drei da, die, kühn wie sie waren, hinabsprangen. Aber anstatt sich geradeaus zu halten, kehrten sie sich nach denen um, welche vom Kamm des Gebirges aus zuschauten und schrien: »Rechts! Links! Nicht so! Ihr seid verloren!« Diese Leute kamen nie hinüber, und die Fluten bedeckten sie für immer. Da dachte der Mann in allen Farben: Jetzt weiß ich, was ich zu tun habe. Er versteckte sich hinter einem Felsen, rollte seine Kleider zusammen und band sie sich auf den Rücken, dann machte er das Zeichen des Kreuzes und sprach: »Mut, Freund!« Er sang ein lustiges Lied und sprang ohne Furcht und Grauen hinab. Als er im Wasser war, schwamm er immer geradeaus, er schwamm sicher und ausdauernd wie ein Fisch, ohne sich umzukehren und auf die Rufe der Leute auf dem Gebirge zu hören.

Eine Stunde später zog er auf dem anderen Ufer des Stromes seine Kleider wieder an. Der Mann in allen Farben begrüßte höflich die Leute, welche auf dem jenseitigen Ufer des Flusses zurückgeblieben waren, aber diese wurden zornig, als sie sahen, daß er herübergekommen war. Sie zeigten ihm die

Faust und überhäuften ihn mit Schmähungen. Aber er lachte nur darüber. Er setzte seinen Weg fort.

Als er eine Stunde gegangen war, begegnete er einem bärtigen Zwerg, welcher keine zwei Spannen groß war. »Mann in allen Farben, du mußt mir folgen!«

»Gern, Zwerg!« Beide gingen Seite an Seite, bis sie an eine große, schwarze Höhle kamen, welche sich weit unter die Erde erstreckte. Lange, lange stiegen sie in dieser Höhle abwärts. Der Zwerg jedoch, welcher hinten nachging, richtete es so ein, daß später kein Mensch mehr hindurchgehen konnte, sei es, um hinab- oder hinaufzusteigen. Der Mann in allen Farben und der Zwerg kamen schließlich unten an und gewahrten ein kleines Licht. Sogleich hielten sie sich in dieser Richtung. Während sie wanderten, wurde das Licht immer größer. Endlich befanden sie sich auf der Schwelle eines großen Tores, welches sich gegen ein schönes Land öffnete. Darin stand ein großes Schloß mit hundert Meierhöfen ringsherum. »Mann in allen Farben! Ich schenke dir dieses große Schloß und die hundert Meierhöfe ringsherum. Von nun an versuche glücklich hier unter der Erde zu leben, denn nie wirst du Mann noch Weib wiedersehen.«

Der Zwerg verschwand, und der Mann in allen Farben klopfte an die Tür des großen Schlosses. Sogleich öffnete eine Hand das Tor. Eine andere Hand führte ihn in einen großen Saal, wo eine Tafel gedeckt war und ein Mahl von einem Dutzend Händen dargereicht wurde. Aber es war dort weder Mann noch Weib. Nach dem Essen durchsuchte der Mann in allen Farben das ganze Schloß vom Speicher bis zum Keller. Überall sah er Hände, welche in der Küche arbeiteten, welche die Zimmer besorgten und ähnliche Dinge verrichteten. Im Hofe stand ein großer eiserner Käfig, in welchem ein Adler saß, dessen Fuß mit einer Kette gefesselt war. Hände brachten ihm zweimal am Tage rohes Fleisch. Drei Stuten waren im Stall, eine weiß wie Schnee, die andere schwarz wie ein Rabe und die dritte rot wie Blut. Diese drei Tiere wurden ebenfalls von Händen bedient, die sie striegelten, ihnen Streu gaben und es ihnen nicht an Heu, Stroh und Hafer fehlen ließen. Aber es war dort weder Mann noch Weib.

Der Mann in allen Farben lebte also wohlversorgt lange Zeit im großen Schloß, aber er war immer allein und wurde eines solchen Lebens recht herzlich müde. Um seine Zeit zu vertreiben, ging er morgens und abends in den Stall, und wenn er die drei Stuten versorgt hatte, trug er dem Adler, der im Eisenkäfig gefesselt war, rohes Fleisch zu. Diese vier Tiere schlossen so innige Freundschaft mit ihrem Herrn, daß sie nicht mehr von den Händen bedient werden wollen. Eines Tages begann der Adler zu reden: »Mann in allen Farben, du langweilst dich, weil du ständig allein in diesem großen Schloß bist. Glaubst du, daß ich mich besser unterhalte, ich, der ich immer am Fuß gefesselt und in einem Eisenkäfig eingesperrt bin? Befreie mich! Ich werde durch die Höhle, in welche du herabgekommen bist, auf die Erde fliegen. Jeden Tag werde ich kommen und dir Nachricht von oben bringen.« Der Mann in allen Farben befreite den gefangenen Adler und sprach zu ihm: »Adler, geh in mein Heimatland und bringe mir Nachricht von meinem Vater. Sage ihm, daß ich unter der Erde gefangengehalten werde und daß er mich niemals, niemals wiedersehen wird.« Der Adler flog davon und kehrte noch am gleichen Abend zurück. »Mann in allen

Farben, ich habe deinen Vater gesehen. Er ist uralt, er kann nicht mehr arbeiten. Drei deiner Brüder helfen ihm, so gut sie können. Aber sie verdienen nicht genug, um ihn zu ernähren. So kommt es, daß der arme alte Mann oft seinen Sack nimmt und von Tür zu Tür um sein Brot bettelt, wie es einst unser Herr Jesus Christus getan hat. Jetzt habe ich alles gut eingerichtet, und das soll nicht mehr vorkommen. Ich weiß, wo ich mich zu versorgen habe, und dein Vater soll alltäglich sein Auskommen haben.«

»Danke, Adler!« Von diesem Tage an waren der Mann in allen Farben und der Adler innige Freunde. jeden Morgen flog der Adler an seine Geschäfte, und jeden Abend brachte er Nachrichten von oben mit.

Eines Abends sagte er zu seinem Freund: »Mann in allen Farben, dort oben geht etwas vor, was des Redens wert ist. Es ist da ein König, der hat vier Töchter, schön wie der Tag. Ein Zwerg hat ihm die drei ältesten geraubt und hält sie irgendwo versteckt, nur die jüngste ist bei ihrem Vater geblieben. Jetzt höre, was der König heute morgen in allen Gemeinden des Landes durch einen Trommler hat verkünden lassen: ›Ran plan plan! Ran plan plan! Alle tapferen Leute und kühnen Ritter werden vom König aus benachrichtigt, daß im nächsten Monat in der Stadt Babylon drei große Pferderennen abgehalten werden, jeden Sonntag eines. Wer dreimal den Sieg erringt, soll am Sonntag darauf die Tochter des Königs heimführen.‹« Nun wurde der Mann in allen Farben traurig. Tag und Nacht dachte er über das nach, was der Adler zu ihm gesagt hatte.

Eines Morgens gewahrte die Stute, die so rot war wie Blut, daß ihr Herr weinte. »Mann in allen Farben, ich weiß, warum du weinst. Aber ich kann dir aus deiner Not helfen. Mit mir wirst du das erste Rennen gewinnen, denn ich weiß einen geheimen Weg, der auf die Erde führt. Ich darf ihn aber nur einmal hin und zurück durchmessen, und du mußt mir schwören, daß du wieder mit mir heimkehrst.«

»Blutrote Stute, ich schwöre es dir bei meiner Seele!«

»Gut, gehen wir!« Die blutrote Stute rannte schneller als der Wind davon und kam eine Stunde später in die Stadt Babylon. Es war an einem Sonntagabend. Die Vesper war zu Ende, das Rennen begann, und es fehlte nicht an Rittern, die einander den Sieg streitig machten. Aber die blutrote Stute flog schneller als der Wind, und sie war am Ziel, als die anderen Rosse noch keine hundert Schritte gemacht hatten. Da rief das Volk: »Es lebe der Mann in allen Farben!« Die blutrote Stute aber rannte schneller als je davon. Eine Stunde später war der Mann in allen Farben wieder unter der Erde in seinem großen Schloß.

Der Mann in allen Farben wurde wieder sehr traurig. Tag und Nacht dachte er über das nach, was der Adler zu ihm gesagt hatte. Am nächsten Sonntag gewahrte die Stute, die so schwarz war wie ein Rabe, daß ihr Herr weinte: »Mann in allen Farben, ich weiß, warum du weinst. Aber ich kann dir aus deiner Not helfen. Mit mir wirst du das zweite Rennen gewinnen, denn ich weiß einen geheimen Weg, der auf die Erde führt. Ich darf ihn aber nur einmal hin und zurück durchmessen, und du mußt mir schwören, daß du wieder mit mir heimkehrst.«

»Rabenschwarze Stute, ich schwöre es dir bei meiner Seele!«

»Gut, gehen wir!« Die rabenschwarze Stute rannte schneller als der Wind davon, und dennoch kam sie erst zwei Stunden später in die Stadt Babylon. Es war an einem Sonntagabend. Die Vesper war gesungen, seit einer Stunde hatte das Rennen begonnen, und es fehlte nicht an Rittern, die einander den Sieg streitig machten. Aber die rabenschwarze Stute flog noch schneller als die blutrote, und sie war am Ziel, als die anderen noch auf der Hälfte des Weges waren. Da rief das Volk: »Es lebe der Mann in allen Farben!« Die rabenschwarze Stute aber rannte schneller als je davon. Eine Stunde später war der Mann in allen Farben wieder unter der Erde in seinem großen Schloß.

Der Mann in allen Farben wurde wiederum sehr traurig. Tag und Nacht dachte er über das nach, was der Adler zu ihm gesagt hatte. Am folgenden Sonntag gewahrte die Stute, die so weiß war wie der Schnee, daß ihr Herr weinte.

»Mann in allen Farben, ich weiß, warum du weinst, und ich könnte dir aus deiner Not helfen. Mit mir würdest du das dritte Rennen gewinnen, denn ich weiß einen geheimen Weg, der auf die Erde führt, und ich darf ihn einmal hin und zurück durchmessen.«

»Gut, so hilf mir aus der Not!«

»Ich will nicht!«

»Ich bitte dich darum!«

Der Mann in allen Farben bat so lange, bis die schneeweiße Stute schließlich erwiderte: »Gut, schwöre mir, daß du wieder mit mir heimkehrst!«

»Schneeweiße Stute, ich schwöre es dir bei meiner Seele!«

Die schneeweiße Stute rannte schneller als der Wind davon. Dennoch kam sie erst drei Stunden später hinkend in die Stadt Babylon. Es war an einem Sonntagabend. Die

Vesper war gesungen, das Rennen war beinahe zu Ende, und es fehlte nicht an Rittern, die einander den Sieg streitig machten. Die schneeweiße Stute ging in kurzem Trab und hinkte. Da rief das Volk: »Schade, der Mann in allen Farben wird nicht zum Ziel kommen.«

Und der Mann in allen Farben schrie in Verzweiflung: »So lauf doch, schneeweiße Stute!«

»Ich kann nicht, ich hinke ja!« Und der Mann in allen Farben verzweifelte, denn drei Reiter hatten nur noch hundert Schritte bis zum Ziel und waren nahe am Sieg. Da wieherte die schneeweiße Stute und flog so schnell, so schnell, daß man sie kaum mit den Augen verfolgen konnte. In der Zeit, die man braucht, um Amen zu sagen, hatte sie alle anderen Rosse überholt und war am Ziel. Da rief das Volk: »Es lebe der Mann in allen Farben!« Aber die schneeweiße Stute rannte schneller als je davon. Eine Stunde später war der Mann in allen Farben wieder unter der Erde in seinem großen Schloß.

Der Mann in allen Farben wurde wiederum sehr traurig. Tag und Nacht dachte er über das nach, was der Adler zu ihm gesagt hatte. Am Sonntag darauf gewahrte der Adler, daß sein Herr weinte. »Mann in allen Farben, ich weiß, warum du weinst, und ich möchte dir aus deiner Not helfen. Unglücklicherweise sind die Wege, welche die drei Stuten durchmessen haben, jetzt für ewig verschlossen. Es bleibt nur noch die Höhle, durch welche du mit dem Zwerg herabgeschritten bist. Steige rittlings auf meinen Rücken, ich werde dich im Fluge davontragen. Aber das ist keine kleine Mühe. Um bis zum Ende zu kommen, muß ich während der Reise gut ernährt werden. Nimm eine Menge rohes Fleisch mit, um mich auf der Reise zu versorgen.« Der Mann in allen Farben holte eine Menge rohes Fleisch und stieg auf den Rücken des Adlers, der seinen Flug begann. »Mutig, mein Adler!« Und der Adler flog gewaltig geradeaus. Jeden Augenblick schrie er: »Rohes Fleisch! Rohes Fleisch!« Und der Mann in allen Farben versorgte ihn und rief ihm fortwährend zu: »Mutig, mein Adler!« Hundert Klafter unter dem Erdboden begann die Speise auszugehen. »Rohes Fleisch! Rohes Fleisch!« Da zog der Mann in allen Farben sein Messer, schnitt ein Stück von seinem Schenkel ab, versorgte den Adler und gab ihm sein warmes Blut zu trinken. Fünf Minuten später gelangten beide in die Stadt Babylon. Es war acht Uhr morgens. Jedermann trug sein Feiertagsgewand. In allen Kirchen läuteten die Glocken wegen der Hochzeit der Königstochter. »Mann in allen Farben«, sagte der König von Babylon, »du kannst meine Tochter erst haben, wenn du mir ihre drei Schwestern wiederbringst!« Da sagte der Adler: »Warte hier auf mich!« Der Adler flog davon. Eine Stunde später kam er wieder und zerrte den bärtigen Zwerg, der keine zwei Spannen groß war, an den Haaren mit. Der Zwerg klopfte mit dem Absatz auf den Boden. Sogleich erschienen die drei Stuten; die eine war weiß wie Schnee, die andere schwarz wie ein Rabe und die dritte rot wie Blut. Die drei Stuten waren die drei ältesten Töchter des Königs von Babylon, welche der Zwerg in Stuten verwandelt hatte, um sie besser verstecken zu können. Alsbald nahmen sie ihre alte Gestalt wieder an. »Mann in allen Farben«, sagte der König von Babylon, »ich kann dir nun nichts mehr abschlagen.« Nun wurde die Hochzeit gefeiert. Niemals wird man etwas Ähnliches sehen. Der Mann in allen Farben ließ seinen Vater holen. Ebenso ließ er seine drei

Brüder kommen, welche dem alten Mann geholfen hatten, und jeder von ihnen heiratete eine Prinzessin. Am Ende der Hochzeit, welche einen ganzen Monat dauert, sagte der Adler: »Mann in allen Farben, schon lange diene ich dir. Und doch hast du mich noch nicht ausgelohnt.«

»Adler, verlange, was du willst.«

»Mann in allen Farben, gib mir den höchsten Turm in Babylon, damit ich darauf mein Nest baue! Gib mir auch den bärtigen Zwerg, welcher keine zwei Spannen groß ist!

»Adler, es ist gut, nimm, was du brauchst!«

Da zerrte der Adler den bärtigen Zwerg, der keine zwei Spannen groß war, auf den höchsten Turm von Babylon. Dort riß er ihm die Augen aus und fraß ihn bis auf die Knochen.

DIE WUNDERDINGE

Es lebte einmal ein Kaiser, der hatte einen Sohn, der sich um nichts Sorgen machte. Da befahl ihm der Vater, sich doch um etwas zu kümmern. Er schickte ihn in den Wald, um Wunderdinge zu holen. Der Kaisersohn nahm eine stumpfe Axt und ein Stück Brot, ging in den Wald und hackte krumme Bäume, solche, die krumm gewachsen waren. Die brachte er nach Hause und warf sie auf die Diele. Der Kaiser fragte ihn: »Nun, hast du Wunderdinge gefunden?« Und der Sohn antwortete: »Ei freilich, dort stehen sie auf der Diele.« Da sprach der Kaiser: »Das sind keine Wunderdinge.« Er schalt ihn und sagte: »Nimm dir Brot und geh noch einmal fort.«

Da ging er wieder in den Wald, geriet in die Wildnis und verirrte ich. Er kam zum Meeresstrande an eine Badehütte und ging hinein, um die Nacht dort zu verbringen. Hier war niemand, und er legte sich schlafen. In der Nacht aber kam ein alter Mann in die Hütte, der bat um ein Lager, und der Kaisersohn ließ ihn ein. Der Alte hatte einen Rindenranzen auf dem Rücken, den nahm er ab und sprach:

> *»Speis uns, Ränzlein,*
> *Tränk uns, Ränzlein,*
> *Pack Teller und Schüsseln wieder ein!«*

Und der Ranzen speiste und tränkte sie und räumte die leeren Teller und Schüssel wieder fort. Der Kaisersohn lag auf der Bank und betrachtete sich den Ranzen von unten und von allen Seiten und dachte bei sich: »Das ist mir ein Wunderding.« Als sich der Alte niedergelegt hatte und eingeschlafen war, stahl er ihm den Ranzen und ging damit fort.

Unterwegs begegnete ihm ein Mann, der fragte: »Wo kommst du her?« Er antwortete: »Ich habe ein Wunderding gesucht.«

»Gib mir das Wunderding, ich gebe dir dafür ein Schwert, das schlägt, wenn du es befiehlst, allen die Köpfe ab.« Da tauschte er dem Manne den Ranzen gegen das Schwert ein, denn er dachte: »Wunderdinge sind beide, ein Wunderding war der Ranzen, und ein Wunderding ist das Schwert.« Dann befahl er dem Schwert: »Schlag dem Mann dort, der meinen Ranzen genommen hat, den Kopf ab!« Und es ging hin und schlug dem Mann den Kopf ab. Dann nahm er Ranzen und Schwert und machte sich auf den Heimweg.

Da begegnete ihm wieder ein Mann, der fragte: »Wo kommst du her, Mann, und was trägst du da?« Der Kaisersohn sagte: »Ich habe Wunderdinge gesucht.«

»Gib mir den Ranzen«, bat der Wandersmann, »ich gebe dir eine Flöte dafür, auf der du dir alles herbeispielen kannst, was du wünschest. Und wenn du um noch soviel spielst, du bekommst es.« Er tauschte den Ranzen gegen die Flöte ein, aber beim Weitergehen sagte er wieder zu dem Schwert: »Geh und schlag dem Mann den Kopf ab.« Und er nahm ihm den Ranzen weg. Da hatte er drei Wunderdinge: den Ranzen, das Schwert und die Flöte.

Er kam nach Hause, ging auf einen weiten, steinigen Acker, holte seine Flöte hervor und spielte darauf, daß ihm Gott hier einen großen Herrenhof geben möchte. Da stand ein großer Herrenhof da. Er spielte und wünschte sich Vieh. Auch das bekam er. Dann spielte er: Gott möchte ihm hier eine große Brücke bis vor des Kaisers Schloß bauen. Als die Brücke fertig war, wunderte sich der Kaiser, wer sie wohl ohne seine Erlaubnis gebaut haben möchte. Und er schickte Soldaten über die Brücke, die sollten nachforschen, wer sie gebaut habe. Die Soldaten marschierten hinüber, und wie der Kaisersohn sah, daß seines Vaters Soldaten zu ihm kamen, nahm er seine Flöte und spielte darauf, damit die Toten aus den Gräbern auferständen. Und sie wurden lebendig, standen alle auf und gingen bis an die Brücke. Die kaiserlichen Soldaten, die sie erblickten, konnten nicht begreifen, was das für Volk war. Sie erschraken, kehrten wieder um und sagten zum Kaiser: »Wir können nicht sagen, was das für Volk ist.«

Da schalt der Kaiser und sprach: »Wenn ich euch schickte, müßt ihr über die Sache Aufklärung bringen.« Und der Kaiser schickte sein ganzes Heer über die Brücke. Das sah der Kaisersohn und erkannte es. »Da kommt meines Vaters Heer, um mich zu sehen.« Und er ging auf das Heer zu und sagte zu den Soldaten: »Ich bin der Kaisersohn, den sein Vater ausgeschickt hat, Wunderdinge zu suchen. Geht zurück und sagt meinem Vater, daß er kommen und meine Wunderdinge ansehen möchte.« Als nun der Kaiser kam, um die Wunderdinge seines jüngsten Sohnes zu betrachten, holte dieser einen Ranzen herbei und sprach:

»Speis uns, Ränzlein,
Tränk uns, Ränzlein,
Pack Teller und Schüsseln wieder ein!«

Und er fragte seinen Vater: »Ist das ein Wunder!« Der Kaiser antwortete: »Ja, das ist ein Wunder.« Dann befahl er dem Schwert, allen außer dem Kaiser die Köpfe abzuschlagen. Wieder fragte er: »Ist das ein Wunder?« Da schalt ihn der Kaiser: »Was tötest du meine Soldaten? Solche Wunder zu sehen, läßt du mich rufen?« Und er sprach: »Ich gehe nach Hause.« Das sagte der Kaisersohn: »Wart nur ein wenig, daß ich dir das dritte Wunder zeige!« Aber der Kaiser wollte nicht: »Ich danke für deine Wunder.«

»Wart, Vater, und wenn du noch so große Eile hast!« Er zeigte ihm das dritte Wunder, nahm die Flöte und spielte das ganze Volk, das sein Schwert totgeschlagen hatte, wieder lebendig, jedermann wurde wieder lebendig. Er spielte die Toten aus den Gräbern. Da war die Freude groß, als alle

Soldaten wieder lebendig wurden, die er seinem Vater getötet hatte. Und er fragte seinen Vater: »Ist das ein Wunder?«

»Ja«, sagte der Vater, »das ist ein Wunder.«

Sie blieben beisammen, und ich ging meiner Wege.

ein kopf

Es waren einmal ein Mann und eine Frau, und die Frau bekam nach sieben Jahren ein Kind, aber das war nur ein Kopf. Es vergingen wieder sieben Jahre, da wurde der Kopf vierzehn Jahre alt. Nun wollte er die Königstochter zur Ehefrau und bat seinen Vater, für ihn zu werben. Der Vater ging hin. »Sag die Wahrheit«, sprach der Junge, »sag, wie ich bin, lüge nichts dazu.«

Nun, der Vater kam zum König und sagte: »Gnädige Majestät, so und so, mein Sohn möchte Eure Tochter zur Ehefrau.«

»Was für ein Mensch ist er denn?« fragte der König. »Er ist weiter nichts als ein Kopf.« Da sagte der König zu ihm: »Wenn er mir bis morgen funf lebende Füchse bringt, vielleicht gebe ich ihm dann meine Tochter.«

Der Vater kam nach Hause und sprach: »Es wird ja nichts draus, mein Junge.«

»Nun, warum denn nicht?«

»Weil der König bis morgen fünf lebendige Füchse haben will, vielleicht bekämest du dann die Tochter.«

»Ach, lieber Vater, wie ist es mir heiß, bring mich in den

Flur«, bat darauf der Junge und blieb bis zum anderen Morgen dort draußen.

Als sie am nächsten Morgen aufstanden, lagen schon fünf lebendige Füchse vor der Treppe, und der Junge sagte zu seinem Vater: »Bring jetzt die Füchse hin, Vater, und bitte um die Königstochter.«

Der Vater brachte die Füchse zum König und sprach: »Jetzt werd ich wohl die Tochter kriegen.« Da sagte der König: »Wenn dein Sohn mir bis morgen fünf lebendige Bären bringt.«

Der Vater kam nach Hause und sprach: »Es wird ja nichts draus.«

»Nun, warum denn nicht?« meinte der Junge.

»Er will bis morgen fünf lebendige Bären haben.«

Da bat der Junge wieder: »Lieber Vater, bring mich in den Flur, hier ist es zu heiß.« Und der Vater brachte ihn in den Flur.

Am anderen Morgen, als sie aufstanden, lagen fünf lebendige Bären vor der Treppe. Da sagte er zu seinem Vater: »Lieber Vater, bring jetzt die Bären hin und bitt nur um das Mädchen.« Da brachte er sie hin und bat den König um seine Tochter. Der König sprach: »Nun, der er so ein Mann ist, der machen kann, was er will, laß ihn ein Schloß bauen, wie ich eins habe, dann darf er kommen und sich das Mädchen holen.«

Der Alte kam wieder zurück und sprach: »Es wird ja nichts draus, mein Junge.«

»Nun, warum denn nicht?«

»Du sollst bis morgen ein Schloß bauen, wie das seine ist, und darin soll alles sein, wie es ein Kaiser hat.«

»Bring mich in den Flur, lieber Vater«, bat der Junge. Da brachte er ihn wieder hinaus, und der Junge sagte beim Fortgehen: »Wenn ihr Gepolter hört, steht nicht auf und guckt, bleibt nur liegen!«

Da fingen auch schon die Arbeiter an, für ihn zu arbeiten, und der Vater sprach: »Was nur der Junge da draußen für einen sonderbaren Lärm macht, ich will einmal gucken!« Aber die Mutter sagte: »Hast du nicht gehört, was der Junge gestern abend gesagt hat: ›Ihr sollt nicht gucken.‹« Es verstrich eine Weile, und da sagte die Mutter: »Wir müßten doch einmal nachsehen.« Da entgegnete der Vater wieder: »Hast du vergessen, was der Junge gestern abend gesagt hat?« Auf diese Weise brachte der eine den anderen davon ab, hinauszugehen und zu gucken.

Als sie am anderen Morgen aufstanden und der Alte vor die Treppe ging, schlug er vor Schrecken lang hin, weil er sich in einem Schloß fand, das von Gold und Silber strahlte.

Da sagte der Junge wieder zu seinem Vater: »Spann jetzt drei Hengste an, Vater.« Sie gingen hin, schirrten drei Hengste an, setzten den Jungen in den Wagen und fuhren hin, um die Braut aus dem Königsschloß zu holen. Und der König hielt sein Wort, das er gegeben hatte, und gab seine Tochter dem Jungen.

Und dann feierten sie Hochzeit und aßen und tranken dort. Die Braut aber hatte eine Stiefmutter. Am dritten Tag erschienen die Hochzeitsgäste. Sie aßen und tranken und hielten einen großen Ball. Die Braut ging auch hin und der Kopf. Der hatte so einen kleinen Korb, in dem er getragen wurde, der Kopf. Da sagte der Junge zu dem Mädchen: »Du weißt jetzt, wie ich bin, aber sage es auf keinen Fall. Ich komme nicht in den Saal, wo ihr seid, mich müßt ihr hier in dem anderen Saal auf dem Fenster lassen. Aber sage es auf keinen Fall, wie ich bin. Wenn du es doch tust, so mache ich das Fenster hier entzwei und fliege als Taube nach dem Süden.«

Das Mädchen ging auf den Ball, da wurde sie von der Stiefmutter gefragt: »Nun, was für ein Mensch ist denn dein Ehegatte?« Das sagte das Mädchen. »Er ist so, wie ihr ihn seht, er ist nichts weiter als ein Kopf.« Da nahm sie das Mädchen auf die Seite, machte es betrunken und fragte es noch weiter aus; und das arme Mädchen erzählte in der Betrunkenheit:

> *»Seine Beine sind von Silber bis zu den Knien,*
> *Von Gold die Arme bis zu den Ellenbogen,*
> *Einen Stern trägt er auf dem Scheitel,*
> *Eine Sonne auf der Stirn*
> *Und einen Mond auf dem Hinterkopf;*
> *Wenn er spricht, wachsen ihm goldene Blumen*
> *aus Mund und Nase.«*

Als der Junge das hörte, zerbrach er das Fensterglas und flog nach dem Süden.

Das Mädchen aber, als es aus der Betrunkenheit erwacht war, suchte ihren Bräutigam, der war jedoch verschwunden. Da reiste sie ihm nach und reiste sieben Jahr in einem hin.

Endlich kam sie an ein kleines Häuschen, ging hinein und sagte: »Guten Tag.« Die in der Hütte erwiderten ihren Gruß. Da fragte sie: »Ist hier nicht so und so ein Reisender vorbeigekommen?« Die Leute in dem Häuschen antworteten: »Ja, das ist wohl richtig, aber es sind schon sieben Jahre her. Auf unserem Dach hat er sich ausgeruht und ein Bündel heruntergeworfen, das wir einer Frau geben sollten.« Da gaben sie der jungen Frau das Bündel.

Danach ging sie wieder auf die Reise und reiste vierzehn Jahre. Da kam sie wieder an ein Häuschen, wo sie hineinging, grüßte, und ihr Gruß wurde erwidert. Wieder fragte sie: »Ist hier nicht so und so ein Reisender vorübergekommen?«

»Ja, das ist richtig, aber es sind schon vierzehn Jahre her. Hier auf dem Dach unseres Häuschens hat er sich ausgeruht und dieses Bündel heruntergeworfen, das wir einer Frau geben sollten.« In dem ersten Bündel war allerlei zu essen und zu trinken, was man sich nur wünschen konnte, und in dem anderen waren Frauenkleider, wie sie das Herz begehrt.

Darauf rieten ihr die Leute in dem Häuschen: »Wenn du jetzt fortgehst, so wende dich zur Stadt, und wenn du an die erste Straßenkreuzung kommst, setz dich hin, da wirst du ihn sehen, er ist ein tüchtiger Jägersmann!« Das Mädchen tat, wie ihm gesagt war, und setzte sich bei der Straßenkreuzung nieder. Da sah sie ihn, wie er auf die Jagd ging, und sie begrüßte ihn und sprach: »Nun, wie ist's jetzt mit uns, lieber Freund, wo ich dir von dort so weit nachgereist bin, wie ist's zwischen uns?« Als sie der Junge sah, sprang er ihr an den Hals und sagte: »Liebes Mädchen, darüber kann ich nicht eher etwas sagen, als bis ich Briefe in alle Reiche herumgeschickt habe, welche Ehe zu halten ist, die neue oder die alte?«

Dann schickte er Briefe in der Welt herum, und von allen Ecken kam die Antwort: »Die alte Ehe sollst du halten.« Da sagte er zu seiner neuen Braut: »Du kannst wieder hingehen, woher du gekommen bist, ich nehme meine alte Braut.«

Danach reisten sie fort, erst vierzehn Jahre und dann sieben Jahre, und kamen wieder in ihre Heimat. Da feierten sie von neuem Hochzeit, aßen und tranken, und mir trugen sie auf, euch vorzulügen.

KAISER KONSTANTINS SCHATZ

Es waren einmal ein Vater und ein Sohn. Die hatten einen Acker mit Weizen besät. Da kamen Sperlinge geflogen und pickten den Samen weg. Der Vater schickte den Sohn auf den Acker, um ihn vor den Sperlingen zu hüten. Der Sohn ging auch einige Tage nach der Reihe dahin und paßte auf, aber zuletzt wollte er nicht mehr gehen. Der Vater versuchte mit aller Gewalt, ihn anzutreiben, daß er ginge, aber er ging nicht. Endlich gerieten Vater und Sohn in Streit und Schlägerei. Der Sohn nahm einen Stein und verwundete seinen Vater am Kopf. Der ging und klagte vor Gericht. Der Richter ließ den Sohn rufen und fragte ihn, warum er seinen Vater verwundet habe. Der antwortete: »Weil er mich auf den Acker schickte, um ihn gegen die Sperlinge zu hüten. Ich bin auch ein-, zweimal gegangen und habe aufgepaßt. Aber da ich einmal den großen Sperling seinen Sperlingsjungen sagen hörte: ›Pickt nur die Körner, die nicht aufgehen‹, bin ich den nächsten Tag, als mich der Vater wieder schicken wollte, nicht gegangen. Deswegen prügelte mich der Vater, und ich habe ihn am Kopf verwundet.«

Da sagten der Richter und der Zar zu ihm: »Na! Wenn du verstehst, was die Sperlinge reden, dann mußt du auch wissen, wo der Schatz des Kaisers Konstantin ist.« Er antwortete, er wisse nichts anderes, als was er ihnen gesagt habe, und schwur darauf. Sie glaubten ihm aber nicht, setzten ihm weiter zu, und endlich gab er nach und sagte ja.

Darauf bat er sie um drei Tage Bedenkzeit; die gewährten sie ihm. Nach den drei Tagen ließen sie ihn wieder rufen, und er sagte dann zu dem Zaren: »Bringt mir fünfhundert Pferde, tausend Kühe und dreihundert Schafe, häutet sie ab und bringt sie an den und den Ort im Gebirge.« Der Zar befahl sogleich, daß ihm dieser Wunsch erfüllt werde, und das geschah ohne Zögern. Dann forderte er noch, daß man an denselben Ort auch andere Nahrungsmittel bringen sollte und ein Schutzdach zur Wohnung für ihn auf sechs Wochen, denn er wollte so lange dort leben und aufpassen. Er saß nun dort einige Zeit Tag und Nacht, und allerlei Tiere kamen und fraßen von dem Pferde-, Kuh- und Schaffleisch. Er aber saß verborgen und hörte zu, was die Tiere miteinander sprachen. Sie fraßen so lange, bis alles Fleisch aufgefressen war und nur noch Knochen übrig waren. Bis zum letzten Abend vor Ende der sechs Wochen hatte er nichts erfahren. Aber am nächsten Morgen früh kamen die Königsadler, pickten an den Knochen herum und sprachen untereinander. Dabei fragten sie, wer von den dreien der älteste wäre und sich an eine alte Begebenheit erinnern könnte. Der älteste Adler sagte: »Ich kann mich erinnern, als ich ein kleines Kind war, fiel einmal Schnee bis an den Gürtel.«

»Und ich«, sagte der zweite, »kann mich erinnern, wie zu meiner Zeit eine große Hungersnot war und viele Menschen Hungers starben.«

»Und ich«, sagte der dritte, »kann mich erinnern, zu meiner Zeit, als ich ein Kind war, wurde der Schatz des Kaisers Konstantin vergraben.«

»Also bist du der älteste von allen«, antworteten ihm die beiden anderen Adler.

»Da, unter der Steinplatte dort«, fuhr der dritte fort, »sind dreihundert Lasten Gold vergraben.« Der verborgene Mann hörte das Gespräch der Adler und verhielt sich ganz still.

Am nächsten Morgen kamen die Leute des Zaren, ihn zu rufen: »Komm, der Zar läßt dich rufen.« Darauf antwortete er: »Sagt dem Zaren, er soll dreihundert Maultiere und sechshundert Säcke schicken.« Die Boten kehrten zum Zaren zurück und richteten ihm aus, was ihnen der Mann befohlen hatte. Der Zar befahl sogleich, ihm die gewünschten Maultiere und Säcke zu schicken, und es sollten viele von seinen Leuten mitgehen, ihm zu helfen. Als die Leute bei dem Mann angekommen waren, sagte er zu ihnen: »Hebt die Platte da auf.« Das taten sie und was sahen sie? Einen Brunnen voll Gold. Sie schöpften und schöpften und füllten genau sechshundert Säcke voll, luden sie auf die Maultiere und brachten sie dem Zaren, aber so heimlich, daß es niemand anders erfuhr außer den vom Zaren gesandten Leute; dem aber, der das Gold gefunden hatte, gaben sie nicht einen roten Heller, ja kümmerten sich weiter nicht um ihn. Der Arme wartete und wartete, daß der Zar ihn rufen und ihm etwas geben sollte, aber sein Warten war ganz vergebens, der Zar hatte ihn schon ganz vergessen. Zuletzt, als ihm das Warten zu lange wurde, schickte er seinen Vater zum Zaren, um wenigstens eine Mütze voll Gold von ihm zu verlangen. Der Vater ging also zu dem Zaren und sagte: »Erhabener Zar, mein Sohn schickt mich, du möchtest ihm eine Mütze voll Gold geben.«

»Was für ein Sohn?« fragte der Zar.

»Na der, der dir den Schatz gefunden hat«, antwortete der Vater. Der Zar aber rief: »Mach, daß du von hier fortkommst! Was für ein Schatz? Wer hat einen Schatz gefunden?« Der Zar hatte nämlich Angst, es könnte einer erfahren. Ein anderer Zar, der damals lebte, größer und stärker als er, könnte davon hören. Am anderen Tage schickte der Sohn wieder seinen Vater zum Zaren, eine Mütze voll Gold zu fordern. Da aber hielten ihn die Leute des Zaren auf seinen Befehl an und schlugen ihm den Kopf ab.

Als der Sohn hörte, daß man seinen Vater getötet hatte, ging er selbst zum Zaren und sagte zu ihm: »Erhabener Zar, der und der Zar (nämlich der, vor dem er Angst hatte) läßt dich vielmals grüßen, du solltest mir meinen Vater wiedergeben, aber er will ihn lebend und gesund; oder aber, wenn du willst, töte auch mich. Nur glaube nicht, daß es so geht wie bei meinem Vater. Ich bin von einem größeren Zaren gesandt. Also merke dir, daß ich meinen Vater lebendig wiederhaben will.« Da standen der Zar und seine Leute in Bedenken, was sie nun machen sollten; der Mann, der Vater, ist tot, und sein Sohn will ihn lebendig haben. Endlich sagen sie zu ihm: »Warte, wir wollen sehen, was das Gesetz sagt. Der Mann ist tot und kann nicht wieder lebendig werden.« Im Gesetz fanden sie geschrieben: Soviel der Kopf des getöteten Mannes wiegt, soviel Gold soll dem Sohn, der klagt, gegeben werden; damit gab der sich zufrieden.

Gut, sie legten nun den Kopf in eine Waagschale und in die andere, sagen wir, ein Kilo Gold. Aber die Schale mit dem Kopf kam nicht in die Höhe. Sie verdoppelten und verdreifachten das Gold, aber die Schale wollte nicht hochkommen, der Kopf war schwerer. Da legten sie fünfzigmal, hundertmal, tausendmal soviel Gold darauf, aber die Schale mit dem Kopf stieg nicht in die Höhe. Alle wunderten sich, was das zu bedeuten habe. Sie legten nun das ganze gefundene Gold, die dreihundert Lasten dazu, aber die Schale mit dem Kopf blieb stehen. Wieder wunderten sich alle, was aus dieser so sonderbaren Sache werden sollte. Es kamen nun gelehrte und belesene, weise und kluge Leute zusammen, um herauszufinden, warum die Waagschale mit dem Kopfe nicht aufsteige. Aber sie konnten es nicht herausbringen.

Da sagte der selbst, der den Schatz gefunden hatte und seinen Vater lebendig wiederhaben wollte, zu ihnen: »Ich will euch zeigen, weshalb der Kopf nicht hochkommt.« Einstimmig riefen alle: »Wenn du auch das noch triffst, dann wollen wir dich von jetzt an zum Zaren haben«, und auch der Zar selbst sagte: »Ich steige von jetzt an vom Throne, und du sollst dich darauf setzen, wenn du es triffst.« Der Mann aber sagte: »Bringt mir ein Tuch!« Als sie es ihm gebracht hatten, verband er dem Totenkopf die Augen damit und sagte zu ihnen: »Wägt jetzt!« Sie legten ihn nun auf die Waagschale, und zwei Kilo reichten aus.

»Wie kommt es«, fragten sie, »daß der Kopf sich gegen zwei Kilo hebt?«

»Das kommt daher«, antwortete der Mann, »daß er mit offenen Augen sich niemals heben kann, denn solange das Auge sieht, könnt ihr alle Lasten Gold darauf legen, es wird sich nicht heben. So ist es auch mit dir, erhabener Zar, so viele Lasten Gold habe ich dir gegeben, von mir hast du sie bekommen, aber du hast immer noch nicht genug davon, und mir hast du nicht einen roten Heller abgegeben. Du willst aber immer noch mehr. So konnte auch die Waagschale mit meines Vaters Kopf, solange er die Augen offen hatte, sich nicht heben. Erst zuletzt, als wir sie verbunden hatten, hob die Schale sich gegen nur zwei Kilo. So ist das Auge des Menschen gierig und unersättlich.«

DER KÖNIG UND SEINE
DREI SÖHNE

Es war einmal ein König, der hatte drei Söhne, aber keine Tochter. Eines Abends schickte er die drei schlafen und befahl ihnen, am nächsten Morgen solle ihm jeder sagen, was er in dieser Nacht geträumt habe. Als sie in der Früh aufgestanden waren, fragte sie der König: »Was habt ihr geträumt?« Der älteste sagte: »Ich habe geträumt, daß ich König werde.« Der zweite: »Ich habe geträumt, daß ich ein großer Herr werde.« Der dritte: »Und ich habe geträumt, daß du mir die Hände waschen, die Mutter mir das Handtuch halten würde, der älteste Bruder das Waschbecken und daß der zweite mich bedienen würde.« Als das der König hörte, schalt er ihn und gebot ihm, das Land zu verlassen. »Seht nur den Menschen«, sagte er, »ich und ihm die Hände waschen!« Der arme Prinz sah nun, daß er den Vater beleidigt hatte und ihn nicht besänftigen konnte, ging fort und irrte in fremden Ländern herum, nirgends fand er eine bleibende Statt. Einmal wanderte er so durch Wälder und kam an eine Höhle, ging hinein und fand darin einen Kessel voll Maisbrei auf dem Feuer stehen. Er wartete kaum ab, bis der Brei gar war, denn er war beinahe verhungert, setzte sich hin und aß alles auf. Als er fertig war, kletterte er hinauf und versteckte sich oberhalb des Eingangs. Als es nun dunkel wurde, kam ein einäugiger Alter, der seine Ziegen von der Weide hertrieb. Als der Alte sah, daß in dem Kessel kein Brei mehr war, fing er sogleich an, in der Höhle herumzusuchen, und als er einen Blick nach oben warf, sah er den Menschen oben am Eingang sitzen und fragte ihn: »Wer bist du?« Er antwortete: »Ich bin ein armer Mann, habe kein Heim, treibe mich in der Fremde herum und bin so zu dir gekommen, ob du mich aufnehmen willst.« Der Alte antwortete: »Ja, du sollst nun von jetzt an immer den Brei kochen, und ich werde die Ziegen hüten.« So geschah es.

Der Königssohn kochte jeden Tag den Brei, und der Alte hütete die Ziegen. Am Abend hielten sie dann beide zusammen die Abendmahlzeit. Eines Tages sagte der Alte zu dem Königssohn: »Du sollst heute die Ziegen hüten, und ich will den Brei kochen.« Darauf ging der Königssohn sogleich ein. Der Alte gab ihm nur noch die Weisung: »Es sind dort neun Berge, auf acht weide die Ziegen, aber laß dir nicht einfallen, sie auf den neunten zu treiben, denn dort sind Vilen [weibliche Geister], die haben mir das Auge ausgestochen, und ich fürchte, sie könnten es auch dir tun.«

Unter den Ziegen war ein Bock, auf dem der Alte ritt; den bestieg nun auch der Königssohn und trieb die Ziegen aus. So trieb er über den ersten, den zweiten und dritten Berg, bis zum achten. Dort angekommen, dachte er bei sich: »Ich gehe bei Gott auch auf den neunten, mag kommen, was da will.« Sobald er auf den neunten Berg kam, flogen die Vilen ihm entgegen und wollten ihm die Augen ausstechen. Er aber flehte sie an: »Liebe Vilen, wollt ihr nicht mit mir übereinkommen, daß wir einen Holzblock hinstellen, und wenn ihr über den hinüberspringen könnt, ihr mir dann die Augen ausstecht?« Die Vilen gingen darauf ein. Er suchte sogleich einen ziemlich dicken Klotz aus, spaltete ihn nach Art eines Klobens, dann pflanzte er ihn auf und trieb einen Keil hinein. Als er damit fertig war, nahm er einen Anlauf und sprang über den Block. Dann sagte er zu den Vilen: »Jetzt ist die Reihe an euch zu springen.« Eine Vila machte den Sprung, und als sie gerade über dem Block war, zog er den Keil heraus, und sie war in dem Kloben gefangen.

Da flogen die drei anderen Vilen herbei und sagten zu ihm: »Laß unsere Gefährtin frei und fordere, was du willst.« Darauf antwortete er: »Ich will nichts anderes, als daß ihr dem Alten die Augen wieder heil macht.«

Die Vilen erwiderten: »Nimm von diesem Kraut hier, bestreiche dem Alten die Augen damit, und er wird gleich wieder sehend.«

Am nächsten Morgen gab der Alte dem Königssohn die Schlüssel von acht Stuben, aber von der neunten nicht, denn in der standen kostbare Sachen, und befahl ihm, den Brei gut zu kochen. Selbst trieb der Alte die Ziegen aus. Als er fort war und der Königssohn allein zu Hause, dachte er bei sich: »Ich möchte doch wissen, warum er mir von acht Stuben die Schlüssel gegeben hat und nicht auch von der neunten«, und beschloß, den Schlüssel von der neunten Stube selbst zu suchen. Gesagt, getan. Er fand den Schlüssel ober der Tür. Wer war vergnügter als er? Er machte die Tür auf. Was gab es da zu sehen! In der Stube steht ein Pferd mit Gold beschlagen, bei ihm ein goldener Hund, eine goldene Henne und goldene Kücklein, die goldene Hirse picken. Da sagte der Königssohn zu dem Pferde: »Komm, laß uns von hier fliehen, ehe der Alte auf dem Bock heimkommt.« Das Pferd antwortete: »Gut, aber tu, was ich dir sage: Nimm reichlich Leinwand und breite sie vor der Höhle aus, daß der Alte das Getrappel nicht merkt, wenn du ausreitest, denn sonst wird er dich töten. Nimm auch einen kleinen Stein, eine Schere und einen Tropfen Wasser mit, und wenn ich dir sage, du sollst etwas davon hinwerfen, wirf es hin.«

Das alles tat der Königssohn, nahm einen Sack, steckte die Henne und die Kücklein hinein, stieg zu Pferd, führte den Hund mit und nun fort!

Als der Flüchtling mit dem Pferd aus der Höhle herauskam, hörte der Alte auf dem Berg doch gleich das Trappeln der Pferdehufe und rief seinem Bock zu: »Auf! Ihm nach! Er hat mir das Pferd entführt.« Halbwegs holte der Alte den Königssohn ein, aber im Augenblick rief das Pferd dem Königssohn zu: »Wirf das Steinchen hin!« Das tat er, und sogleich erhob sich vor dem Alten ein großer Berg. Bis der Bock über den Berg kam, hatte das Pferd weit ausgegriffen, aber bald holte der Bock es wieder ein. Da rief das Pferd: »Wirf den Wassertropfen hin!« Das tat der Königssohn, und vor dem Alten entstand ein Gewässer. Bis der Alte auf dem Bock hinüberschwamm, hatte der Königssohn auf dem Pferd weit ausgeholt, aber die Mühe war umsonst, der Alte kam wieder heran. Da rief das Pferd: »Wirf die Schere hin!« Das tat der Königssohn. Der Bock trat in die Schere, und die schnitt ihm beide Beine ab. Darauf rief der Alte aus: »Na! Ich sehe, ich kann dich nicht einholen, aber höre, was ich dir sage: Nimm einen Esel, zieh ihm die Haut ab und zieh sie dem Pferd über, sonst könntest du leicht den Kopf verlieren.« Damit kehrte der Alte um, und der Königssohn tat, wie er ihm befohlen hatte.

Nach einiger Zeit wurde das Gerücht laut, der König habe Gräben von dreihundert Ellen Tiefe und vierhundert Ellen Breite ausheben lassen; wer hinüberspränge, solle eine Prinzessin und tausend Dukaten bekommen. Ein ganzes Jahr lang konnte niemand das vollbringen. Da dachte endlich der Königssohn: »Ich will gehen und mit meinem Pferd und meinem Hund hinüberspringen.« Gesagt, getan. Die Diener meldeten dem König, daß einer auf einem Esel hinübergesprungen sei. Er wollte es nicht glauben, ging selbst hin und sah, daß es so war. Es war ihm aber nicht recht, daß ein Esel hinübergesprungen war und die Pferde es nicht gekonnt hatten.

Darum befahl der König seinen Dienern, daß sie den jungen Mann, die Prinzessin, den Hund und das Pferd ins Gefängnis werfen sollten. Als am anderen Morgen die Sonne aufgegangen war, befahl er wiederum den Dienern, sie sollten den Leichnam aus dem Gefängnis werfen, da er dachte, der Mann wäre tot. Als die Diener eintraten, erstaunten sie, denn das ganze Gefängnis war strahlend hell. Das meldeten sie dem König, der kam selbst und fand alles, wie die Diener ihm gesagt hatten. Darauf nahm er den Königssohn bei der Hand und führte ihn ins Schloß. Drinnen küßte er ihm die Hand und wusch ihm die Hände, die Königin hielt dabei das

Handtuch, die Brüder bedienten ihn. Darauf gab er sich kund, wer und was er sei, und der König sagte: »So hat sich dein Traum doch erfüllt.«

Von der Zeit an fragte der König seine Söhne nicht mehr nach ihren Träumen.

DIE JUNGFRÄULICHE KÖNIGIN

Es war einmal – die Sonne brannte heiß, der Regen floß in Strömen – es war einmal ein König. Selbst war er verständig, und das Gesetz war streng: Volk und Land gehorchten ihm. Drei Söhne hatte er. Da geschah es einst, daß er blind wurde und eine Krankheit sich seines Körpers bemächtigte. Seine Söhne berieten sich miteinander und gingen dann zu ihrem Vater. »Vater«, sagten sie zu ihm, »gibt es denn kein Mittel, um dich wieder sehend zu machen? Gibt es keine Arznei für deine Krankheit? Befiehl, und wenn wir auch das Leben lassen müßten, wir suchen und finden, was dir frommt.«

»Bringt mir Früchte aus dem Garten der jungfräulichen Königin, das ist das einzige Mittel für meine Augen und meinen Körper«, antwortete der König.

Zuerst schickte sich der älteste Sohn an, den Auftrag auszuführen. Er bestieg ein gutes Pferd, legte gute Waffen an und gab seinem Tier die Peitsche. Über unseren Berg ritt er, über fremde Berge ritt er, über den Elsterberg, den Dohlenberg, den Schneeberg, den Eisberg. Hinter diesem traf er

119

einen Greis mit schneeweißem Bart, der saß da und nähte die Spalten im Wege zusammen, die sich von der Hitze gebildet hatten. »Sei gegrüßt, Alter. Möge dir dein Werk nicht gelingen«, sagte der Reiter. »Sei auch du gegrüßt, mein Sohn, möge auch dein Werk nicht gelingen«, antwortete der Greis.

Weiter ritt, weiter galoppierte unser Reiter und kam schließlich in ein Land, wo Milchströme flossen und die Traube im Winter reifte. Wunderbare Gärten fand er dort und darin alle Früchte, die es auf der weiten Welt gab. Wenn die jungfräuliche Königin Gärten hat, so müssen es diese sein, dachte er, füllte seine Satteltaschen mit allerlei Obst und ritt nach Hause.

»Sei gegrüßt, Vater«, sagte er und überreichte ihm die Tasche. »Sei auch du gegrüßt, mein Sohn! Warum so spät zurück, warum so schnell wieder da?«

»Es ist wahr, Vater, ich war an einem Ort, wo Milchströme fließen und die Traube im Winter reift. Dort fand ich wunderbare Gärten. Und wenn die jungfräuliche Königin Gärten hat, so müßten es diese sein, dachte ich, und pflückte Früchte, und da sind sie jetzt.«

»O weh, mein Sohn! Weit ist's bis zu den Gärten der jungfräulichen Königin, der Ort, wo du warst, den kenn' ich auch. Da war ich oft in meiner Jugend und kam in weniger Zeit hin, als bei uns die Klöße brauchen, um zu kochen.«

Nun brach der mittlere Sohn auf. Sein gutes Pferd bestieg er, seine besten Waffen tat er um, gab seinem Tier die Peitsche und ritt weg. Und hinter dem Eisberg fand er den Alten, der den Weg nähte. »Sei gegrüßt, Alter, möge dein Werk nicht gelingen!« sagte der Reiter. »Sei gegrüßt, mein Sohn, möge auch dein Werk nicht gelingen!« antwortete der Alte.

Weiter ritt, weiter galoppierte unser Reiter und ritt durch das Land, wo im Winter die Traube reift, und kam in ein anderes, wo ein Ölstrom floß, wo zugleich Schmutz war bis ans Knie und Staub von der Trockenheit. Solche Gärten fand er dort, daß er alle Gärten vergaß, die er je gesehen hatte, und Obst gab es darin, wie man nur im Paradies welches finden kann. Er füllte seine Satteltasche damit und ritt heim. »Sei gegrüßt, Vater!« sagte er und reichte ihm die Tasche. »Sei auch du gegrüßt, mein Sohn! Warum so spät zurück, warum so schnell wieder da?«

»Es ist wahr, Vater, ich ritt über den Milchfluß und durch das Land, wo im Winter die Traube reift, und kam in eine Gegend, wo ein Ölstrom fließt, wo der Schmutz mir bis an die Knie ging und die Luft voller Staub war. Dort fand ich einen Garten wie ein Paradies, der, dacht' ich, ist der Garten der jungfräuliche Königin, und dort hab' ich Obst gepflückt, und da ist es jetzt.«

»O weh, mein Sohn!« antwortete der König, »in das Land, wo du warst, bin ich in meiner Jugend oft geritten, in weniger Zeit als man braucht, um eine Pfeife Tabak zu rauchen. Von da ist's auch noch weit bis zu den Gärten der Jungfräulichen Königin.«

Und nun machte sich der jüngste Sohn auf den Weg. Als er hinter dem Eisberg war, fand er den Alten, der den Weg nähte. »Sei gegrüßt, Vater, möge dir dein Werk gelingen!«, sagte er. »Sei auch du gegrüßt, mein Sohn, möge auch dir dein Werk gelingen!« antwortete der Alte. »Weißt du mir nicht einen Rat, Alter«, fuhr der Jüngste fort, »ich will in den Garten der jungfräulichen Königin und dort Obst holen.«

»Gewiß, mein Sohn, nicht einen, sondern drei Ratschläge

gebe ich dir. Höre zu! Du kommst an den Milchfluß und an den Ölfluß und dann an den Honigfluß, dann hast du noch so weit wie von zu Hause bis dahin, und dann kommst du an einen kristallenen, einen silbernen und einen goldenen Turm, die sind so hoch, daß sie bis zum Himmel zu reichen scheinen. Das sind die Türme, in denen die jungfräuliche Königin lebt. Du findest ein eisernes Schloß. Glaub nicht, du könntest es mit der Hand öffnen, nein, in einen Stock schlag einen Nagel, und damit öffne es. Wenn du in den Garten kommst, wickle dir Gras um die Füße. Und die Früchte pflücke ja nicht mit der Hand, spalte einen Stock am einen Ende auf und damit pflücke die Früchte.«

»Danke dir, mein Vater!« sagte der Jüngste und gab seinem Pferd die Peitsche.

Über den Milchfluß, über den Ölfluß, über den Honigfluß setzte er und erreichte in der Dämmerung die Türme der jungfräulichen Königin. Er band sein Pferd an einen Pfosten, schlug einen Nagel in einen Stock und stieß ihn ins Schloß. »Eisen vergewaltigt uns, Eisen vergewaltigt uns«, rief das Schloß. »Wer soll denn Eisen vergewaltigen, wenn nicht wieder Eisen!« sagte drinnen im Turm die jungfräuliche Königin, »schweigt und laßt mich schlafen.« (Sie glaubte nämlich, eine Hälfte des Schlosses habe auf die andere gedrückt.) Der Jüngste umwickelte sich die Füße mit Gras und trat in den Garten. »Gras vergewaltigt uns, Gras vergewaltigt uns!« wehklagten die Gräser des Gartens. »Natürlich, Gras vergewaltigt Gras«, sagte die jungfräuliche Königin, »laßt mich schlafen.« (Sie glaubte nämlich, die Gräser des Gartens drückten selbst aufeinander.) Dann nahm der Jüngste ein Stück Holz, spaltete es an einem Ende auf und pflückte Obst damit. »Holz vergewaltigt uns, Holz vergewaltigt uns«, riefen da alle Bäume im Garten. »Nun, das versteht sich doch von selbst, daß Holz auf Holz drückt«, sagte die Königin, »laßt mich schlafen!« (Sie dachte eben, ein Ast schlüge den anderen.)

Als der Jüngste sein Obst gepflückt hatte, bestieg er sein Pferd und wollte schon nach Hause, als ihm einfiel, daß er doch unbedingt die jungfräuliche Königin sehen müsse und sollte es ihm auch das Leben kosten. Er ging also die Treppen hinauf und trat ein und sah sie: Auf einem goldenen Bett lag sie, auf der Stirn hatte sie einen Stern, und unter der Achsel glänzte ihr ein Mond. Ihren Leib konnte man mit zwei Fingern umfassen und wenn man sie wieder losließ, füllte sie die ganze Welt. Ihr zu Füßen und zu Häupten standen goldene und silberne Leuchter. In der Mitte war ein gedeckter Tisch und darauf ein gefüllter Becher. Allerlei Speisen gab es da und allerlei Getränke, nur Widwidmilch [Phantasiename] schien zu fehlen. Und damit die Bewohner des Turmes auch wüßten, daß er dagewesen, ließ der Jüngste sich's gut schmecken, dann küßte er die Schlafende dreimal und biß sie in die Wange, aber sie wachte nicht auf.

Und dann ging's nach Hause, zum Vater. »Sei gegrüßt, Vater«, sagte er und reichte ihm die Tasche. »Sei auch du gegrüßt, mein Sohn! Warum so spät zurück, warum so schnell wieder da?«

»Vater, ich war im Garten der jungfräulichen Königin und habe Früchte für dich geholt. Mögen sie dir als Arznei dienen.« Der Vater betastete die Früchte und sagte: »Gut, mein Sohn. Meine Augen werden jetzt wieder sehend und mein Körper gesund werden.«

Als die jungfräuliche Königin ausgeschlafen hatte, schaute

sie in den Spiegel und sah den Biß auf ihrer Wange. Dann untersuchte sie die Speisen und Getränke auf dem Tisch und bemerkte, daß jemand davon genossen hatte. Sie wandte sich an ihren Spiegel und fragte ihn, wer dagewesen sei, und der Spiegel erzählte ihr alles. Sieben Reiche nannte sie ihr eigen, aus allen sieben sammelte sie die Heere und zog mit ihnen ins Land des blinden Königs. Vor dessen Hauptstadt schlug sie ihr Lager auf und sandte ihm Botschaft, er möge ihr sofort den herschicken, der in ihrem Garten Früchte gepflückt habe. Zuerst ging der älteste Sohn zu ihr und behauptete, er sei es gewesen. »Höre, tapferer Recke«, sagte sie zu ihm, »wie hast du das Obst gepflückt?«

»Wie ich's gepflückt habe? Mit meinen Händen natürlich!«

»Stimmt nicht, Bester, geh nur wieder heim«, antwortete sie.

Nun meldete sich der mittlere Bruder, aber auch der wurde wieder heimgeschickt.

Zuletzt kam der Jüngste. »Hör, tapferer Recke, hast du Früchte gepflückt in meinem Garten?«

»Wer denn sonst als ich?« antwortete er. »Und wie hast du sie gepflückt?« fragte sie weiter. Er erzählte ihr genau, wie er's gemacht hatte. Dann stand sie auf, küßte ihn dreimal vor allem Volk und biß ihn in die eine Wange, dann küßte sie ihn noch dreimal und biß ihn in die andere Wange und sagte: »Nach Brauch und Sitte hat man das Recht, Gestohlenes doppelt zurückzuverlangen.«

Und dann gingen sie Arm in Arm zum blinden König. Die jungfräuliche Königin fuhr sich mit der Hand über das Gesicht, und dann strich sie mit derselben Hand über Gesicht und Körper des alten Königs. Und sofort wurde dieser sehend, und die Krankheit wich von ihm. Stark wie ein Büffel wurde er.

Dann aber heiratete der Jüngste seine Königin. Söhne bekamen sie, die dem Vater, und Töchter, die der Mutter glichen in allen Stücken. Und heute noch leben sie in Glück und Zufriedenheit.

DER TREUE DIENER

Es war einmal ein König, der hatte drei Söhne. Nun wollte er sie gern einmal prüfen, welcher der klügste wäre, und zu diesem Zwecke gab er jedem fünf-, sechshundert Rubel und sagte: »Geht, tut mir dem Geld, was ihr wollt! Unterhaltet euch gut!«

Die beiden ältesten Söhne fanden bald Freunde, mit denen sie das Geld verjubelten. Der jüngste suchte, fand aber keinen passenden und beschloß, etwas Nützliches anzufangen. Da kam er durch einen Friedhof und sah da einen Mann, der mit einem Stock ein Grab schlug. Er näherte sich dem Mann und fragte ihn, warum er das tue. »Der Tote da ist mir siebzig Rubel schuldig geblieben, und deshalb schände ich sein Grab«, antwortete der Mann. Der Königssohn aber zog sofort die Summe hervor, gab sie dem Mann und sagte ihm, er solle seine schandvolle Handlung einstellen und das Grab in Ruhe lassen. Dann ging er nach Hause, fürchtete sich aber sehr, seinem Vater Rechenschaft ablegen zu müssen.

Auch die beiden anderen Brüder kamen jetzt von ihrem lustigen Zeitvertreib nach Hause.

Drei Tage danach ließ der König seine Söhne zu sich kommen und fragte sie, was sie mit dem Geld angefangen hätten, wo sie gewesen wären und was sie alles erlebt hätten. Die beiden ältesten erzählten, wie lustig sie gelebt und wie sie ihr Geld ausgegeben hätten. Der jüngste aber berichtete von dem, was er auf dem Friedhof erlebt hatte. »Außer den siebzig Rubeln, die ich dem Grabschänder gab, habe ich nichts ausgegeben, das übrige hab ich noch«, setzte er hinzu.

Der König war sehr böse über seine beiden Ältesten. Den Jüngsten aber lobte er mächtig für sein kluges Verhalten und versprach ihm, ihn nach seinem Tode zum König zu machen. »Für jetzt aber«, fuhr er fort, »sollst du dein eigenes Haus haben und Geld, soviel du brauchst. Erwirb dir etwas und halte dir einen Diener. Nimm aber nur einen solchen, der, wenn du ihm beim Essen sagst: ›Komm her, iß mit mir‹, deiner Aufforderung nicht Folge leistet.«

Ein paar Tage später ging der Jüngste auf den Basar, um sich einen Diener zu dingen. Er fand einen, und abends, als er sich zum Essen hinsetzte, lud er ihn ein, sich zu setzen und mitzuessen. Der Diener nahm die Einladung an. Der Prinz aber, der die Mahnung seines Vaters nicht vergessen hatte, entließ ihn gleich am folgenden Tag und holte sich einen anderen. Auch diesen mußte er aus demselben Grunde gleich wieder entlassen. Erst der dritte schlug seine Einladung, gemeinsam zu essen, ab mit den Worten: »Iß, Herr! Was übrigbleibt, werde ich essen.« Und sooft der Prinz auch seine Einladung wiederholte, der Diener blieb fest und sagte nur immer wieder: »Nach dir, Herr.«

126

»Das ist der Diener, von dem mein Vater gesprochen hat«, sagte der Prinz zu sich selbst, »den behalte ich.« Und er mietete ihn für 70 Rubel.

Der Diener war in der Tat sehr brauchbar und sehr klug, und der Prinz gewann ihn sehr lieb. Nach einiger Zeit stellte der Prinz eine Karawane zusammen, um sie in ein benachbartes Land zu führen. Es schlossen sich ihm auch einige andere Kaufleute an. Nun führten in jenes Land zwei Wege, ein siebentägiger und einer, der drei Monate erforderte. Aber der kürzere Weg war sehr gefährlich: Wer ihn wählte, verschwand, niemand wußte, wohin. Trotzdem riet der Diener dem Prinzen zu diesem kürzeren Weg. »Aber wer auf diesem Wege reist, kommt ja nicht mehr zurück«, sagte der Prinz. »Es ist nicht deine Sache, dich darum zu kümmern«, antwortete der Diener, »ich bitte dich, den kürzeren Weg zu wählen.« Der Prinz, der ja seinen Diener sehr liebte, willigte ein und gab bekannt, daß er den kurzen Weg gewählt habe. Die anderen Kaufleute, die sich ihm angeschlossen hatten, baten ihn, das zu unterlassen, aber der Prinz bestand auf seinem Entschluß.

Sie machten sich also auf den Weg. Am Abend schlugen sie an einer gewissen Stelle ihr Lager auf, aßen und legten sich dann zur Ruhe. Der Diener hielt Wache. Um Mitternacht fing der Hund des Prinzen zu bellen an, und der Diener hörte, wie hinter einem Busch jemand den Hund ansprach: »He, Hund, dein Herr wird dich wohl bald töten und dein Blut auf sein Auge schmieren, laß mich seine Waren nehmen.« Aber der Hund bellte bis zum Morgen, und der Diener wachte ebenso lange.

Bald erreichten sie glücklich ihr Ziel, verkauften ihre

Ware, kauften neue ein und waren mit allen ihren Geschäften schon fertig, als jene Kaufleute, die den langen Weg gewählt hatten, erst ankamen; die wunderten sich nun nicht wenig, daß die Karawane des Prinzen ungefährdet durchgekommen war. Der Diener lud sie ein, wenigstens auf dem Rückweg sich dem Prinzen anzuschließen und den kurzen Weg zu wählen. Diesmal willigten sie ein, und sie brachen alle zusammen auf. Nun hielten sie einmal Nachtlager an demselben Ort, wo früher die Karawane des Prinzen genächtigt hatte. Als alles schlief und nur der Diener wachte, ertönte um Mitternacht wieder das Gebell des Hundes des Prinzen, und wieder hörte der Diener jene Stimme hinter einem Busch: »Hund, dein Herr wird dich bald töten und dein Blut auf seine Augen schmieren. Laß mich seine Waren nehmen.« Der Diener weckte den Prinzen und sagte ihm, er habe eine Stimme gehört und wolle ihr nachgehen und der Prinz solle ihm folgen. »Gut«, sagte der Prinz, »geh voraus.« Der Diener ging also in der Richtung hin, aus der die Stimme gekommen war, und erblickte alsbald einen Menschen, der irgendwohin floh. Er lief ihm nach und bemerkte, daß der Fliehende plötzlich in den Boden hinein verschwand. Näher gehend, sah er, daß ein Loch im Boden war. Inzwischen war auch der Prinz herbeigekommen, und der Diener sagte: »Ich steige jetzt da hinunter. Laß du einen Strick hinab, und was ich daran binde, das wirst du hinaufziehen.«

Als der Diener aber in das Loch hinuntergestiegen war, fand er unten Zimmer ganz aus Gold und Silber, und darin sitzen drei Mädchen, eines schöner als das andere. »Warum bist du hierher gekommen?« sagten sie zu ihm, »dies alles gehört den sieben Divs. Auch wir gehören ihnen, und sie haben jede von uns aus einem anderen Teil der Welt geholt. Wenn sie dich finden, fressen sie dich auf.«

»Wo sind sie denn?« fragte der Diener. »In jenem Zimmer.« Der Diener ging hinein, hieb die sieben Divs in Stücke und legte ihre Ohren in ein Tuch. Dann nahm er die Mädchen mit sich, band sie eine nach der anderen an den Strick, und der Prinz zog sie hinauf. Dann sammelte der Diener alles Gold und Silber und was er sonst noch fand, band alles an den Strick, und der Prinz zog alles hinauf. Und alles, was die Divs hatten, das hatten sie denen abgenommen, die auf jenem kurzen Wege gereist waren, und die Leute selbst hatten sie immer umgebracht.

Als er alles nach oben befördert hatte, band er sich selbst an den Strick und ließ sich hinaufbefördern. Dann machte sich die ganze Karawane auf den Heimweg, nachdem sie ihre Kamele mit dem gefundenen Gut und den drei Mädchen beladen hatte.

Zu Hause fand der Prinz seinen Vater erblindet vor, seine Schwester war wahnsinnig geworden. Und all das kam daher, weil sie zu Hause erfahren hatten, daß ihr jüngster Sohn und Bruder den kurzen Weg gewählt hatte und sie ihn deshalb für verloren ansehen mußten. Von dem vielen Weinen waren des Vaters Augen erblindet, und von dem großen Kummer war der Verstand der Schwester zusammengebrochen.

Nach einiger Zeit aber lud der Diener den Prinzen ein, mit ihm auf die Jagd zu gehen. Den ganzen Tag wanderten sie, konnten aber gar nichts finden. Als sie in tiefer Nacht auf dem Heimweg waren, tötete der Diener den Jagdhund, zog sein Taschentuch hervor und tauchte es in das Blut des Tieres. Dann aber sagte er zum Prinzen: »Sei nicht traurig wegen des Hundes. Was geschehen ist, ist geschehen, ein Unglück ist schnell vorbei.« Der Prinz schwieg aus Liebe zu seinem Diener still, und sie machten sich auf den Heimweg.

Zwei, drei Tage danach kam der Diener zu seinem Herrn und sagte: »Meine Zeit ist bald um. Ihr drei Brüder müßt jetzt die drei Mädchen heiraten, die wir aus der Divgrube geholt haben.« So geschah es denn auch; der älteste Sohn bekam die älteste der drei, der mittlere die mittlere und der jüngste die jüngste.

Kurze Zeit darauf war das Jahr zu Ende, für das sich der Diener dem Prinzen verdingt hatte. Dieser bat ihn zwar inständig, er möge doch bleiben, der Diener aber willigte nicht ein, nahm seinen Lohn und sagte: »Komm, wir wollen ein wenig spazierengehen, denn ich will dir ein wahres Wort sagen.« Sie gingen fort, und der Diener lenkte seine Schritte nach jenem Friedhof, wo damals der Mann das Grab geschändet hatte. Als sie näher kamen, sahen sie, daß aus einem Grabe Licht hervorkam. Es war ein frisches, fertiges Grab. Der Diener stieg hinein mit den Worten: »Ich will sehen, ob es für mich paßt«, legte sich nieder, und es paßte ganz genau. Der Prinz sagte sogar: »Es ist, als ob dieses Grab für dich bestimmt wäre.«

»Reich mir die Hand und hilf mir heraus«, sagte der Diener, und als der Prinz die Hand ausstreckte, legte ihm der Diener die siebzig Rubel Lohn und das blutgetränkte Taschentuch hinein und sagte: »Schmiere das Blut auf deines Vaters Augen, und die Ohren der Divs koche in Wasser und gib es deiner Schwester zu trinken, dann wird dein Vater wieder sehend und deine Schwester wieder gesund. Dein Vater soll dir den Thron abtreten.« Und als er dies gesagt hatte, schloß sich das Grab.

Dem Prinzen tat sein Diener leid, und er kehrte ganz betrübt nach Hause zurück. Die Befehle seines Dieners aber führte er gleich aus, und in seines Vaters Augen kam das Gesicht, in seiner Schwester Kopf der Verstand zurück. Und dann stieg der alte König vom Thron, und sein jüngster Sohn setzte sich an seine Stelle und regierte zum Wohle seiner Untertanen.

HANS MIT DEN WATESTIEFELN

Es waren einmal drei Brüder. Und sie wohnten zu Hause auf dem Hof ihres Vaters. Der älteste, der hieß Per, und der zweite hieß Wolle, und der dritte hieß Hans. Und Per und Wolle, die hatten ein gewaltiges Selbstbewußtsein und hielten sich für ein paar Mordskerle. Sie konnten so vieles, was Hans nicht konnte. Er war ja der Jüngste, und er ging nur herum und spielte mit kleinen Tieren und dergleichen. Er war sehr gut zu Tieren, und die beiden anderen machten sich oft darüber lustig, daß er sich mit solch kleinen Pusseleien abgab. Sie wollten ja ganz andere Dinge anpacken, sie wollten mit Pferden zu tun haben und das Feld bestellen, und sie wollten soviel, und sie konnten soviel.

Da kamen sie auf den Gedanken, hinaus in die weite Welt zu ziehen und nachzusehen, wie es dort ausschaute, und sie wollten die Prinzessin und das halbe Königreich gewinnen.

Und sie wollten so recht etwas vollbringen und zeigen, was für gewaltige Kerle sie waren. Da verlangten sie von ihrem Vater ein Pferd und einen Sattel und eine Rüstung, und dann wollten sie aufbrechen und sich umsehen.

Ja, der Alte dachte bei sich: Was soll das hier zu Hause noch werden?

Doch er erlaubte es ihnen, und ihre Wünsche wurden erfüllt, und sie zogen in die weite Welt hinaus. Hans konnte ja bei dem Alten bleiben, zu Hause auf dem Hof.

Ja, Hans kümmerte sich um seine kleinen Tiere und pfiff und sang, denn er war eine fröhliche Natur. Er hatte keine Sorgen und verlangte nicht viel und war sehr bescheiden. Wenn er sich mit seinem Kleinzeug beschäftigte und seinem Vater bei den großen Sachen half, dann machte ihm das Freude. Aber mit der Zeit konnten sie die Arbeit gar nicht mehr schaffen, und es ging mit ihnen ein bißchen bergab, und schließlich dachte Hans: Nein, das kann auch nichts für mich werden, ich ziehe besser auch in die weite Welt hinaus. Aber ich habe ja nichts, ein Pferd kann ich nicht bekommen, dafür haben wir kein Geld, aber Vaters Watestiefel, die er auf dem Feld anhatte, die habe ich. Er braucht sie ja nicht mehr, wenn er den Acker nicht mehr bestellt.

Und Hans zog die Stiefel an und sagte seinem Vater Lebewohl.

»Und laß es dir gutgehen, ich werde schon wieder zu dir zurückkehren, das dauert sicher nicht lange.«

Und dann wanderte Hans in die weite Welt, geradeaus auf der Landstraße. Er hielt einen Stock in der Hand und pfiff und sang, wie es seine Art war, und war in prächtiger Stimmung. Und wie er so auf der Straße geht, gerät er in einen

Wald, und da begegnet er einer alten Frau, die auf ihrem Rücken ein riesengroßes Bündel Brennholz schleppte, und das war gewiß ein bißchen mehr, als sie tragen konnte.

»Hallo«, sagte Hans, »soll ich dir nicht das Brennholz tragen? Ich sehe doch, daß es dir gar nicht leicht ist.«

»Ja, das wäre mir sehr lieb«, sagte sie, »denn ich kann fast nicht mehr und muß für den Winter etwas nach Hause schleppen!«

»Aber das mache ich doch«, sagte Hans.

Und er nahm das Brennholz auf den Rücken und marschierte neben der alten Frau her, und die war so froh und glücklich, daß sie einen solchen Burschen getroffen hatte.

»Denn«, sagte sie, »gestern oder vor ein paar Tagen, ich weiß nicht, wann es war, ich bin alt und kann mich nicht erinnern, da kam ein Reiter, und er hätte mein Brennholz ja bequem auf sein Pferd nehmen können, aber nein, er hat sich nur über mich lustig gemacht, weil mein Rücken so krumm geworden ist, und er hat hinter mir hergerufen, von ihm aus hätte ich noch viel mehr tragen können. Und am nächsten Tag kam wieder einer. Und diese beiden waren gar nicht gut, meine ich. Da bist du ganz anders, Hans«, sagte sie. »Hab vielen Dank, daß du mir das Brennholz nach Hause getragen hast. Jetzt will ich dir ein Ding geben, auf das du achthaben mußt. Hier, siehst du, ist eine Flöte, und die ist viel mehr wert, als du glaubst, denn sie kann viel mehr, und das wirst du schon herausfinden. Nun leb wohl und hab Dank!«

»Leb wohl!« rief Hans und schwenkte seinen Hut, und dann zog er weiter in die Welt hinaus. Und gegen Abend kommt er in jene Gegend des Landes, wo das Königsschloß liegt. Und da begegnet er einem alten Schafhirten, der sich sehr mit seinen Schafen abmühte. Sie sollten zum Abend von der Weide heim in den Schafstall, und das machte ihm ein bißchen zu schaffen, denn er war alt und konnte die störrischen Tiere nicht recht regieren.

»Kannst du mir nicht helfen?« fragte er Hans. »Es fällt mir so schwer.«

»Doch, doch«, sagte Hans, »das ist für mich gar keine Kunst.«

Und er sammelte die Schafe ein, und die beiden trieben sie in den Stall, und Hans ging mit ins Haus und aß Abendbrot, und da sagte der Alte zu ihm: »Was meinst du, willst du nicht hierbleiben und mir helfen, denn ich werde zu alt und brauche eine Ablösung. Und du hast so eine glückliche Hand damit, finde ich, es wäre mir sehr lieb, wenn du hierbleibst und mir hilfst. Ob das vielleicht möglich wäre?«

»Doch«, sagte Hans, »es gibt überhaupt nichts, was mich in der Welt bindet, ich kann machen, was ich will, und da kann ich wohl auch hierbleiben und dir helfen, jedenfalls eine Zeitlang.«

Und am nächsten Tag zog er mit den Schafen los und trieb sie auf die Weide, und der Alte hatte ihm vorher erzählt, er müsse nun gut aufpassen und lieber dort bleiben, wo sie gestern gewesen waren, als er sie gesehen hatte. Da draußen gebe es nämlich drei Weiden mit gutem Gras, aber dorthin dürfe er die Schafe auf keinen Fall treiben, denn auf jeder Weide wohne ein Troll. Und darauf solle er achtgeben, denn diese Trolle seien böse Ungeheuer, und er habe viel von ihnen gehört – zwar hatte er sie nie gesehen, aber daß sie dort waren, das wußte er.

»Ja, ja«, sagte Hans, »ich werde schon aufpassen.«

Und er zog mit seinen Schafen los. Er sah sich nun die Weiden an, und wo die Schafe gewesen waren, da war alles abgefressen, und auf den anderen Weiden stand das prächtigste Gras. Das war doch eine ganze andere Sache! Und er ging dorthin und betrachtete den Hügel, in dem der Troll wohnen sollte. Und da dachte er: Ja, das ist nun einerlei, ich möchte doch mal auf diese Weide und nachsehen, wie es da ist und ob es stimmt mit dem Troll, denn es stimmt ja vielleicht nicht, so etwas wie einen Troll gibt es ja gar nicht.

Und er marschierte auf die Weide und vergaß dabei, die Pforte zu schließen, und die Schafe rannten hinter ihm her und fraßen ganz mächtig, sie freuten sich sehr über das gute frische Gras. Und Hans ging zu dem großen Hügel, aber da hört er darin ein schreckliches Poltern.

Na, dachte er, da haben wir's, ob wirklich etwas an der Sache ist?

Und es wurde noch viel schlimmer. Endlich erschien ein ganz merkwürdiges Wesen. Es hatte einen langen Schwanz und einen großen Kopf und in der Stirn nur ein einziges Auge, das war so groß wie eine Untertasse. Und das sah doch merkwürdig aus, so etwas hatte Hans noch nie gesehen. Und das Wesen brummte und brüllte, wenn es nicht eins von den Schafen bekäme, dann wollte es Hans totschlagen.

Na, dachte Hans, das sieht ja gar nicht gut aus – aber was soll ich jetzt bloß machen?

Und dann sieht er sich seine Schafe an. Wenn er schon eins verlieren sollte, dann auf keine Fall das beste. Und er griff sich das kleinste, ein altes, mageres, räudiges Schäfchen, das sicherlich sowieso geschlachtet werden sollte.

Und als er das Schaf nun befühlte, da kam der Troll und

brummte und brüllte und machte sich wichtig. Zufällig hatte Hans die Flöte gegriffen und hielt sie in der Hand, und das Schaf hielt er auch, und der Troll kommt mit der Flöte in Berührung. Da plötzlich, da bricht er ganz und gar zusammen und fällt auf den Boden, und das sah entsetzlich aus. Er lag mit seinem großen Kopf auf dem Rücken, und sein Auge starrte zu Hans empor.

Was in aller Welt soll das bedeuten, dachte Hans.

Aber der Troll war tot. Das war ganz merkwürdig – tot war er und erledigt.

Na, dachte Hans, eigentlich ist das eine seltsame Geschichte, das sieht ja richtig komisch aus.

Und er mußte über diesen Kämpen, der so stark gewesen war, lächeln – da lag er nun und war tot.

Nun hatte Hans ja auch seine Schafe zu hüten, und die weideten ganz prächtig, jetzt aber sollten sie nach Hause, denn es ging auf den Abend zu. Doch zuvor wollte er jenen Hügel untersuchen, und er fand auch einen Eingang. Und er ging hinein und staunte gewaltig.

Zuerst kam er in einen großen Raum, der war mit lauter, lauter Kupfergeld gefüllt. Das war doch seltsam, so viel Kupfergeld hatte Hans noch nie auf einem Haufen gesehen. Dann ging er weiter. Und in dem zweiten Raum, da stand ein schwarzes Pferd, und da hing eine Rüstung, und da war ein Sattel, der war mit Kupfer beschlagen, und das war doch seltsam. Und Hans pfiff sich eins und sang sich eins, denn was er da entdeckt hatte, das war gar nicht so übel. Aber jetzt mußte er nach Hause.

Und er verläßt den Hügel und geht zu seinen Schafen und bringt sie nach Hause zu dem alten Schafhirten. Er ißt sein

Abendbrot und geht zu Bett und schläft wie immer, und nichts störte seinen Schlaf.

Und am nächsten Tag zog er wieder los, und er meinte, auf der zweiten Weide könnte es auch interessant sein. Und er marschierte dahin. Die Schafe rannten hinter ihm her, und daran hatte er wahrhaftig nicht gedacht.

Ob hier wohl auch ein Troll sein würde – jedoch das war ja nicht möglich, er hatte ihn doch erschlagen, ob der wohl mit dem Leben davon gekommen war? Aber auf dieser Weide war auch ein Troll, und solch ein Brummen und Brüllen und Geifern hatte Hans noch nicht gehört.

»Oje, das ist nun ja gar nicht schön. Woran der gestern wohl gestorben ist? Was hat ihm wohl den Garaus gemacht? Sollte es die Flöte gewesen sein, die ich in der Hand gehalten habe – oder was?«

Ja, aber Hans mußte sich zusammennehmen, denn jetzt kommt er, der große Troll, und schreit und schäumt vor Wut. Und er sah noch viel schlimmer aus als der erste. Sein Schwanz peitschte, seine Augen rollten, und er hatte drei Köpfe. Und es war ganz entsetzlich, wie er brüllte: Wenn er nicht eins von den Schafen bekäme, dann wollte er Hans totschlagen.

Ja, dachte Hans, da sehe ich wohl besser zu, daß ich das alte räudige Schaf wieder erwische. Das beste soll er auf keinen Fall bekommen.

Und er holte das Schaf, und dann gab er acht: Jetzt will ich doch mal sehen, ob es die Flöte ist, dachte er; und er nahm sie in die Hand, und der Troll näherte sich und griff nach dem Schaf. Und so standen sie ein Weilchen da, bis der Troll mit der Flöte in Berührung kam. Und ganz richtig: Er taumelt und wälzt sich, und das macht einen furchtbaren Lärm. Er schrie und tobte und brüllte, und dann fiel er um. Und alle seine Köpfe und Augen rollten, und es sah entsetzlich aus. Hans hätte es bald mit der Angst bekommen, denn so schlimm hatte er es doch nicht erwartet. Aber der Troll war tot, das konnte er sehen. Und das war auch gut.

Hans hob die Flöte auf und betrachtete sie – es war eine ganz gewöhnliche Flöte, aus einem Holunderstrauch geschnitten. Das konnte er nicht verstehen.

Na, aber da kam ihm der Gedanke, er wollte auch den zweiten Hügel untersuchen, wie es darin aussah; und er fand den Eingang ebenso wie bei dem anderen. Als er hineinkam, da sah er als erstes eine Menge Silbertaler, die lagen dort in großen Haufen. Er ging weiter und kam in ein zweites Zimmer und erblickte ein weißes Pferd. Und da war ein silberbeschlagener Sattel, und da hingen eine feine Rüstung und ein ganz feiner Hut. Das war doch seltsam, so etwas hatte er nie zuvor gesehen, und das war gar nicht so übel.

»Ich glaube, ich habe Glück«, sagte Hans; und er pfiff und sang, und dann verließ er den Hügel wieder und trieb die Schafe nach Hause zu dem Alten; dem erzählte er nichts, denn was ging das auch andere an, nicht wahr?

Am nächsten Tag war es ganz genauso. Doch als er auf die dritte Weide kam, da war es noch viel schlimmer.

Ob ich es diesmal wohl schaffe? dachte Hans, denn das ist ja ein ganz schrecklicher Lärm.

Oje, man konnte sein eigenes Wort nicht verstehen vor lauter Rasen und Brüllen und Rufen und Schreien. Oje, und wie er aussah, der Troll, der jetzt erschien. Er hatte neun Köpfe, und in jedem Kopf rollte ein entsetzlich großes

Augen, und er sah ganz schlimm und böse aus und schrie: »Bring mir ein Schaf, sonst schlage ich dich tot!«

Ja, dachte Hans, dann soll er dasselbe bekommen, das ich für die anderen ausgesucht hatte, und ich werde schon aufpassen und die Flöte bereithalten, falls sie diese Wirkung tut.

Und es ging ganz genauso wie die anderen Male. Der Troll kam näher und brummelte und brummte und griff nach dem Schaf und berührte die Flöte, und da war es aus mit ihm. Da wälzte sich dieser große Fleischberg auf der Erde, und das sah grauenhaft aus. Der Schaum stand ihm vor dem Maul, und er brüllte und tobte – aber tot war er, das konnte Hans sehen.

Das muß ja nun der letzte sein, dachte Hans. Der alte Hirt hat ja nur von dreien erzählt. Mehr Hügel sind da nicht, aber ich will doch mal nachsehen, wie es darin aussieht.

Er fand den Eingang und kam in den ersten großen Raum, und der war voller Goldstücke. Hans mußte ein bißchen lächeln: Das sollten meine Brüder mal sehen. Da hätten sie gewiß gern mit mir teilen wollen.

Und er ging weiter und kam in einen Raum, da stand ein braunes Pferd, und da war ein Sattel mit goldenen Beschlägen, und da war eine feine Rüstung und Reitzeug und Reitpeitsche und alles, was dazugehört.

Und Hans dachte: Ja, jetzt bin ich ein gemachter Mann, denn wem soll das sonst gehören. Ich habe schließlich die Trolle erlegt.

Und er freute sich sehr und dachte: Ich will nach Hause zu meinem alten Vater gehen, er soll doch etwas von all dem Reichtum abhaben, er kann es gebrauchen.

Aber er trieb erst die Schafe in ihren Stall, und als er in die

Nähe der Stadt kam, da wunderte er sich, daß die Leute, die ihm begegneten, so traurig aussahen, einige von ihnen weinten, und Türen und Tore waren mit schwarzem Stoff verhängt. Und er konnte nicht verstehen, was das zu bedeuten hatte. Da kam er zu dem alten Schafhirten, und der sagte: »Oje, Hans, wir haben einen schlimmen Tag gehabt, kannst du mir glauben. Du weißt ja, draußen im Meer wohnt ein Troll, das ist ein Bruder von den drei anderen. Und nun hat er die Königstochter verlangt, und sie soll ihm heute abend gebracht werden, und wenn er sie nicht bekommt, dann will er das Land so furchtbar überschwemmen, daß die Leute ein solches Unglück noch nicht gesehen haben.«

»Na«, sagte Hans, »so schlimm ist es wohl nicht.«

Ja doch, der Alte weinte und war ganz untröstlich. Und Hans aß sein Abendbrot und verschwand dann genauso ruhig.

Er ging auf die Weide zu dem Hügel, wo er den ersten Troll gefunden und erschlagen hatte. Und nun legt er dem schwarzen Pferd den Sattel mit den Kupferbeschlägen auf und zieht die Rüstung an und steigt zu Pferde und reitet zum Strand, dorthin, wo sich die Leute versammeln sollten, um die Königstochter abzuliefern. Und da war große Bestürzung und große Trauer, und der alte König hielt seine Tochter in den Armen, und sie weinte, und der Alte weinte, und die Leute weinten, und es war furchtbar traurig.

Und draußen im Wasser, da tobten die Wellen, daß es schäumte und spritzte, und da stand der Troll und raste und schrie, sie sollten ihm die Prinzessin bringen, denn er wolle sie haben, und zwar augenblicklich. Hans war als einziger zu Pferde, und da reitet er zum König und sagt: »Ich kann sie doch auf meinem Pferd hinausbringen.«

»Ja, aber gib bitte acht, daß er sie nicht zu fassen kriegt«, sagte der alte König.

»Ich werde tun, was ich kann«, sagte Hans.

Er hob die Prinzessin aufs Pferd, und als sie nun hinter ihm saß und seine schönen goldenen Locken erblickte, da flocht sie einen Ring hinein. Sie meinte, weil er so gut zu ihr war und sie hinausbringen wollte und sie bei ihm sitzen durfte, sollte er doch eine kleine Belohnung haben. Sie fühlte sich so geborgen hinter seinem Rücken.

Und je näher sie dem Troll kamen, um so mehr schäumte der.

Da dachte Hans: Ob wohl die Flöte auch diesmal helfen kann?

Er versuchte, sie aus der Tasche zu ziehen, und als er sie in der Hand hielt, da schien der Troll zusammenzuzucken. Da war gleichsam eine Macht, die ihn ein wenig zurückhielt. Und er wurde ganz wütend draußen im Wasser und schäumte und schrie: »Was hast du denn da? Ich kann ja nicht herankommen.«

»Nein«, sagte Hans, »das kannst du nicht, und von der Königstochter läßt du besser die Finger, die kriegst du heute abend nicht.«

Nun faßte er wieder Mut.

Und da rief draußen der Troll mit seiner entsetzlichen Stimme: »Ja, heute abend geht das noch, aber dann nicht mehr. Ich will die Königstochter haben, so oder so.«

Und dann verschwand er in den Wellen, und der Schaum spritzte hoch empor.

Hans aber wendete ganz ruhig sein Pferd, jetzt wußte er, was vonnöten war. Und er ritt mit der Prinzessin zurück, und die Leute an Land jubelten und sahen ihn verwundert an. Sie nahmen die Königstochter in Empfang, und der alte König war ja so glücklich und froh, und die Prinzessin weinte vor Freude. Hans aber war verschwunden. Und keiner hatte gesehen, wo er abgeblieben war, denn sie dachten mehr an die Königstochter als an ihn. Und jeder ging seines Weges, und das tat Hans auch. Er ritt nach Hause zu seinem Hügel, wie er sagte, und stellte sein Pferd ab, und dann ging er zurück zu dem Hirten und schlief seinen guten Schlaf.

Doch als er am nächsten Tag mit den Schafen von der Weide zurückkehrte, da war es wieder dasselbe. Da hatte sich der Troll draußen im Wasser mit all seiner Macht erhoben, hatte gewütet und Unheil angerichtet und gedroht, alles zu überschwemmen. Oh, er war so schrecklich böse und wild und zornig. Und er verlangte, jetzt sollten sie die Königstochter bringen. Die Leute waren ganz verzweifelt, und heute abend war kein Reiter da, er kam nicht, und sie schauten nach Osten und schauten nach Westen.

Aber was war das? Da kam einer auf einem weißen Pferd geritten, das war doch sonderbar! Und weil Hans eine andere Rüstung trug, konnten die Leute und auch der alte Viehknecht ihn nicht erkennen, und sie wären nie auf den Gedanken gekommen, daß es der Schafhirt ist – das war ja unmöglich. Hans aber ritt zum Strand und sagte, wenn nichts anderes zu machen sei, dann wolle er die Königstochter gern hinter sich aufs Pferd nehmen.

»Ja, wir sind dazu gezwungen«, sagte der alte König. »Wir wollen doch nicht unser ganzes kleines Land verwüsten lassen. Und wir wollen nicht in einer solchen Flut ertrinken. Das würde ja furchtbar aussehen, was sollen wir bloß machen?«

Und die Prinzessin setzte sich hinter ihn aufs Pferd. Sie freute sich, daß sie hinter seinem Rücken saß, sie kam sich dort so geborgen vor. Aber es war doch seltsam – die Locken waren dieselben wie gestern abend. Und sie flocht einen Ring hinein und fand dabei auch den ersten. Das war doch merkwürdig.

Je weiter sie hinaus ins Wasser kamen, um so heftiger tobte der Troll. Und Hans nahm seine Flöte in die Hand und blies erst einmal ein Stück, und dieses Flöten schien den Troll ganz schrecklich zu irritieren. Und je wütender er wurde, um so lauter blies Hans, und je näher sie kamen, um so kleiner wurde der Troll. Schließlich schien er ganz klein zu werden und im Wasser zu versinken, und dabei schäumte er und brüllte und schrie zu Hans hinüber, er würde die Königstochter schon noch bekommen. Und zwar morgen abend, falls sie nicht allesamt unter einer großen Flutwelle begraben sein wollten. Damit müßten sie rechnen, denn so konnte das nicht weitergehen.

Und dann verschwand er mit großem Gebrüll in all dem aufgewühlten Wasser.

Und Hans wendet das Pferd und reitet zum Strand. Und bei den Leuten war große Freude und Verwunderung. Und sie bestaunten Hans und hoben die Königstochter vom Pferd, und der Alte nahm sie in Empfang und war so glücklich. Doch sie wußten wohl, daß ihre Freude nur kurze Zeit dauern konnte, denn der Troll wollte wiederkommen. Hans aber war fort und verschwunden, und niemand sah ihn mehr. Er war ganz ruhig davongeritten.

Na, und am nächsten Tag war es dasselbe. Nun war die Trauer noch viel größer, denn die Leute meinten, es würde mit der Zeit immer schlimmer und schlimmer, und der Wasserstand war schon so hoch, daß sie sich selbst bald nicht mehr am Strand aufhalten konnten. Draußen schlugen die Wellen hoch und höher und hatten schon ein paar Häuschen am Strand erreicht, und gegen Abend sah es entsetzlich aus. Einen solchen Wasserstand und solch Schäumen und so hohe Wellen hatte es nie zuvor gegeben. Und weit draußen im Wasser stand der Troll und tobte und wütete und brüllte. Und kam immer näher.

Hans aber hob die Königstochter hinter sich aufs Pferd, und als sie die goldenen Locken sah, da war sie ganz beruhigt, und sie fand ihre Ringe und flocht einen dritten dazu.

Und als sie weiter hinauskamen, da wollte der Troll sie ergreifen.

»Heute abend gibt es kein Erbarmen«, sagte er, »was auch kommen mag. Und ganz egal, was du hast und was du tust, ich hole sie doch.«

Und er kam immer näher. Hans blies zwar ein Stück auf der Flöte, aber das schien nichts zu helfen, denn der Troll war so wütend und von Sinnen und ganz außer sich vor Zorn und Galle. Und er raste und spritzte, daß es im Wasser schäumte, und kam immer näher.

Jetzt muß es sich zeigen, ob uns die Flöte heute abend rettet, denn diese Geschichte sieht nicht gut aus, dachte Hans.

Und während er die Prinzessin umfaßte, um sie ein wenig vor dem Bösen zu beschützen, reckte er die Flöte noch weiter vor.

»So schnell lasse ich sie nicht los«, sagte Hans zu sich selbst, »es soll einen Kampf zwischen uns geben!«

Und immer näher kommt der Troll und greift nach der

Prinzessin mit all seiner Macht und packt zu mit seinen langen Krallen. Da aber kommt er mit der Flöte in Berührung, und Hans denkt: Oje, ob es wohl geht, ob es wohl geht, ob, ob?

Und ganz richtig, als der Troll die Flöte berührt, da ist es, als ob er kleiner wird und zusammensinkt. Und obwohl er schreit und brüllt, scheint er doch immer kleiner zu werden, bis er schließlich ganz im Wasser versinkt. Und da brausen die Wellen gewaltig auf, und das Wasser steigt und steigt, endlich aber ist der Troll verschwunden, und die Wellen gehen wieder zurück. Und Hans wendet sein Pferd und reitet mit der Prinzessin zum Strand.

Und jetzt gab es eine Freude, denn jetzt war der Troll erschlagen. Sie hatten es ja alle gesehen und freuten sich von Herzen.

Und die Königstochter ging zu ihrem Vater und schaute sich nach Hans um, aber der war schon verschwunden. Das konnte sie nicht begreifen, denn sie wollte ihm so gern danken und ihm etwas Gutes geben, weil er ihr geholfen hatte. Und sie konnte seine gelben Locken nicht vergessen, die waren so schön gewesen mit den Ringen, die sie hineingeflochten hatte. Sie war ganz traurig, weil er fort war, und meinte, sie habe sich niemals bei einem Menschen so geborgen gefühlt. Wo war er nur abgeblieben, das war doch entsetzlich, fand sie. Aber sie würden ihn wohl finden.

Und sie kehrten zum Königshof zurück, und da beschlossen sie, ihn zu suchen, diesen Reiter, oder – es waren ja drei Reiter gewesen. Anders konnten die Leute das ja nicht sehen, die Prinzessin aber wußte besser Bescheid, sie wußte, daß es ein und derselbe war. Und es erging ein Befehl an alle, die Pferde besaßen, weiße, braune und schwarze, und Rüstung trugen. Sie sollten sich im Königshof versammeln, und dann wollten der König und seine Tochter nachsehen, wer von ihnen die Prinzessin gerettet hatte.

Und es kamen viele aus dem ganzen Land, denn viele wollten die Belohnung haben. Denn es war versprochen, wer sie gerettet hatte, der sollte die Prinzessin und das halbe Königreich dazu bekommen, und das war ja gar nicht so wenig.

Das hörten auch Hansens Brüder. Und als erster kommt Per zum Königshof geritten. Und er reitet vor den Königsthron, wo die Prinzessin und ihr Vater saßen, und sagt zu ihnen: »Ja, ich bin es, der sie gerettet hat, und ich habe Anspruch auf die Prinzessin und das halbe Königreich dazu.«

»Dann komm mal her«, sagte der alte König, »dann soll meine Tochter sehen, ob du es bist, und sie wird dich schon erkennen.«

Und da ging Per zum Thron, und die Prinzessin fühlte in seinem Haar.

»Du bist es nicht«, sagte sie, »du kannst wieder nach Hause reiten, du bist es nicht, der mich gerettet hat.«

Doch am schlimmsten dabei war, daß alle, die gelogen hatten und dem König und seiner Tochter etwas vormachen wollten, bestraft werden sollten. Sie wurden ins Gefängnis geworfen. Und so geschah es mit Per und vielen anderen.

Am nächsten Tag kam Wolle angeritten. Und er ging auch zum Königsthron und mußte dasselbe über sich ergehen lassen wie Per, und die Prinzessin sagte: »Nein, du bist es nicht.«

Da wurde er ins Gefängnis geworfen, zusammen mit den anderen.

Die Prinzessin konnte nicht begreifen, warum der Richtige nicht kam, und darüber war sie ganz traurig. Ach, das hätte sie so gern gesehen. Na, und dann kam niemand mehr, und der Hof leerte sich. Es war, als ob es keine Reiter auf weißen und schwarzen und braunen Pferden und mit einer Rüstung mehr gäbe. Das Land war ja nicht sehr groß, und so etwas hatte nicht jeder. Da endlich, da kommt einer auf einem weißen Pferd. Als die Prinzessin das Pferd erblickte, wurde sie ganz froh und dachte: Vielleicht, vielleicht, das sieht ganz so aus wie das Pferd, auf dem ich an jenem Abend saß.

Und er kommt zum Thron geritten, und der König befragt ihn: »Bist du es, der die Prinzessin gerettet hat?«

»Ja, ich habe sie doch auf meinem Pferd hinausgebracht«, sagte er.

»Dann komm mal her, damit wir sehen, ob du es bist.«

Und die Prinzessin fühlte in seinem Haar, und das waren ja die gelben Locken, und ihre drei Ringe waren auch darin.

Und da sagte sie: »Dieser hier ist es, und den will ich haben. Und er soll das halbe Königreich bekommen.«

Und Hans zögerte nicht und nahm das Angebot an, denn er konnte die Prinzessin gut leiden, es hatte ihm so gefallen, wie sie sich damals an ihn geschmiegt und darauf vertraut hatte, daß er sie retten könne. Und er wollte alles tun, um sie froh und glücklich zu machen.

Und so bekam er die Prinzessin und das halbe Königreich. Und gleich sorgten Hans und die Prinzessin dafür, daß die Gefangenen freigelassen wurden. Auch seine Bruder kamen aus dem Gefängnis und ritten davon. Nun wollte Hans nach Hause und seinen alten Vater besuchen, und er nahm die Königstochter mit.

Als sie auf den Hof des alten Vaters kommen, stehen da Per und Wolle, sie waren nach Hause geritten, denn sie waren ein bißchen niedergeschlagen, weil sie die Prinzessin und das halbe Königreich nicht gewonnen hatten. Ja, sie hatten im Grunde gar nichts bei ihrem Ausflug gewonnen und waren nur ärmer geworden. Sie hatten weder das Glück gefunden noch etwas Besonderes entdeckt, und gewonnen hatten sie auch nichts. Und da sehen sie eine flotte Kutsche vorfahren, und als sie näher herangehen, erkennen sie Hans, und neben ihm, ja, das konnten sie nicht begreifen, saß eine feine Dame.

Die beiden springen aus dem Wagen, und der alte Vater empfängt sie, und nun ist die Wiedersehensfreude groß. Die beiden Brüder aber, die waren gar nicht froh darüber.

Doch alles endete in großer Freude, denn Hans war nicht verändert und hatte noch sein gutes Herz. Er schenkte seinen Brüdern und seinem alten Vater gleich so viel, daß sie all ihre Tage herrlich und in Freuden leben konnten. Und auch sie lebten herrlich und in Freuden, Hans und die Königstochter, bis an ihr Lebensende.

Das schneeweisse Steinchen

Es war einmal ein Hirtenbube, der mußte alle Tage auf dem Berge Geißen und Schafe hüten. Dabei konnte er singen wie ein Vogel und jodeln, daß man's weit und breit im Tal unten hörte.

Eines Tages bekam er Durst und suchte lange auf der ganzen Weide herum nach einem Trunk Wasser. Endlich fand er unter einer hohen Tanne ein Weiherlein. Da kniete er nieder und schlürfte begierig das Wasser in den trockenen Gaumen. Indes er so über das Weiherlein gebeugt lag, sah er unten im Wasserspiegel, daß auf der Tanne oben ein Vogelnest war. Nicht faul, kletterte er wie ein Eichhörnchen den Baum auf und suchte und griff nach dem Ast, den er im Wasser gesehen hatte. Aber von einem Nest fand er nicht Staub und nicht Flaub. Unverrichteter Dinge mußte er wieder herabsteigen. Als er unten war, lugte er noch einmal in das Wasser, und siehe da! Abermals sah er das Nest ganz deutlich. Im Nu war er wieder oben im Baum, aber auch diesmal konnte er das Nest nicht entdecken. Das trieb er so zum dritten und vierten Male. Endlich fiel es ihm ein, er wolle im Wasser alle Äste zählen bis zum Nest hinauf. Gedacht, getan; und nun ging's. Er kletterte und zählte richtig, und als er bei dem rechten Ast angelangt war, griff er zu und hielt plötzlich ein schneeweißes Steinchen in der Hand, und nun bekam er auch das Nest selber zu sehen: Da ganz vorne auf dem Ast lag's, daß er sich verwunderte, wie es ihm so lange hatte entgehen können. Da ihm das schneeweiße Steinchen gefiel, steckte er's in die Tasche und stieg herunter.

Am Abend trieb er seine Geißen und Schafe heim und sang und jodelte dabei nach seiner Gewohnheit aus Herzenslust. Aber was geschah? Wie er ins Dorf kam, sperrten die Leute Maul und Augen auf. Denn sie hörten ihren Geißbuben wohl singen, aber kein Mensch sah ihn. Und als er vor seiner Eltern Haus kam, sprang der Vater heraus und rief: »Um Himmels willen, Bub, was hast du gemacht? Komm herein in die Stube.« Vater und Mutter wußten vor Schrekken nicht, wo ein und aus, und der Bube wußte nicht, daß er unsichtbar ist, bis es ihm der Vater sagte. »Bist du etwa auf einem Hexenplatz gewesen?« fragte der Vater.

»Nein«, sagte der Bub und erzählte von dem Vogelnest. »Gib weidlich das Steinchen heraus!« riefen Vater und Mutter. Da gab er es dem Vater in die Hand. Aber was geschah? »Herr Jesis, Atti wo bist du?« riefen die Mutter und der Bube. Denn jetzt war der Bube wieder sichtbar, aber der Vater war dafür unsichtbar geworden. Dem war's jedoch, als ob er eine Kröte in der Hand hätte, und er warf das Steinchen auf den Tisch. Aber was geschah? Da sahen sie den Tisch nicht mehr. Jetzt fuhr der Vater auf, tappte nach dem Tisch und erwischte glücklich das Steinchen. Wie der Wind sprang er mit demselben aus dem Haus und warf es mitten in den Sodbrunnen hinunter. Aber hei! Wie das da drunten blitzte und krachte, nicht anders, als wenn Himmel und Erde zusammenstürzen müßten. Was gibst du mir, wenn ich's wieder heraufhole?

DIE GESCHICHTE VON DEN NASEN

Ein Vater hatte drei Söhne. Er sagte zu dem Ältesten, er solle sich einen Dienst suchen. Es sei ihm nicht möglich, alle zu Hause zu ernähren. Der Älteste machte sich auf und ging. Er kam zu einem Bauern und bat ihn, daß er ihn aufnehme. Der Bauer sagte: Ja, allein er dürfe bei ihm nicht böse werden. Wenn er böse würde, so würde er ihm die Nase abschneiden. Dagegen könnte er ihm dasselbe tun, wenn er, der Bauer, böse würde. Bis der Kuckuck rufe, sei ein Jahr um!

Der Bursche blieb bei ihm, und der Bauer schickte ihn auf die Tenne dreschen. Er drosch mit den anderen Dreschern. Als die Zeit zum Frühstück kam, wurden die übrigen Drescher gerufen. Er solle dortbleiben, um achtzugeben. So bekam er kein Frühstück. Mittagsmahl bekam er auch keins und Abendbrot gleichfalls keins. Am folgenden Morgen ward er wieder in die Scheuer geschickt. Da er wieder kein Frühstück bekam, ward er böse. Der Bauer nahm sein Messer, schnitt ihm die Nase ab und entließ ihn aus dem Dienst. Er kam nach Hause zurück, doch seine Nase brachte er nicht mit. Da sagte der Vater: »Da du so schön gedient, daß du keine Nase mitbringst, so wird der Jüngere dienen gehen, und du bleibst zu Hause!«

Der Zweite machte sich auf und ging. Er kam zu demselben Bauer, bei dem der Älteste gedient. Sie schlossen wieder einen Vertrag, wie der erste gewesen. Der Bauer schickte den Burschen auf die Tenne. Er drosch einen ganzen Tag und erhielt nichts zu essen. Am folgenden Morgen erhielt er kein Frühstück. Da ward er böse und verlor gleichfalls seine Nase, wie sein Bruder, und dann entließ ihn der Bauer aus dem Dienst.

Als der zweite ohne Nase nach Hause kam, meldete sich der Jüngste. Den hielten sie für dumm und pflegten ihn zu verlachen. Doch das kümmerte ihn nicht, er verlangte, sie möchten ihm sagen, wo der Bauer wohne. Er woll' es versuchen. Sie sagten's ihm und verlachten ihn im voraus, daß es ihm ebenso ergehen werde wie ihnen. Er aber machte sich auf, kam zu dem Bauern und fragte ihn, ob er ihn aufnehmen wolle. Der Bauer willigte ein. Sie schlossen wieder einen Vertrag, daß weder der Bauer auf den Burschen noch der Bursche auf den Bauern böse werden dürfe. Wer böse würde, der sollte die Nase verlieren. Der Bursche sagte: »'s mag sein!« und fragte gleich, was er zu tun habe. Der Bauer entgegnete: »Du wirst auf die Tenne dreschen gehen!« Als die Zeit zum Frühstück kam, wurden die anderen Drescher gerufen, er nicht. Er füllte Getreide in einen Sack, ging es verkaufen und kaufte sich ein gutes Frühstück für das Geld. Der Bauer, der nichts davon wußte, fragte ihn nach dem Frühstück: »Ärgerst du dich? Bist du böse?«

»Pah«, versetzte der Bursche, »warum sollt' ich mich eines Frühstücks wegen ärgern! Das tut nichts!«

Des Mittags riefen sie ihn nicht zum Mittagsmahl. Er füllte Getreide in zwei Säcke, und trug es wieder zum Verkauf. Denn er dachte, er müsse doch besser mittags essen als frühstücken, müsse also mehr Getreide nehmen. Nach dem Mittagsmahl fragte ihn der Bauer wieder, ob er böse sei. »Was sollt' ich böse sein!« entgegnete der Bursche, »hab' ja besser zu Mittag gegessen als Ihr!«

Des Abends riefen sie ihn nicht zum Abendbrot, sondern hießen ihn in der Scheuer achtgeben. Er füllte nur einen Sack Getreide, verkaufte es und schaffte sich sein Abendbrot. Der Bauer erfuhr endlich, daß der Bursche Getreide verkaufte, und sagte zu seiner Frau: »Frau, das ist ein Schelm! Wir müssen ihm doch zu essen geben, sonst würd' er uns alles Getreide verkaufen!« Der Bursche fragte nun den Bauern, ob er böse sei. »Pah«, versetzte der Bauer, »was liegt an einem bißchen Getreide! Was sollt' ich deshalb böse sein!«

Des nächsten Tages gab er ihm schon zu essen.

Als ausgedroschen war, sagte der Bauer zu dem Burschen: »Bursche, du wirst Mist fahren!« Der Bursche fragte: »Wohin!« Der Bauer sprach: »Der Hund wird mit dir gehen und dir den Platz zeigen. Wo er sich hinlegt, dort lade den Mist ab!« Der Bursche führte Mist, und der Hund ging mit ihn. Der Hund kam zu einer vom Wasser ausgewaschenen Grube und legte sich hinein, weil es heiß war und er nicht bis auf das Feld zu laufen vermochte. Der Bursche lud den Mist in die Grube ab. Als er abgeladen, fuhr er zurück, um wieder aufzuladen, und so fuhr er vierzigmal Mist hin. Der Bauer ging zuletzt, sich das Feld anzuschauen, und sah soviel Mist in der Grube am Weg liegen und auf dem Felde keinen. Er eilte nach Hause und schalt den Burschen aus, daß er ihm soviel Schaden gemacht. Der Mist sei in der Grube und auf dem Felde nichts. Der Bursche sagte: »Wo mir's der Hund gezeigt und wo er sich hingelegt, dort lud ich den Mist ab, wie Ihr mir's befohlen. Aber sagt mir, seid Ihr deshalb böse?«

»Pah«, versetzte der Bauer, »was sollt' ich böse sein des Mistes wegen!«

Es kam der Sonntag. Der Bauer und die Bäuerin schickten sich an, in die Kirche zu gehen, und befahlen dem Burschen: »Du wirst indes das Essen kochen! Stell das Fleisch zum Feuer und gib Kartoffeln in die Suppe, auch Petersilie dazu!«

Der Bursche kochte das Essen.

Sie hatten einen kleinen Hund, der Petersilchen hieß. Er nahm ihn, schlug ihn tot und ließ ihn mit dem Fleisch kochen. Als sie nach Hause kamen, trug die Bäuerin dem kleinen Hund sein Essen hin. Doch der Hund fand sich in seiner Hütte nicht vor. Sie fragte, wo Petersilchen hingeraten. Der Bursche sagte, sie habe ihm ja befohlen, den Hund mit dem Fleisch zu kochen. Da schrie sie wehklagend, sie habe ihm befohlen, Petersilie aus dem Garten zum Fleisch zu geben, nicht aber Petersilchen den Hund, das liebe, schöne, gute Tier! Der Bursche fragte den Bauer, ob er böse sei. »Pah«, versetzte der Bauer, »was sollt' ich böse sein des Hundes wegen!«

Ein anderes Mal war ein aufgehobener Feiertag. Der Bauer ging mit der Bäuerin in die Kirche und sagte zu dem Burschen: »Wenn die Messe aus ist und du siehst, das andere arbeiten, tu desgleichen!« Zum benachbarten Bauern kamen Zimmerleute, sein Dach neu zu decken, und warfen die alten Schindeln hinab. Als der Bursche dies sah, nahm er die Leiter, kroch auf das Dach und warf auch von seinen Bauers Dach die Schindeln hinab. Diese aber waren erst neu gelegt. Als der Bauer aus der Kirche kam, war bereits das ganze Dach abgedeckt. Er rief: »Was hast du mir da für Schaden getan!« Der Bursche entgegnete: »Ihr hattet mir ja befohlen, wenn andere arbeiten, solle ich desgleichen tun: Beim Nachbar warfen sie die Schindeln hinab, ich tat desgleichen, wir Ihr befohlen. Aber sagt mir, seid Ihr böse?«

»Nun – nein – pah!« versetzte der Bauer. »Was sollt ich deshalb böse sein! Das macht mich noch nicht arm!«

Des Abends berieten sich der Bauer und seine Frau, was für eine Arbeit sie dem Burschen auferlegen sollten, damit er davonliefe. Sie meinten, daß er ein Schurke sei und daß er ihnen noch vielen Schaden anrichten würde, bevor ein Jahr zu Ende gehe. Ihr Plan war geschmiedet, und der Bauer ging und sagte zu dem Burschen: »Wir haben einen äußerst morastigen Hof. Du wirst eine Brücke über den Hof machen, doch so, daß immer ein Tritt hart, der andere weich ist.« Der Bauer dachte sich: »Die Brücke wird er nicht erbauen können!« Allein der Bursche sagte: »Das kann geschehen. Mir ist's eins, was ich zu tun bekomme. Bis morgen sollt Ihr die

Brücke fertig haben.« Der Bauer ging schlafen, und der Bursche überlegte, woraus er die Brücke machen solle. Der Bauer hatte hundert Stück Schafe im Stall. Der Bursche sprach zu sich: »Die werden für die Brücke recht sein!« Er schlachtete alle Schafe und schnitt ihnen Füße und Köpfe ab. Ein Schaf kehrte er immer mit dem Rücken nach oben, das andere mit dem Bauch, und sprach zu sich: »So wird's gut sein. Das eine Schaf gibt einen harten, das andere einen weichen Tritt. So werd ich's wohl dem Bauern rechtmachen!« Als er alle Schafe verbraucht und die Brücke hergestellt hatte, ging er schlafen. Die Füße und Köpfe jedoch vergrub er in den Mist, damit sie nicht sichtbar wären, und die Lücken zwischen den Schafen verschmierte er mit Lehm, um das Ganze unkenntlich zu machen.

Des Morgens fragte ihn der Bauer, ob die Brücke fertig sei. Der Bursche sagte: »Die Brücke ist schon längst fertig. Ich hab' seitdem vortrefflich ausgeschlafen. Kommt und seht, ob ich's Euch recht gemacht!« Der Bauer ging samt der Bäuerin, um zu sehn, wie's mit der Sache sei. Als sie auf die Brücke traten, war wirklich ein Tritt hart, der andere weich, nur wußten sie nicht, was das für eine Bewandtnis habe. Der Bursche fragte den Bauer, ob er zufrieden sei. Der Bauer entgegnete: »In der Tat, du verdienst alles Lob!« Hierauf kam der Hirt, um die Schafe auf die Weide zu treiben. Es fand sich kein einziges Schaf im Stalle vor. Da erhob der Bauer ein Geschrei, wohin die Schafe geraten! Der Bursche sprach: »Ihr habt sie ja alle im Hof auf der Brücke. Das eine ist mit dem Rücken nach oben gekehrt, und das ist der harte Tritt. Das andere ist mit dem Bauch nach oben gekehrt, und das ist der weiche Tritt. Anders war's nicht möglich.«

»Mein Gott und Herr!« rief der Bauer, »daß du mir solchen Schaden gemacht! Wo denkst du hin!« Der Bursche fragte: »Seid Ihr etwa böse?«

»Nun – nein – pah!« versetzte der Bauer. »Was sollt' ich deshalb böse sein. Werde schon wieder Schafe bekommen!«

Des Abends berieten sich der Bauer und sein Frau, wie sie den Burschen aus dem Hause schaffen könnten, es sei hohe Zeit dazu. Die Frau sprach: »Ich will zeitig früh auf den Birnbaum kriechen und wie der Kuckuck rufen, und du sag ihm, es sei schon ein Jahr um, bezahl ihn und entlaß ihn aus dem Dienste!« Zeitig früh tat sie so, kroch auf den Birnbaum und fing an, wie der Kuckuck zu rufen. Der Bauer beschied den Burschen und sprach: »Komm, Bursche, der Kuckuck ruft schon, das Jahr ist um, ich will dich bezahlen und du kannst gehen.«

»Ich will mir nur den Kuckuck anschauen«, versetzte der Bursche, »hab noch mein Lebtag keinen gesehen.« Er lief zu dem Birnbaum, schüttelte, und die Bäuerin fiel herunter und brach sich das Bein. Als sie aufschrie, rannte der Bauer herbei, sah die Bäuerin auf dem Boden liegen, hörte, wie sie fortwährend schrie, daß sie das Bein gebrochen, trug sie in die Stube und fing nun an zu weinen, daß ihm der Bursche soviel Schaden zugefügt und auch noch seine Frau krumm gemacht. Der Bursche sagte: »Seid Ihr etwa böse?«

»Wer sollte nicht böse sein bei solcher, solcher Kränkung!« rief der Bauer ärgerlich. Der Bursche nahm sein Messer, schnitt ihm die Nase ab und sagte: »Gebt auch die Nasen meiner zwei Brüder her!« Der Bauer gab sie ihm, und der Bursche ging nach Hause, brachte den Brüdern ihre Nasen und sprach: »Ihr seid gescheit, und ich bin dumm. Da habt ihr eure Nasen und die Nase des Bauern dazu!«

Die Brüder nahmen nun die Nasen und setzten sie sich an. Die Nasen hielten, und so war's wieder gut. Dann trug der Bursche dem Bauern seine Nase zurück. Der setzte sie sich an, die Nase hielt, und so war's gleichfalls wieder gut. Und der Bäuerin, die das Bein gebrochen, heilte das Bein, daß sie grad ging wie zuvor, und so war's ebenfalls wieder gut. Und hiermit hat die Geschichte von den Nasen ein Ende.

VON DER SCHÖNEN CARDIA

Es war einmal ein König, der hatte drei Töchter und einen Sohn. Da er nun fühlte, daß er sterben müsse, rief er seinen Sohn und sprach: »Mein Sohn, ich muß nun sterben, und du wirst König sein. Ich empfehle dir deine drei Schwestern, sorge für sie und höre, was ich dir zu sagen habe. Auf der Terrasse steht ein Nelkenstrauch, der wird drei Knospen treiben. Wenn die erste Knospe sich öffnete, so gib wohl acht. Den ersten Mann, der vorbeigeht, mußt du deiner ältesten Schwester zum Mann geben. Ebenso mußt du es bei der zweiten und dritten Knospe tun, um deine jüngeren Schwestern zu verheiraten!« Dann starb der Vater, und sein Sohn wurde König.

Jeden Morgen ging der junge König nun auf die Terrasse, um den Nelkenstrauch zu betrachten. Nicht lange, so trieb der Strauch drei Knospen, die wurden immer größer, und eines schönen Morgens war die erste Knospe zu einer schönen Nelke erblüht. Da pflückte der junge König die Nelke ab und beugte sich über die Terrasse. In demselben Augenblick ging unten ein schöner, vornehmer Mann vorbei, dem rief er zu: »Mein Herr, nehmt diese Nelke von mir an und erweist mir die Ehre, in mein Schloß heraufzusteigen.« Als nun der fremde Herr ins Schloß kam, fragte ihn der König, wer er sei. »Ich bin der König der Raben«, antwortete der Fremde. Da trug ihm der König seine älteste Schwester zur Gemahlin an, und der König der Raben war wohl zufrieden damit, und es ward einen prächtige Hochzeit gefeiert. Dann nahm der König der Raben seine junge Gattin mit sich fort, und der junge König hörte nichts mehr von seiner Schwester und seinem Schwager.

Einige Tages später öffnete sich auch die zweite Knospe, und der König pflückte sie wiederum und beugte sich über die Terrasse. Eben ging ein stattlicher Herr vorbei, dem warf der König die Nelke zu und bat auch ihn, ins Schloß zu kommen. Auf die Frage, wer er sei, entgegnete er: »Ich bin der König der wilden Tiere.« Da gab ihm der junge König seine zweite Schwester zur Frau, und nach der Hochzeit, die wieder mit großem Gepränge gefeiert wurde, zog der König der wilden Tiere mit seiner Frau heimwärts, und nichts mehr ward von beiden gehört.

Nun war der junge König mit seiner jüngsten Schwester allein, und er wurde sehr traurig, wenn er die letzte Knospe ansah, die nun bald aufblühen sollte. Er hatte nämlich seine jüngste Schwester sehr lieb und trennte sich nur ungern von ihr. Aber er konnte doch nicht gegen den Letzten Willen seines Vaters handeln. Eines Tages war auch die letzte Knospe zu einer Nelke erblüht, da pflückte sie der König und bot sie einem jungen Herrn an, der eben vorbeiging, und bat auch diesen, in sein Schloß zu kommen. »Ich bin der König der Vögel«, sagte dieser, und der König gab ihm seine jüngste Schwester zur Frau. Wiederum ward eine prächtige Hochzeit gefeiert, und dann nahmen der König der Vögel und seine junge Gattin Abschied, und der König ließ sie schweren Herzens ziehen.

Als nun der König ganz allein in seinem Schloß geblieben war, ward er ganz traurig, und er dachte immerfort nur an seine Schwestern. Eines Tages begab es sich, daß er traurig auf dem Felde umherirrte, da begegnete ihm ein altes Mütterchen, das wollte die Ursache seiner Trauer wissen. »Ach, laß mich in Ruhe, Mütterchen«, sagte der König, »ist es dir nicht genug, daß ich so betrübt bin, muß ich dir auch noch den Grund erzählen?« Die Alte aber gab nicht nach und verfolgte ihn mit ihren Bitten und Fragen, bis er endlich ganz erzürnt sie unsanft von sich stieß, so daß sie zu Boden fiel. Da geriet das alte Mütterchen in einen großen Zorn und rief: »So mögst du denn wandern ohne Ruhe und Rast, bis du Cardia, meine Seele, gefunden hast!« Da wurde der König noch trauriger, als er bis dahin gewesen war, und eine große Sehnsucht erwachte in ihm, diese Cardia zu finden. Schließlich konnte er es nicht mehr aushalten, und er begab sich auf Wanderschaft, um Cardia zu suchen.

So wanderte er nun viele, viele Tage lang immer geradeaus, aber niemand konnte ihm sagen, wo Cardia zu finden sei. Endlich kam er in einen wilden und finsteren Wald, und als er lange darin umhergeirrt war, sah er von ferne ein hübsches Haus auf einer Lichtung stehen. Aus einem Fenster des

Hauses aber sah eine Frau, und als der König näher gekommen war, erkannte er in der Frau seine älteste Schwester. Als sich die Geschwister so fanden, da war ihre Freude übergroß. Die Schwester umarmte ihren Bruder und sprach: »Mein lieber Bruder, wie kommst du denn in diese verlassene Wildnis? Ach, wenn nur mein Mann dich nicht sieht!«

»Würde denn dein Mann mir etwas zuleide tun?« wollte der König wissen. »Ach«, antwortete seine Schwester, »wenn er nach Hause kommt, will er jeden Unbekannten, der ihm über den Weg läuft, zerreißen. Wenn er sich aber beruhigt hat, dann ist er freundlich und milde gegen alle.« Da versteckte die Schwester ihren Bruder im Keller, und als ihr Gatte nach Hause kam, sprach er: »Es ist mir, als ob dein Bruder hier wäre. Wenn er sich sehen läßt, so werde ich ihn zerreißen!« Da redete ihm seine Frau es aus, und nach und nach beruhigte er sich. Da fragte die Frau: »Was würdest du nun mit meinem Bruder tun?«

»Ich würde ihn umarmen und herzlich willkommen heißen.« Da rief sie ganz erfreut ihren Bruder, und der König der Raben umarmte ihn und wollte erfahren, warum er in dieser einsamen Wildnis herumirre. Da erzählte ihm der König, daß er ausgezogen sei, um die Cardia zu suchen, und der König der Raben schenkte ihm eine Mandel und sprach: »Bewahre diese Mandel wohl, sie wird dir nützen!«

Und sie nahmen Abschied voneinander, und der König wanderte weiter in die Wildnis hinein.

Nach einigen Tagen kam er wiederum an ein Haus und fand dort seine zweite Schwester; die freute sich sehr, ihren Bruder zu sehen, versteckte ihn aber ebenso wie ihre Schwester im Keller, weil sie sich vor ihrem Gatten fürchtete. Als ihr Mann am Abend heimkam und fragte, ob nicht ihr Bruder dagewesen sei, redete sie es ihm so lange aus, bis sie sah, daß er sich besänftigt hatte. Dann aber rief sie ihren Bruder aus dem Keller herauf, und der König der wilden Tiere umarmte seinen Schwager und hieß ihn herzlich willkommen. Da er nun hörte, daß der junge König ausgezogen sei, die schöne Cardia zu suchen, schenkte er ihm eine Kastanie und sprach: »Bewahre diese Kastanie gut, sie wird dir nützen!«

Dann wanderte der junge König wieder weiter durch die Einöde, immer tiefer hinein in den Wald, bis er nach Tagen das Haus seiner jüngsten und liebsten Schwester fand. Diese umarmte ihn herzlich und wußte vor Freude nicht aus noch ein. Es ging ihm aber nicht besser als bei seinen anderen Schwestern, auch hier mußte er sich verstecken, um nicht den Zorn des Königs der Vögel zu reizen. Als sich aber dieser beruhigt und die Schwester ihren Bruder aus seinem Versteck gerufen hatte, war der König der Vögel sehr erfreut, seinen Schwager zu sehen. Als er nun hörte, warum der junge König sein Reich verlassen habe, schenkte er ihm eine Nuß und sprach: »Verwahre sie wohl, denn sie wird dir nützen. Du bist nun nicht mehr weit von Cardia entfernt. Wenn du immer weiter in den Wald hineingehst, so wirst du endlich zu dem Haus der Hexe kommen, bei der Cardia wohnt. Es sind aber noch viele andere junge Mädchen dort, und wer die schöne Cardia will, muß sie unter allen herausfinden. Sie sind zwar alle verschleiert, aber sei nur getrost, Cardia hat sieben Schleier, die anderen aber haben alle nur deren zwei. Da du das weißt, kannst du nicht irren.«

Damit nahm der König Abschied von seiner Schwester

und seinem Schwager und wanderte weiter in den Wald hinein, bis er endlich das Haus der Hexe vor sich sah. Da trat er keck vor die alte Hexe hin und sprach: »Ich bin gekommen, die schöne Cardia zu erlangen und als meine Gattin mitzunehmen.«

»Schön«, sagte die Hexe, »wer aber die schöne Cardia erlangen will, der muß sie sich auch verdienen und erst drei Aufgaben lösen.« Da entgegnete der König: »Gut, so sage mir, was ich zu tun habe, dann werde ich es ausführen.« Die Hexe aber führte ihn in einen großen Keller, der war bis oben angefüllt mit Bohnen. »Diese Bohnen müssen bis morgen früh verschwunden sein. Ob du sie ißt oder was du sonst damit machst, das ist mir ganz gleichgültig. Wehe aber, wenn ich morgen auch nur eine einzige Bohne erblicke, dann werde ich dich fressen!« Damit sperrte sie den König zu den Bohnen in den Keller und entfernte sich. Der König aber blieb ratlos zurück und starrte den großen Berg von Bohnen an. Wie er noch so stand und dachte: Es bleibt mir nichts anderes übrig, als mich auf den Tod vorzubereiten, da fiel ihm die Mandel ein, die ihm der König der Raben gegeben hatte. Sogleich zerbiß er die Mandel, und im selben Augenblick stand der König der Raben vor ihm und sprach: »Wie kann ich dir helfen?« Da klagte ihm der junge König seine Not. Der König der Raben aber ließ nur einen Pfiff erschallen, und alsbald kam ein großer Schwarm Raben in den Keller geflogen und rief: »Was befiehlt unser Gebieter?«

»Freßt mir geschwind alle Bohnen hier auf und laßt mir auch nicht eine einzige liegen!« Da fielen die Raben über die Bohnen her, als ob sie drei Wochen nichts gefressen hätten, und im Nu war der Keller leer und auch nicht eine Bohne übriggeblieben. Die Raben aber und ihr König verschwanden ebenso schnell, wie sie gekommen waren.

Als nun die alte Hexe am nächsten Morgen die Tür öffnete und sich schon auf den guten Braten freute, stand der König da in dem leeren Keller, und die Aufgabe war gelöst. Die Hexe wurde ganz gelb vor Ärger, als sie das sah, und sie führte den König in einen anderen Keller, der war voller Leichen. »Das ist die zweite Aufgabe«, sagte sie höhnisch. »Hier siehst du diese Leichen, alle sind von Prinzen und Königen, die versucht haben, die schöne Cardia zu gewinnen. Bis morgen früh müssen sie alle weggeräumt sein, und wenn ich nur ein Knöchelchen oder ein Härchen finde, so werde ich auch dich töten! Und nun: Guten Appetit!« Damit schloß sie die Tür hinter ihm zu. Der König aber stand wieder allein und ratlos da. Schließlich zerbiß er die Kastanie, und sogleich erschien der König der wilden Tiere und fragte ihn: »Wie kann ich dir helfen?« Und als er ihm seine Not geklagt hatte, ließ der König der wilden Tiere einen Pfiff erschallen, und im Augenblick wimmelte es im Keller von wilden Tieren, welche riefen: »Was befiehlt unser Gebieter?«

»Räumt mir alle diese Leichen aus dem Keller und laßt mir weder ein Knöchelchen noch ein Härchen davon übrig!« Da stürzten sich die wilden Tiere auf die Leichen und verzehrten sie, und im Nu war nichts mehr von allem zu sehen. Die wilden Tiere aber und ihr König verschwanden, wie sie gekommen waren.

Am Morgen öffnete die Hexe die Tür und war nicht wenig erstaunt, auch die schwere zweite Aufgabe erfüllt zu sehen. Sie wurde vor Ärger bitter wie Galle und schrie: »Nun kommt noch das Schwerste, und wenn du die dritte Aufgabe nicht lösen kannst, so hilft dir alles andere nichts!« Und sie führte ihn in einen großen Saal; in dem lag nun eine Unmenge leerer Matratzen am Boden. »Bis morgen früh mußt du mir alle diese leeren Matratzen mit den weichsten und feinsten Federn füllen, sonst fresse ich dich!« Kaum hatte sie die Tür hinter dem König verschlossen, da knackte dieser die Nuß. Augenblicklich erschien der Gatte seiner Lieblingsschwester, der König der Vögel, und fragte ihn: »Wie kann ich dir helfen?« Und als er gehört hatte, was der König wünschte, stieß er einen Pfiff aus, und es flogen zahllose Schwärme von Vögeln in den Saal, und alle riefen: »Was befiehlt unser Gebieter?«

»Schüttelt euren Flaum ab und füllt mir damit diese Matratzen da!« Da schüttelten sie sich, daß der Flaum nur so herumflog und man glauben mochte, es schneie. Mit dem Flaum füllten sie die leeren Bezüge, und im Handumdrehen waren alle Matratzen gefüllt. Dann verschwanden sie und ihr König mit ihnen.

Als nun die Hexe am Morgen mit wäßrigem Mund die Tür öffnete, lagen alle die Federbetten schön gefüllt, eines neben dem anderen, und so war auch die dritte Aufgabe gelöst. »Nun mußt du aber noch die schöne Cardia unter all ihren Gefährtinnen herausfinden, sonst hilft dir alles andere nichts«, sagte die Hexe boshaft und führte den König in einen anderen Saal, darin standen eine Menge Betten, und auf jedem Bett lag ein tiefverschleiertes Mädchen. Da berührte der König leise mehrere Mädchen, um die Schleier zu zählen, und jedesmal machte die Hexe ein ganz vergnügtes Gesicht, weil sie dachte, nun würde er einen Fehlgriff tun und sie könne ihn doch noch fressen. Er aber sagte kein Wort, bis er endlich an ein Mädchen kam, das war mit sieben Schleiern bedeckt. Da riß er ihm die sieben Schleier ab und rief: »Dieses ist meine Cardia, und sie soll meine Gemahlin sein!« Die alte Hexe aber konnte nicht anders als es zugeben, denn er hatte die Richtige getroffen. Sie dachte aber noch nach, wie sie beide verderben könnte, und sprach: »Wohl, meine Kinder, ihr sollt heute noch heiraten. Wenn ihr mir aber morgen nicht ein kleines Enkelchen vorzeigt, das ›Großmama‹ zu mir sagt, so werde ich euch doch noch alle beide fressen!« Da wurde die Hochzeit gefeiert, und die anderen jungen Mädchen dienten der schönen Cardia als Brautjungfern. Als aber die Hexe das junge Paar in das Brautgemach geführt hatte, bereiteten die jungen Mädchen eine kleine Puppe, und diese nahm Cardia mit sich ins Bett.

Kurz nach Anbruch des Tages erschien die alte Hexe und rief: »Nun, ist mein Enkelchen da?« Da antwortete Cardia mit verstellter Stimme: »Großmama, Großmama« und hielt der Hexe die Puppe hin. Da nun aber die Hexe sich niederbeugte, um das Kind genauer zu betrachten, sprang der König hinzu und schlug ihr mit seinem Schwerte den Kopf ab.

Nun war die Freude erst vollkommen. Die jungen Mädchen dankten alle dem König, daß er sie von der schlimmen Hexe befreit hatte, und kehrten vergnügt in ihre Heimat zurück. Der junge König aber und Cardia zogen auch durch den Wald in ihr Reich zurück und versäumten nicht, den König der Vögel, den König der wilden Tiere und den König der Raben zu besuchen, die ihm herzlich dankten, weil nun auch sie vom Banne der Hexe erlöst und befreit waren. So zogen alle miteinander an den Hof des Königs und der schönen Cardia und lebten dort glücklich und zufrieden zusammen, wir aber sitzen hier und halten uns bei den Händen.

Es war einmal ein Mann, der hatte einen einzigen Sohn, aber der lebte in Armut und Elend, und als er auf dem Totenbett lag, da sagte er zum Sohn, daß er nichts anderes sein eigen nannte als ein Schwert, ein Tuch und ein paar Brotkrumen, und die sollte er erben. Als der Mann tot war, wollte der Junge hinaus in die Welt, sein Glück probieren. So gürtete er das Schwert um und nahm die Brotkrumen und knüpfte sie in das Tuch, denn sie wohnten oben in einer Einöde, fern von allen Menschen.

Auf seinem Wege mußte er über ein Gebirge. Als er so hoch gekommen war, daß er weit über das Land sehen konnte, erblickte er einen Löwen, einen Falken und eine Ameise, die rings um ein totes Pferd standen und miteinander sprachen. Dem Jungen wurde angst und bange, als er den Löwen sah, aber der rief ihn zu sich und sagte, er müsse kommen und den Zwist zwischen ihnen schlichten und das Pferd so teilen, daß jeder das kriegte, was ihm zukam.

Der Junge nahm sein Schwert und teilte das Pferd, so gut er konnte. Dem Löwen gab er den größten Teil und das Gerippe, der Falke bekam etwas von den Eingeweiden und andere Kleinigkeiten, aber die Ameise bekam den Kopf. Als er dies getan hatte, sagte er: »Jetzt glaube ich, ist recht geteilt. Der Löwe muß das meiste haben, weil er am größten und stärksten ist. Der Falke muß das beste haben, weil er so fein und heikel ist. Die Ameise soll den Schädel haben, weil sie in Ritzen und Winkel kriecht.«

Ja, mit dieser Teilung waren sie alle wohl zufrieden, und

sie fragten ihn, was er haben wolle, weil er so gut zwischen ihnen geteilt hatte. »Habe ich euch einen Dienst erwiesen und seid ihr damit zufrieden, so ist mir das recht«, sagte er, »aber Bezahlung nehme ich nicht.« Ja, aber etwas mußte er doch haben, sagten sie. »Willst du nichts anderes«, sagte der Löwe, »so sollst du wenigstens drei Wünsche haben!« Aber der Junge wußte nicht, was er sich wünschen sollte. Da fragte ihn der Löwe, ob er sich nicht wünschen wollte, sich in einen Löwen verwandeln zu können, und die zwei anderen fragten, ob er sich nicht in einen Falken oder eine Ameise verwandeln wollte. Das schien ihm gut und schön, und so wünschte er sich das.

Er warf das Schwert und das Tuch hin, verwandelte sich in einen Falken und begann zu fliegen. Und so flog er, bis er zu einem großen Wasser kam. Aber da war er so müde, und die Flügel taten ihm so weh, daß er nicht weiterkonnte; und als er einen steilen Felsen sah, der aus dem Wasser emporragte, setzte er sich darauf, um sich auszuruhen. Es schien ihm ein sehr wunderlicher Felsen, und er ging ein Weilchen dort herum. Aber als er ausgeruht war, verwandelte er sich wieder in einen Falken und flog weiter, bis er zu einem Königsschloß kam. Da setzte er sich in einen Baum vor den Fenstern der Königstochter. Als diese den Vogel sah, bekam sie Lust, ihn zu fangen. Sie lockte ihn an sich, und als der Falke in das Gemach gekommen war – husch – schlug die Königstochter das Fenster wieder zu, nahm den Vogel und setzte ihn in einen Käfig.

Aber nachts verwandelte der Junge sich in eine Ameise und kroch aus dem Käfig, und dann verwandelte er sich in den, der er war, und ging hin und setzte sich zur Königstochter. Da erschrak sie so sehr, daß sie zu schreien anfing, so daß der König erwachte und hereinkam und fragte, was hier los sei.

»Es ist jemand hier!« schrie die Königstochter. Aber im selben Augenblick war der Junge schon wieder eine Ameise, kroch in den Käfig und verwandelte sich wieder in einen Falken. Der König konnte nichts sehen, wovor man Angst zu haben brauchte. Und so sagte er zur Königstochter, daß sie wohl der Alp gedrückt hätte. Aber kaum war er zur Tür draußen, so geschah wieder dasselbe. Der Junge kroch als eine Ameise aus dem Käfig, wurde dann der, der er war, und setzte sich zur Prinzessin.

Da schrie sie laut auf, und der König kam und wollte wissen, was nun schon wieder los war.

»Es ist jemand hier!« schrie die Königstochter. Aber der Junge huschte wieder in den Käfig und saß da als ein Falke. Der König forschte und suchte oben und unten, und als er nichts fand, da wurde er zornig, daß er gar keine Nachtruhe finden konnte, und sagte, daß die Prinzessin Narrenspossen treibe. »Schreist du noch einmal so«, sagte er, »so wirst du schon merken, daß der König dein Vater ist.«

Aber der König war noch nicht recht bei der Tür draußen, als der Junge schon wieder bei der Prinzessin war. Diesmal schrie sie nicht, obgleich sie solche Angst hatte, daß sie nicht aus noch ein wußte.

Da fragte der Junge, wovor sie sich so fürchtete.

Ja, sie war einem Bergtroll versprochen, sagte sie, und wie sie das erstemal unter freien Himmel käme, da würde er erscheinen und sie holen. Und als nun der Junge gekommen war, da hatte sie geglaubt, es sei der Bergtroll. Jeden Donnerstag morgen kam ein Bote vom Bergtroll, und dieser Bote war ein Drache, dem der König jedesmal, wenn er kam, neun wohlgemästete Schweine geben mußte. Und darum hatte er verkünden lassen, daß, wer ihn vom Drachen befreite, die Prinzessin und das halbe Königreich bekommen sollte.

Das, sagte der Junge, wollte er schon tun, und als es Morgens Licht wurde, ging die Königstochter zum König und sagte, daß einer da sei, der ihn von dem Drachen und der Schweinesteuer befreien wollte. Als der König dies hörte, wurde er sehr froh. Denn der Drache hatte so viel Schweine gefressen, daß bald im ganzen Königreich keine mehr übrig waren. Dieser Tag war gerade ein Donnerstag morgen, und der Junge zog sogleich dorthin, wo der Drache sich zu zeigen und die Schweine in Empfang zu nehmen pflegte, und einer der Knechte aus dem Königsschloß zeigte ihm den Weg.

Ja, der Drache kam auch, und er hatte neun Köpfe und war so zornig und böse, daß Feuer und Flammen um ihn sprühten, als er seine Schweine nicht sah; und er stürzte auf den Jungen los, als wollte er ihn mit Haut und Haar verschlingen. Aber husch – verwandelte sich dieser in einen Löwen und kämpfte mit dem Drachen und riß ihm einen Kopf nach dem anderen ab. Aber der Drache war auch stark, und er spie Feuer und Gift, aber so nach und nach hatte er nur mehr einen Kopf übrig, das war der zäheste, und schließlich riß ihm der Junge auch den ab, und dann war es mit dem Drachen aus. Dann ging er zum König, und es herrschte große Freude im ganzen Königsschloß, und der Junge sollte die Prinzessin haben.

Aber als sie einmal im Garten herumgingen, da kam der Bergtroll selbst durch die Luft gefahren, nahm die Königstochter und flog wieder mit ihr fort. Der Junge wollte ihnen sogleich nach. Aber der König sagte, das sollte er nicht tun, denn er hatte niemand anderen jetzt, wo er die Tochter verloren hatte. Aber da half weder Bitte noch Befehl. Der Junge verwandelte sich in einen Falken und flog davon.

Aber als er die beiden nicht sah, erinnerte er sich an den wunderlichen steilen Felsen, auf dem er das erstemal gerastet hatte. Er ließ sich dort nieder und verwandelte sich in eine Ameise und kroch durch eine Spalte des Berges. Als er ein Weilchen gekrochen war, kam er zu einer Tür, die verschlossen war, aber er wußte schon Rat, wie er hereinkommen sollte, er kroch durch das Schlüsselloch. Da saß eine fremde Prinzessin und kraute einen Bergtroll, der drei Köpfe hatte.

Ich bin schon richtig gegangen, dachte der Junge bei sich selbst, denn er hatte gehört, daß der König schon früher zwei Töchter verloren hatte, die hatten die Unholde geholt. »Vielleicht finde ich die anderen auch«, sagte er zu sich selbst und kroch durch das Schlüsselloch der nächsten Tür, da saß eine andere fremde Prinzessin und kraute einen Bergtroll, der sechs Köpfe hatte. Dann kroch er durch noch ein Schlüsselloch, da saß die jüngste Königstochter und kraute einen Bergtroll mit neun Köpfen. Er kroch ihr aufs Bein und biß sie. Da merkte sie, daß das der Junge war, der mit ihr sprechen wollte, und sie bat den Bergtroll, ob sie nicht ein bißchen hinausgehen dürfe.

Als sie herauskam, war der Junge wieder der, der er war, und er sagte ihr, sie solle den Bergtroll fragen, ob sie denn nie von hier fort- und heim zu ihrem Vater kommen könne. Dann verwandelte er sich wieder in eine Ameise und setzte sich auf ihren Fuß, und die Königstochter ging wieder hinein und begann den Bergtroll wieder zu krauen.

Als sie dies ein Weilchen getan hatte, versank sie in Gedanken. »Du vergißt mich zu krauen, worüber grübelst du?« fragte der Troll.

»Ach, ich grüble, ob ich denn nie von hier fort- und heim zu meines Vaters Hof kommen kann«, sagte die Königstochter.

»Nein, dahin kommst du nie«, sagte der Bergtroll. »Nicht eher, als bis jemand das Sandkorn findet, das unter der neunten Zunge des neunten Kopfes des Drachen liegt, dem dein Vater tributpflichtig war. Aber das findet niemand. Denn kommt dieses Sandkorn über den Berg, so zerspringen alle Bergtrolle, und der Berg wird ein güldenes Schloß und das Wasser zu Wiesen und Feldern.

Als der Junge das hörte, kroch er wieder durch alle Schlüssellöcher und durch die Spalte hinaus auf den Felsen. Da verwandelte er sich in einen Falken und flog dorthin, wo der Drache lag. Dann suchte er, bis er das Sandkorn fand, unter der neunten Zunge des neunten Kopfes, und flog damit davon. Aber als er an das Wasser kam, wurde er so müde, so müde, daß er sich herablassen und auf einen Stein am Strande setzen mußte. Wie er so saß, schlummerte er einen Augenblick ein, und unterdessen fiel ihm das Sandkorn aus dem Schnabel, hinab in den Strandsand. Dann suchte er drei Tage, bis er es wieder fand. Aber als er es gefunden hatte, flog er schnurstracks zu dem Felsen und ließ es durch die Spalte fallen. Da zersprangen alle Bergtrolle. Der Felsen öffnete sich, und da stand ein güldenes Schloß, das das herrlichste Schloß auf der ganzen Welt war, und das Wasser wurde zu den schönsten Feldern und grünsten Fluren, die nur jemand sehen konnte. Und dann fuhren sie zu dem Königsschloß, und da war eitel Freude und Herrlichkeit. Der Junge und die jüngste Königstochter sollten sich kriegen, und die Hochzeit wurde sieben Wochen lang im ganzen Königreich gefeiert. Und wenn es ihnen nicht wohl ergangen ist, na ja, dann möge es dir noch besser ergehen.

DER GLÄSERNE BERG

Ein Grundbesitzer hatte drei Söhne. Zwei von ihnen waren klug und der dritte dumm. Als der Vater auf dem Totenbett lag, sagte er zu dem ältesten Sohn: »In der ersten Nacht nach meinem Tode mußt du zu meinem Grab kommen!« Zum zweiten Sohn sagte er: »Du kommst zu mir in der zweiten Nacht!« Zu dem Dummen sagte er: »Du mußt mein Grab in der dritten Nacht besuchen!« Er starb, und man begrub ihn. Die erste Nacht nach dem Tode kam. Doch der älteste Sohn wollte nicht zum Grabe seines Vaters gehen. Er sagte zu dem Dummen: »Geh du für mich!« Dieser begab sich auf den Friedhof und setzte sich aufs Grab. Der tote Vater stieg aus dem Grab und gab ihm ein schwarzes Haar. Die nächste Nacht kam, und gleichzeitig kam die Reihe an den mittleren Sohn, das Grab des Vaters zu besuchen. Doch auch er wollte nicht. Er sagte ebenfalls zu dem Dummen: »Bruder, geh du für mich!« Der Dumme ging, und der Vater überreichte ihm ein rotes Haar. In der dritten Nacht ging der

Dumme seinerseits auf den Friedhof. Der Vater gab ihm ein graues Haar und sagte: »Verstecke diese drei Haare gut. Sie werden dir von Nutzen sein!«

Der Kaiser dieses Landes machte Krieg und ließ Folgendes verkünden: »Wer den gläsernen Berg ersteigen kann, der wird mein Schwiegersohn!« Da nahmen die zwei älteren Brüder Pferde mit und begaben sich zum gläsernen Berg, um ihn zu ersteigen. Der Dumme folgte ihnen. Zuerst versuchte der älteste Bruder auf den Berg zu kommen. Doch sein Pferd brach sich das Gelenk. Der mittlere Bruder versuchte es. Doch sein Pferd brach sich ein Bein. Da nahm der Dumme das schwarze Haar, das er vom Vater bekommen hatte. In diesem Augenblick erschien vor ihm ein schwarzes Pferd mit schwarzen Kleidern. Der Dumme legte die Kleider an, setzte sich auf sein Pferd und erstieg den Berg mit Leichtigkeit. Der Kaiser sprach: »Du wirst mein Schwiegersohn!« Doch der Dumme ritt davon. Er wurde wieder ein Dummer, seine Kleider waren zerrissen, und er sah aus wie ein Bettler.

Da führte der Kaiser wieder Krieg. Derjenige, der den gläsernen Berg ersteigen konnte, sollte sein Schwiegersohn werden. Alle brachen sich bei dem Versuch, den Berg zu ersteigen, das Genick. Niemand vermochte die Aufgabe zu erfüllen. Der Dumme nahm das rote Haar. Er bekam ein rotes Pferd und rote Kleider. Er saß auf und überquerte den gläsernen Berg. Da freute sich der Kaiser, daß er solch einen Herrn zum Schwiegersohn haben würde. Die Prinzessin steckte dem Dummen einen silbernen Ring an den Finger. Doch er drehte sein Pferd um und verschwand den Berg hinunter.

Der Kaiser führte einen dritten Krieg. »Wer kann den Berg besteigen?« Der Dumme nahm das graue Haar. Vor ihm erschien ein graues Pferd mit grauen Kleidern. So schnell er konnte, erstieg er den Gipfel des Berges. Dort wurde er wieder zu einem Dummen mit zerrissenen Kleidern. Dann sagte er zum Kaiser: »Ich habe den Berg dreimal erstiegen. Gebt mir jetzt Eure Tochter.« Doch das Mädchen wollte solch einen Bettler nicht heiraten. Sie sagte: »Das ist nicht wahr! Ein Herr, der sehr vornehm war, hat die Aufgabe erfüllt. Du warst es nicht!« Da zeigte der Dumme den Ring und zog die teuren Kleider an. Erst dann glaubte man ihm. Da sprach der Kaiser zu ihm: »Bleib jetzt so vornehm, denn du sollst mein Schwiegersohn sein!« Er heiratete darauf die Prinzessin und wurde später selbst Kaiser.

VOM GOLDENEN VOGEL

Wo es geschah, da geschah es: Hinter dem roten Meer, hinter dem gläsernen Berg, hinter der Tür aus Stroh, hinter dem weißen Wald, dort, wo man Wasser ausgräbt und den Sand bindet, dort war der Mann, der mir die Geschichte erzählte. Ich habe sie mir gut gemerkt: Also, es war einmal ein Bauer. Er war sehr arm und wohnte am Rande des Waldes. Oft ging er in den Wald, um einen Vogel oder ein Tier zu erlegen. Eines Tages fing er einen sehr schönen Vogel mit goldenen Federn. Er nahm den Vogel mit nach Hause, setzte ihn in einen Käfig und sorgte für ihn. Weder der Bauer noch seine Kinder waren gebildete Menschen, so wußten sie nichts von ihrem Glück.

Eines Tages kam eine Kutsche vorbei, die von vier Pferden gezogen wurde. In dieser Kutsche saß ein wohlhabender Herr mit seinem Sohn. Als die Kutsche am Hause des Bauern vorbeikam, zeigte der Sohn auf das Haus und sagte zum Vater: »Vater, schau! Welch ein wunderschöner Vogel sitzt dort im Käfig!« Der Herr befahl dem Kutscher anzuhalten. Er stieg aus und wollte sich den Vogel anschauen. Auf dessen Flügeln standen folgende Worte: »Wenn mich jemand aufißt, der wird jeden Morgen, wenn er aufsteht, zwei Dukaten in seinem Bett finden.« Der Herr war davon begeistert und rief nach dem Hausherrn. Er sagte zu ihm: »Heh, Bauer! Verkaufe mir diesen Vogel! Ich werde dir hundert Dukaten für ihn geben!« Darauf sagte der Bauer: »Herr, ich bin sehr arm. Wenn die Kinder hungrig sind und schreien und ich nichts habe, das ich ihnen geben kann, so spielen sie den ganzen Tag mit dem Vogel und weinen nicht. Die Dukaten würde ich schnell ausgeben. Deshalb verkaufe ich den Vogel für nichts auf der Welt!« Der Herr sprach zum Bauern: »Gib mir den Vogel, und ich werde dir genug Land geben. Dann kannst du bis an dein Lebensende gut leben.« Damit war der Bauer einverstanden und begleitete den Herrn.

Die Tochter des Bauern gefiel dem Sohn des wohlhabenden Herrn sehr gut, und er heiratete sie. Nach der Trauung befahl der Herr seinem Koch, den Vogel, den er vom Bauern erhalten hatte, zuzubereiten. Der Koch führte den Auftrag aus. Als der Vogel zubereitet war, nahm ihn der Lakai und wollte ihn dem Herrn bringen, doch er vergaß die Gabel. Er ließ den Teller mit dem Vogel im Flur zurück und kehrte noch einmal um. Die Jungen des Bauern spielten in der Nähe. Als der ältere Bruder den Vogel sah, teilte er ihn in zwei Hälften, aß die eine Hälfte auf, und die andere gab er dem Bruder. Der Lakai kam mit der Gabel, doch der Vogel war nicht mehr da. Er ging zum Koch, um zu fragen, was sie tun sollten. Der Koch briet ein kleines Hühnchen, das der Lakai dann seinem Herrn brachte. Der Herr aß das Hühnchen auf. Ungeduldig wartete er auf die Nacht. Am nächsten Morgen stand er auf und schaute nach den Dukaten. Doch es waren keine da. Noch eine Nacht verging, und es waren immer noch keine Dukaten im Bett. Da rief der Herr nach dem Koch und nach dem Lakai und fragte sie: »Was habt ihr mit dem goldenen Vogel gemacht?« Zuerst logen die beiden. Doch schließlich mußten sie zugeben, was geschehen war. Als der Herr erfuhr, daß die beiden Bauernjungen den Vogel aufgegessen hatten, rief er den Schützen zu sich und sagte zu ihm: »Du mußt meinen Befehl ausführen! Wenn du es nicht tust, werde ich dich vom Hof verjagen. Wenn du aber den Befehl ausführst, gebe ich dir eine hohe Belohnung. Hör zu: Nimm die beiden Bauernjungen mit in den Wald und erschieße sie dort. Bringe mir ihre Augen als Beweis!« Der Schütze gehorchte.

Er führte die beiden Jungen in den Wald. Dort richtete er das Gewehr auf die Jungen. Doch zum Glück kam der Jäger eines anderen Herrn an den Tatort. Er rief: »Um Gottes willen! Was willst du tun?« Der Schütze dachte nach und sagte: »Mir tun die beiden Kinder auch leid, doch ich muß den Befehl des Herrn ausführen.« Darauf sagte der Jäger: »Dafür würdest du nie mehr die Hölle verlassen!«

»Aber ich muß doch ihre Augen als Beweis mitbringen.«

Darauf sagte der andere: »Sieh! Dort läuft gerade ein Fuchs vorbei! Erschieß ihn und nimm seine Augen!«

»Doch woher nehme ich das zweite Paar?«

»Opfere deinen Hund! Töte ihn und nimm seine Augen!«

Der Schütze hörte auf den Jäger. Er sagte zu den Jungen: »Meine lieben Kinder! Geht jetzt in die Welt hinaus. Doch ihr dürft niemals zurückkommen, denn das würde meinen Tod bedeuten!«

Die Kinder machten sich auf den Weg durch den Wald. Doch dieser Wald war sehr groß, so daß sie ihn am Tage nicht überqueren konnten. Als die Nacht hereinbrach, sammelten sie Moos, machten sich ein Lager daraus und legten sich schlafen. Am nächsten Morgen standen sie auf und gingen weiter, ohne in ihrem Lager nachzuschauen. Doch wieder brach die Nacht herein, und sie waren immer noch im Wald. Sie übernachteten und ließen die Dukaten wieder zurück. Am nächsten Tag gegen Abend kamen sie aus dem Wald heraus und näherten sich einer Hütte, die am Rande des Waldes stand. Sie gingen hinein und sahen dort eine Frau. Sie baten die Frau, über Nacht bei ihr bleiben zu können, doch sie sagte: »Liebe Kinder! Ich kann euch nicht beherbergen! Ich stehe sehr früh auf und gehe zur Arbeit. Ihr werdet so früh nicht aufstehen wollen.« Da fingen die Kinder an zu weinen, und die Frau nahm sie auf. Am nächsten Morgen stand die Frau auf und wollte die Jungen wecken. Da sah sie im Bett des einen zwei Dukaten. Sie fand weitere zwei im Bett des anderen. Doch die Jungen schliefen so fest, daß sie sie nicht wecken konnte. So ließ sie die beiden schlafen und versteckte die Dukaten. Von da an ging die Frau nicht mehr zur Arbeit und behielt die Jungen bei sich. Allmählich wurde die Frau reich. Sie kaufte in der Stadt ein Haus mit Grundstück und nahm sich Bedienstete. Eines Tages, als die Frau in der Stadt war, ging die Köchin in den Keller, um Milch zu holen. Die Jungen gingen ihr nach und stießen einen Krug mit Milch um. Die Köchin begann die Jungen zu tadeln: »Ihr Halunken! Die Herrin hat euch aufgezogen, und ihr macht ihr nur Schaden!« Die beiden Jungen erschraken sehr und verließen das Haus der Frau.

Wiederum kamen sie in einen Wald. Als die Nacht hereinbrach, sammelten sie Moos und legten sich schlafen. Am nächsten Morgen, als sie aufstanden, sahen sie auf den beiden Lagern je zwei Dukaten. Da wußten sie, weshalb die Frau sie bei sich behalten wollte. Doch sie kehrten nicht zurück, sondern gingen weiter.

Eines Tages kamen sie in eine Stadt, in der ein Zirkus war. Sie kauften sich dort sechs Tiere: zwei Wölfe, zwei Bären und zwei Löwen. Außerdem besorgten sie sich jeder ein Gewehr und einen Säbel. Dann zogen sie weiter. Eines Tages sagte der jüngere Bruder zu dem älteren: »Es ist nicht gut, daß wir zusammen herumziehen. Trennen wir uns, und wenn wir uns irgendwann einmal wieder begegnen, wird einer dem anderen erzählen, was er auf der Welt erlebt hat.« Gesagt, getan! Sie kamen an eine Kreuzung, an der eine Weide stand. Da sagte der jüngere Bruder zu dem älteren: »Bruder, wir müssen in diese Weide ein Messer stecken. Wenn dann einer von uns wieder hierher kommt und sieht, daß die Klinge des Messers nicht verrostet ist, so wird er wissen, daß wir noch beide leben. Doch wenn eine Seite der Klinge verrostet ist, so heißt es, daß einer von uns nicht mehr lebt!« Der andere Bruder war einverstanden. So verabschiedeten sie sich und gingen auseinander.

Der ältere Bruder kam eines Tages in eine Stadt und begab

sich in ein teures Gasthaus. Dort sagte er zu dem Gastwirt: »Herr, gebt mir vier Portionen Fleisch!«

»Warum denn das? Du kannst doch nicht für vier essen!«

»Das ist nicht Eure Sache. Gebt mir nur das Fleisch!« Dann rief er seine Tiere und gab jedem eine Portion Fleisch. Nach dem Mittagstisch fragte der Reisende: »Herr, was gibt es Neues?« Darauf sagte der Gastwirt. »Es gibt schlechte Nachrichten! Man will alle Juden töten! Doch ich habe keine Angst, denn ich habe mir eine Flasche mit einer wundersamen Flüssigkeit beschafft. Wenn man mir den Kopf abschlägt, wird die Frau mir den Kopf und den Nacken mit dieser Flüssigkeit einreiben, und ich werde dann wieder zum Leben erwachen!« Er brachte das Fläschchen und zeigte es dem Reisenden. Dann stellte er es auf den Tisch und ging fort. In diesem Augenblick nahm der Bär das Fläschchen zwischen seine Pfoten. Der Reisende bezahlte später das Essen und zog weiter. Der Gastwirt hatte nicht einmal bemerkt, daß die Flasche verschwunden war. Als sie wieder aufs Feld kamen, grub der Bär die Flasche unter einem Birnbaum ein. Danach setzten sie ihren Weg fort.

Schließlich kamen sie in eine Stadt, in der ein Kaiser lebte. Der Reisende begab sich wieder in ein Gasthaus und fragte dort wieder den Wirt: »Was gibt es Neues hier?«

»Es gibt schlechte Neuigkeiten! Hier ist ein Drache aufgetaucht. Wir müssen ihm jeden Tag einen Menschen zum Fraß werfen. Morgen muß die Tochter des Kaisers geopfert werden!«

Der Reisende sagte darauf: »Wenn ich wollte, würde ich das Mädchen dem Drachen nicht geben! Der Gastwirt gab dem Kaiser Bescheid. Dieser schickte eine Kutsche, um den

Reisenden ins Schloß zu holen; doch dieser wollte nicht mitgehen. Am nächsten Tag näherte sich der Reisende dem Felsen, auf dem sich der Drache befand. In der Nähe stand eine Kapelle. Der Reisende versteckte sich dahinter. Da kam die Kutsche mit der Prinzessin. Das Mädchen betrat die Kapelle und betete lange darin. Der Drache war inzwischen sehr hungrig geworden. Er verließ seine Höhle und ging auf die Kapelle zu. In diesem Augenblick hetzte der Reisende seine Tiere auf den Drachen. Sie fielen diesen von hinten an, während sich der Reisende dem Drachen von vorn stellte. Er nahm seinen Säbel in die Hand. Er schlug dem Untier alle zwölf Köpfe ab. Die Tiere trugen die Köpfe in alle Richtungen, doch zuvor hatte der Reisende alle Zungen des Drachen abgeschnitten und versteckt. Die Prinzessin kam auf ihn zu und sagte zu ihm: »Was verlangst du für diesen Dienst?«

»Wenn du mich heiratest, genügt es mir. Es ist mein einziger Wunsch!«

»Gut! Nimm hier die eine Hälfte meines Ringes und das halbe Tuch. Die anderen Hälften behalte ich für mich.«

»Einverstanden! Doch wie lange soll ich warten?«

»Ein Jahr lang!«

Sie verabschiedeten sich und gingen auseinander. Der Kutscher lenkte die Kutsche in Richtung auf die Stadt zu, und der Reisende legte sich schlafen.

Doch der Kutscher sah sich um und stellte fest, daß der Reisende schlief. Er fuhr zurück, sammelte die Drachenköpfe ein und verstaute sie in der Kutsche. Dann ging er zu dem Reisenden und schlug ihm den Kopf ab. Erst danach setzte er seinen Weg in die Stadt fort. Auf einer Brücke wandte sich der Kutscher an die Prinzessin mit folgenden Worten.

»Schwöre mir, daß du mich heiraten wirst! Wenn du das nicht tust, werfe ich dich von der Brücke!« Es blieb der Prinzessin nichts anderes übrig, als den Schwur abzulegen. Als sie wieder in die Stadt kamen, liefen die Leute herbei und fragten sie, was geschehen sei. Der Kutscher erzählte, er hätte den Drachen getötet und kehre jetzt mit der Prinzessin ins Schloß zurück. Die Leute wollten ihm nicht glauben. Doch er zeigte die zwölf Drachenköpfe und überzeugte sie damit. Der Kaiser sagte zu dem Kutscher. »Wie hast du denn den Drachen getötet?«

»Mit der Peitsche! Ich habe so fest zugeschlagen, daß mit jedem Schlag ein Kopf des Drachens abgetrennt wurde!«

»Nun, dann werde ich dich mit meiner Tochter verheiraten!«

Er wollte gleich mit den Hochzeitsfeierlichkeiten beginnen, doch die Prinzessin war damit nicht einverstanden. Sie sagte zu ihrem Vater, sie wolle noch ein Jahr lang warten.

Währenddessen sahen die Tiere, daß ihr Herr keinen Kopf hatte. Schnell lief der Bär zu dem Birnbaum, grub das Fläschchen heraus, kam zurück und rieb den Kopf und den Nacken des Herrn mit der Flüssigkeit ein. Dann legte er den Kopf an den Rumpf. Der Herr stand auf, doch der Kopf saß verkehrt herum auf den Schultern. Da sagte der Herr: »Was habt ihr mit mir angestellt?« Traurig darüber, legte er sich schlafen. Da nahm der Bär den Säbel und schlug damit dem Herrn nochmals den Kopf ab. Er legte dann den Kopf an den Rumpf, wie es sich gehört. Der Herr stand auf und ging.

Inzwischen bereitete der Kaiser die Hochzeit vor. Der Reisende kam ins Gasthaus und fragte: »Was gibt es Neues bei euch?«

»Gute Nachrichten! Heute heiratet die Prinzessin, die im vergangenen Jahr dem Drachen geopfert werden sollte.«

Der Reisende sprach: »Und warum wurde sie nicht geopfert?«

»Weil ein Kutscher dem Drachen alle zwölf Köpfe abschlug. Dieser Kutscher heiratet die Prinzessin nun. Ach hätten wir doch all die Speisen, die bei dieser Hochzeit gereicht werden!«

Dann schloß der Gastwirt mit dem Reisenden eine Wette ab: »Ich gebe dir mein Gasthaus, wenn wir die Speisen, die dort gereicht werden, selber essen!«

Der Reisende schrieb etwas auf einen Zettel, steckte den Zettel in ein Körbchen, und dieses Körbchen befestigte er dem Wolf an den Hals. Dann schickte er den Wolf zu dem Schloß des Kaisers. Die Prinzessin erkannte das Tier. Sie las das Schreiben und ließ alle möglichen Speisen in das Gasthaus schicken. Der Gastwirt fing an zu jammern und zu weinen: »Jetzt habe ich mein Gasthaus verloren!« Doch der Reisende besänftigte ihn. »Wenn du drei Nächte lang im Stall schläfst, und zwar im Futtertrog, und dein Dienst währenddessen die drei Nächte in deinem Bett verbringst, werde ich dir das Gasthaus wieder zurückgeben!«

Der Gastwirt war damit einverstanden und versprach, es zu tun. Die Prinzessin schickte eine Kutsche nach dem Reisenden, die ihn zur Hochzeit bringen sollte. Der Reisende fuhr hin. Als alle versammelt waren, sagte die Prinzessin: »Mein ehrwürdigen Herrschaften! Ich möchte Euch etwas fragen: Ist ein erzwungener Schwur etwas wert?«

Man antwortete: »Nicht immer!«

»Ich habe einen Schwur unter Drohung abgelegt. Dieser

Kutscher dort hat mich damals nach Hause gefahren. Als wir auf der Brücke waren, drohte er mir, er würde mich in den Fluß werfen, wenn ich nicht schwor, seine Frau zu werden. Nicht er, sondern dieser Reisende hat den Drachen getötet!«

»Das kann doch nicht wahr sein! Der Kutscher brachte doch die zwölf Köpfe des Drachen mit!«

Darauf sagte die Prinzessin: »Ich habe dem Reisenden ein Zeichen gegeben, daß ich niemanden außer ihm heiraten werde.« Sie holte den halben Ring und das halbe Tuch hervor.

»Zeige jetzt du deine Zeichen!« Der Reisende holte ebenfalls die beiden Hälften heraus. Man legte sie zusammen, und sie paßten. Dann zeigte der Reisende noch die zwölf Drachenzungen. Da band man den Kutscher an die Schweife der Pferde. Sie schleppten ihn so lange hinter sich her, bis er tot war. Der Reisende aber heiratete die Prinzessin.

Nach der Hochzeit fragte er einmal seine Frau in der Nacht: »Was leuchtet dort oben so? Dort auf dem Berg!« Doch sie sagte es ihm nicht. Am nächsten Morgen nahm er seine Tiere mit und ging zu dem Berg. Dort war eine alte Hütte, und neben dieser Hütte liegen lauter Leichen. Der Reisende betrat die Hütte und sah, daß dort eine Hexe hauste. Sie fragte ihn: »Weshalb seid Ihr mit den Tieren hergekommen? Sollen mich die Tiere etwa auffressen?«

»Nein, nicht deshalb!«

Da sprach die Hexe: »Und wenn ich die Tiere mit diesem Stock schlage?«

»Versuch es doch!«

Die Hexe berührte die Tiere und den Reisenden mit dem Stock, und alle wurden zu Steinen.

Zu dieser Zeit kehrte der jüngere Bruder zu der Weide zurück. Er nahm das Messer aus dem Baum und sah, daß die Klinge verrostet war.

»Ach, mein Bruder lebt nicht mehr!«

Und er ging denselben Weg, den sein Bruder gegangen war. Er kam zu dem Gasthaus, das in der Kaiserstadt stand. Dort fragte er: »Was gibt es hier Neues?«

»Eure Frau, die Prinzessin, trauert Euch nach.« Der Bruder ging zum Kaiser. Man freute sich dort sehr, denn man dachte, es sei der junge Prinz. Abends rief ihn die Prinzessin in ihr Bett. Er stieg hinein, doch er legte zwischen sich und das Mädchen seinen Säbel. Dann sagte er: »Bleib so liegen, wie dieser Säbel!« Er schaute nach draußen und sah, daß auf dem Berg irgendwas leuchtete. Das Mädchen sprach zu ihm: »Geh dort niemals mehr hin, denn derjenige, der dort hingeht, kehrt nie mehr von dort zurück!«

Doch am nächsten Morgen nahm der Bruder seine Tiere mit und begab sich auf den Berg. Er kam zu der Hütte. Dort sah er seinen Bruder und dessen drei Tiere liegen. Er lud das Gewehr und stieß mit dem Säbel die Tür der Hütte auf. Die Hexe war zu ihm genauso freundlich, wie sie es zu seinem Bruder gewesen war. Doch er sagte: »Weib! Leg den Stock auf den Boden! Wenn du das nicht tust, werde ich dich erschießen!« Die Hexe legte den Stock auf die Erde, da hetzte der Bruder seine Tiere auf sie. Vor Schmerzen schrie die Hexe: »Mensch! Laß mich am Leben. Ich werde dich zu einem Brunnen führen. Wenn du mit dem Wasser dieses Brunnens deinen Bruder besprengst, wird er wieder zum Leben erwachen!« Sie führte ihn zu dem Brunnen, doch die ganze Zeit hielten sie die Tiere mit den Zähnen fest. Als sie zu dem

Brunnen ankamen, steckte der Jüngling einen Stock ins Wasser. Sofort ging der Stock in Flammen auf. Da hetzte er wieder die Tiere auf das Weib. Darauf führte sie ihn zu einem anderen Brunnen. Der Reisende steckte wieder einen Stock in das Wasser. Da wurde der Stock grün und erblühte. Der Reisende schöpfte Wasser in seinen Hut und begab sich zu seinem Bruder. Er besprengte den Bruder und dessen Tiere mit dem Wasser, und alle standen auf. Darauf hetzte er alle sechs Tiere auf die Hexe, und sie wurde von ihnen in Stücke gerissen.

Als sie nach Hause kamen, sagte der jüngere Bruder. »Bruder! Ich habe diese Nacht mit deiner Frau geschlafen!« Der ältere ging von hinten auf ihn zu, holte mit dem Säbel aus und schlug ihm den Kopf ab. Dann ging er zu seiner Frau. Er wollte die Tiere mitnehmen, doch sie folgten ihm nicht. Zu seiner Frau sagte er: »Frau, ich habe Schlechtes getan!«

»Was denn?«

»Ich habe meinen Bruder getötet! Er hat mir gesagt, er hätte mir dir geschlafen!«

»Dann hast du falsch gehandelt. Ich habe gedacht, du seist es, doch er legte seinen Säbel zwischen uns. Ich sollte so liegen, wie der Säbel.«

Der Bruder tat dem Prinzen leid, und er kehrte zu dem Ort zurück, wo er ihn zurückgelassen hatte. Als er sich dem toten Bruder näherte, begannen die Tiere zu heulen. Sie sprangen ihm entgegen und liefen um ihn herum. Er wußte, was sie von ihm wollten. Schließlich brachten sie ihn zu dem Brunnen, der Leben spendete. Er schöpfte daraus Wasser. Dann liefen die Tiere voraus, und er folgte ihnen. Er besprengte den Bruder mit dem Wasser, so daß dieser wieder zum Leben erwachte und aufstand.

Beide gingen nach Hause. Unterwegs beschlossen sie: »Wir werden uns nicht zu erkennen geben!« Als sie ankamen, erkannte niemand den Schwiegersohn des Kaisers. Schließlich bat die junge Prinzessin: »Sagt doch, welcher von euch mein Mann ist!« Doch sie sagten es nicht. Die junge Kaisertochter ging zu den Leuten, um sich Rat zu holen. Jeder gab ihr einen Rat. Die Prinzessin machte alle Versuche, doch sie konnte nicht herausfinden, welcher von beiden ihr Mann war. Dann gab ihr eine alte Frau folgenden Ratschlag: sie sollte zu den beiden gehen; doch zuvor mußte sie Blut in einen Beutel tun und diesen unter dem Arm halten. Sie tat es. Dann fragte sie wieder die Brüder: »Sagt mir doch, wer von euch mein Mann ist!« Als sie es immer noch nicht wollten, nahm sie ein Messer und stach damit in den Beutel mit Blut. Das Blut schloß heraus, und die Prinzessin fiel auf die Erde und stellte sich tot. Da sprangen beide auf sie zu, um sie zu retten. Der ältere Bruder sprach: »Ich habe mir einen dummen Streich erlaubt! Ich hätte mich längst zu erkennen geben sollen!«

Er fing an zu weinen und fuhr fort: »Durch einen dummen Scherz habe ich meine Frau verloren!« Da stand die Prinzessin auf und wußte nun, welcher von beiden ihr Mann war. Sie erzählte ihnen, welche List sie angewandt hatte, und zeigte den Beutel mit Blut.

Von nun an lebten beide glücklich weiter. Sie gaben dem Bruder viele Geschenke, und als sie erfuhren, daß der Herr gestorben war, dem der Vater den Vogel verkauft hatte, gaben sie dem Bruder viel Geld, damit er für den Vater auf seine alten Tage gut sorgen konnten. Der Bruder fand die Eltern lebend vor. Er erzählte ihnen alles, was sich zugetragen hatte, und die beiden waren darüber sehr glücklich. So lebten sie bis zu ihrem Tode in Freude. Und wenn sie nicht gestorben sind, dann leben sie vielleicht noch heute.

DEM TEUFEL VERSCHRIEBEN

Es lebte einst ein armer Mann. Er hatte nichts zum Leben. Da sah er einen krummgewachsenen Herrn (das war der Teufel). Dieser fragte ihn: »Wohin gehst du?«

»Ich gehe den Tod suchen, denn ich habe nichts zum Leben!

»Verschreibe dich mir«, sagte der Herr, »dann bekommst du so viel Geld, wieviel du willst: Vermache mir all das, was du zu Hause nicht hast!« Und er verschrieb sich dem Teufel und bekam von ihm so viel Geld, daß er es kaum ertragen konnte.

Er kam nach Hause, da gebar ihm gerade, als er weg war, die Frau ein Kind. Nun, es geschah nichts. Der Junge wuchs heran und ging zur Schule. Und er lernte vielleicht gut! Er ging mal aus der Schule nach Hause. Da hüpfte neben ihm ein einäugiger Vogel und sprach: »Du gehörst mir, du gehörst mir!« Der Junge ging nach Hause und sagte es seinem Vater. Da begann der Vater zu weinen.

»Warum weint Ihr denn, Vater?« fragte der Junge. Aber der Vater wollte ihm nicht sagen, daß er ihn dem Teufel verkauft hatte.

Als der Junge größer wurde und 15 Jahre alt war, da wurde er auf der Schule zum Priester ausgebildet. Und als er wieder einmal diesen Weg ging, da hüpfte der einäugige Vogel erneut neben ihm und sprach: »Du gehörst mir, du gehörst mir!« Er erzählte diesen Vorfall seinem Vater und fragte ihn, was dies bedeuten könnte? Der Vater begann wieder zu weinen, sagte ihm dann aber die Wahrheit: »Ich habe falsch gehandelt, mein Sohn, daß ich dich an den Teufel verkauft habe, ich wußte aber nicht, daß du damals auf die Welt gekommen bist!« Der Sohn antwortete ihm: »Grämt euch nicht, Vater, lacht darüber!« Er ging sofort zum Pfarrer und erzählte ihm alles. Der Pfarrer gab ihm den Weihwedel, das Meßbuch und alle Gegenstände, die man zum Gottesdienst braucht. Er ging damit weg.

Er ging über Flüsse und Wälder und kam bis zu der Hütte, in welcher der Teufel wohnte. Und dort gab es zwölf Türen. Er klopfte an die erste Tür, sie öffnete sich nicht. Er besprengte sie aber mit Weihwasser, und sie öffneten sich sofort alle. Er betrat das Zimmer, weihte es aus, betete und sagte: »Gibt mir das Schreiben zurück, auf dem mich mein Vater Euch verschrieben hatte!« Aber die Teufel, die in diesem Zimmer waren, sagten bittend: »Wir haben dieses Schreiben nicht, geh weiter!« Er ging zu den anderen Türen, weihte sie alle aus und betete. Schließlich gelangte er in das zwölfte Zimmer. Dort besprengte er wieder mit Weihwasser den ältesten Teufel, der einäugig und krumm war und sagte: »Gib mir das Schreiben zurück!« Da konnte der Teufel gar nichts mehr machen, denn das Weihwasser brannte sehr. Da schlitzte er das Hosenbein auf, nahm das Schreiben heraus und gab es ihm zurück.

Der Jüngling ging nach Hause und sprach zu seinem Vater: »Nun braucht Ihr nicht mehr betrübt zu sein, denn ich habe das Schreiben, auf welchem Ihr mich dem Teufel verschrieben hattet!« Er zeigte das Schreiben dem Vater, zerriß es und warf es in den Ofen – es verbrannte für immer. Er wurde Priester und lebte, bis er starb.

DER HERRGOTT ALS PATE

Es war einmal ein armer, alter Mann, dem wurde ein Knabe geboren. Da nun die Zeit kam, daß das Kind getauft werden sollte, ging der Vater aus, einen Paten zu suchen, der es über die Taufe hielte. Weil aber der Mann so ganz arm war und keinen Schmaus geben konnte, so wollte ihm niemand zu Willen sein. Darüber wurde der arme Mann ganz traurig und kam in große Sorge, wie er es anstellen sollte, daß sein Kind die Taufe erhielte. Einst, da er auch in derselben Sache war über Feld gewesen und wieder, ohne etwas ausgerichtet zu haben, den Heimweg ging, begegnete ihm ein alter Mann, der einen grauen Kittel trug. Als der Alte den Armen so traurig sah, redete er ihn an und fragte, was ihm denn fehlte, daß er so in Sorgen seines Weges ginge? »Ach Gott«, sprach der Arme, »mir ist ein Sohn geboren, und die Zeit ist da, daß er muß getauft werden, aber niemand will des Kindes Pate sein. Da bin ich nun in großer Verlegenheit.«

»Sei nur wieder guten Mutes«, sprach der graue Mann, »so es dir recht ist, will ich dein Kind wohl aus der Taufe heben.«

Das nahm der arme Mann mit Freuden an. Zur bestimmten Stunde stellte sich auch der Pate ein, und als die Taufe nun zu Ende war, nahm er von dem Armen Abschied und sprach: »Nun trage Sorge, daß der Knabe gut erzogen wird. Wenn er vierzehn Jahre alt ist, so will ich wiederkommen und ihm sein Patengeschenk bringen.« Damit ging er fort. Es war aber unser Herrgott selber gewesen, der dem armen Vater aus seiner Verlegenheit geholfen hatte.

Der Knabe wuchs nun heran und wurde so klug und lernbegierig, daß sich ein jeder darüber verwunderte.

Er wurde vierzehn Jahre alt, und sein Vater hatte schon gar nicht mehr an den grauen Mann gedacht, denn der, meinte er, würde doch wohl niemals wiederkommen und zu der Zeit schon längst gestorben sein. An dem Tage aber, da gerade die vierzehn Jahre herum waren, kam der Mann, der des Knaben Pate war, in seinem grauen Kittel auf einem wunderschönen Schimmel vor des armen Mannes Haus geritten, stieg ab und trat in das Haus hinein. »Die vierzehn Jahre sind nun herum«, sprach er zu dem armen Mann, »und ich bin gekommen, mein Wort zu lösen und deinem Sohn das Patengeschenk zu bringen, das soll mein schöner Schimmel sein; wenn der Junge den wohl achtet und pflegt und ihn um Rat fragt, wenn er etwas vorzunehmen gedenkt und immer tut, was das kluge Tier ihm sagt, so wird er niemals in Verlegenheit geraten.« Damit ging er fort und ließ den Schimmel zurück.

Da sprach der Junge zu seinem Vater: »Nun ich den schönen Schimmel habe, will ich auch nicht mehr hier zu Hause bleiben, sondern will wegreiten in die weite Welt hinein und sehen, daß ich mein Glück mache.« Er nahm Abschied von Vater und Mutter, setzte sich aufs Pferd und ritt fort. Nicht lange war er geritten, so sah er dicht am Wege eine Feder liegen, die glänzte wie lauter Gold und Silber. »Ei, ei! Die schöne Feder will ich mir nehmen! Was meinst du, Schimmel?« sprach der Junge und stieg ab, sie aufzuheben. »Laß doch die Feder«, sagte der Schimmel, »das sind ja deine Sachen nicht!« Sprach der Junge: »Lieber Schimmel, die Feder hätte ich doch gar zu gern. Da kann ich schön mit schreiben, und dann ist sie gewiß auch viel Geld wert. Nicht wahr, ich nehm sie nur mit?«

»Wenn du meinst, so tu's!« sagte der Schimmel, »aber das sage ich dir vorher, du tätest besser, wenn du sie liegen ließest.« Aber der Junge kehrte sich nicht an die Warnung seines Schimmels, nahm die Feder mit und ritt weiter.

Zu Nacht kam er an den Hof des Königs, da gab er sich für einen Schreiber aus, und der König, der gerade einen neuen Schreiber benötigte, nahm ihn in seinen Dienst. Nun schnitt er sich die schöne Feder und schrieb damit. Sie war aber so glänzend und gab so hellen Schein, daß er gar kein Licht anzünden brauchte, wenn er des Abends beim Schreiben saß. Das sah einer von der Dienerschaft, ging stracks zum König und erzählte es ihm, und der erstaunte König ließ den Schreiber sogleich vor sich kommen, und der mußte ihm nun die Feder zeigen. Kaum hatte der König die wunderbare Feder gesehen, als ihn auch ein heftiges Verlangen erfaßte nach dem Vogel, der die Feder getragen hatte. »Die Feder ist erstaunlich schön und Goldes wert«, sprach der König, »aber schöner noch und unbezahlbar muß der Vogel sein, der die Feder getragen hat.«

»Ja!« sagte der Junge, »wenn man nur wüßte, wo er zu finden ist.«

»Du mühst dich vergeblich, mich zu täuschen«, entgegnete der König, »wo die Feder gewesen, wird auch der Vogel sein. Darum so gebiete ich dir bei Leib und Leben, daß du mir den Vogel zur Stelle schaffst.« Der Junge erschrak und machte Einwendungen, das half ihm aber alles nichts, denn der König verharrte fest auf seinem Sinn. Da ging er traurig zu seinem Schimmel in den Stall und klagte ihm sein Leid und sprach: »Ach lieber Schimmel, wie will das mit mir noch werden! Nun der König die schöne Feder gesehen hat, nun will er auch den Vogel haben, der sie trug; den soll ich ihm schaffen bei Todesstrafe und weiß doch nicht, wo er zu finden ist. Was soll ich nun beginnen, das sage mir.«

»Da haben wir's!« entgegnete der Schimmel, »hättest du damals, wie ich dir riet, die Feder liegenlassen, so wärest du jetzt nicht in Verlegenheit. Es läßt sich aber wohl noch Rat schaffen. Eine gute Strecke von hier weiß ich ein verwünschtes Schloß, darin hängt in einem goldenen Käfig der Vogel an der Wand. Darum wollen wir uns aufmachen und sehen, ob wir ihn nicht erlangen können.« Da der Junge das vernahm, schwang er sich alsbald in den Sattel und jagte davon, den Vogel aufzusuchen. Ehe er aber zu dem verwünschten Schloß gelangen konnte, mußte er erst einen großen Strom passieren, darüber eine Brücke geschlagen war. Da er eben hinüberreiten wollte, sah er unten einen Fisch, der war mit einer Kette an das Ufer festgeschlossen und zappelte und mühte sich vergebens loszukommen. »Wo! Schimmel!« sprach der Junge, als er den armen Fisch so zappeln sah, stieg ab und setzte ihn in Freiheit. »Das werde ich dir nie vergessen«, rief der Fisch, »wenn du meiner einmal bedürfen solltest, so rufe nur:

192

›König der Fische!‹ Dann will ich dir, soviel in meinen Kräften steht, behilflich sein.« Als der Fisch das gesprochen hatte, senkte er sich munter in die Tiefe des Wassers hinab. Der Junge aber ritt über die Brücke hinüber nach dem Schloß hinzu, band seinen Schimmel vor die Tür und ging hinein. Er fand auch richtig das Zimmer, wo der Vogel in dem goldenen Käfig an der Wand hing, nahm ihn herab und wollte eben wieder umkehren, als er da auch eine Jungfer sitzen sah, die hielt in der Hand ein Bund Schlüssel und lag in festem Schlaf, als wenn sie tot gewesen wäre. Sie war aber so wunderschön, daß der Junge in seinem Leben nichts Schöneres gesehen hatte. Eilig lief er nun zu seinem Schimmel zurück und sprach. »Ach liebster Schimmel, den Vogel habe ich nun, aber da im Schloß sitzt auch eine Jungfer, die ist so wunderschön, daß ich sie für mein Leben gerne mitnehmen möchte. Was meinst du? Tu ich's wohl?«

»Ich sage dir«, entgegnete der Schimmel, »laß du die Jungfer, wo sie ist. Du hast immer Dinge im Kopf, die dich nichts angehen.«

»Ach lieber, bester Herzensschimmel«, sprach der Junge, »du glaubst gar nicht, wie schön sie ist. Ich muß und muß sie haben, es mag nun kommen, wie es will.«

»No ja!« entgegnete der Schimmel, »wenn du es denn durchaus willst, so tu, was du nicht lassen kannst. Aber das sage ich dir vorher, du wirst dadurch in große Ungelegenheiten kommen.« Aber der Junge kehrte sich nicht an die Warnung seines Schimmels, trug die Jungfer, die noch immer in festem Schlafe lag, auf seinen Armen aus dem Schloß, nahm sie vor sich aufs Pferd, band den Käfig, worin der wunderbare Vogel saß, an den Sattel und ritt in Eile dem Strom zu.

Kaum war er aber in der Mitte der Brücke angekommen, so entstand hinter ihm in der Gegend des Schlosses ein schrecklich Gekrach und Gepolter, als wenn die Erde barst, denn das Schloß war nun erlöst, die Jungfer schrak zusammen und erwachte aus ihrem Zauberschlafe, ließ aber in demselben Augenblick das Bund Schlüssel, das sie bis dahin in der Hand hielt, unversehens über den Brückenrand in den Strom fallen. Der Junge ritt nun, ohne sich an etwas zu kehren, an des Königs Hof zurück und brachte ihm den schönen Vogel in dem goldenen Käfig. Da aber der König die wunderschöne Jungfer sah, entbrannte er in so heftiger Liebe zu ihr, daß er von Stund an darauf bedacht war, wie er den Jungen möchte aus dem Wege schaffen. Weil er ihm nun sonst nichts anhaben konnte, so machte er allerlei falsche Vorwände und befahl ihm zuletzt bei Todesstrafe, den Hof zu meiden, den Schimmel, den Vogel und die Jungfer aber zurückzulassen. Der Junge erschrak und machte Einwendungen, das half ihm aber alles nichts, denn der König blieb fest bei seiner Meinung. Da ging er traurig zu seinem Schimmel in den Stall und klagte ihm sein Leid und sprach: »Ach lieber Schimmel, wie will das mit mir noch werden! Nun der König die schöne Jungfer gesehen hat, nun will er mich hier nicht länger leiden. Ich soll den Hof verlassen und nichts mit mir nehmen, das hat er mit geboten bei Todesstrafe. Was fange ich nun an? Das sage mir!«

»Da haben wir's!« entgegnete der Schimmel, »hättest du damals, wie ich dir riet, die Jungfer gelassen, wo sie war, so wärest du jetzt nicht in Verlegenheit. Nun heißt es, Schimmel, schaff Rat!«

»Ach, lieber Schimmel!« sprach der Junge, »ich will auch

von jetzt an immer folgsam sein, wenn du mir nur diesmal noch aus der Not hilfst.« Sprach der Schimmel: »So gehe nur, wie der König befohlen, von hier fort, dann will ich mich krankstellen, und der Vogel und die Jungfer werden auch wohl traurig werden, du aber verkleide dich als alter Arzt und komm zurück und biete dem König deine Dienste an. Da unter der Schwelle liegt eine Rute vergraben, damit streiche mir, wenn du wiederkommst, über den Rücken, dem Vogel über die Federn und der Jungfer hebe damit den Schleier auf, so wird wohl alles wieder gut werden. Dann reite ich auf dem Hofe spazieren, den Vogel laß vor die Tür in die frische Luft hängen, und wenn dann die Jungfer vor die Tür kommt, so sieh zu, daß du den rechten Augenblick wahrnimmst, zieh die Jungfer zu dir aufs Pferd, nimm schnell den Vogel von der Wand und jage fort, so schnell du kannst.«

Der Junge tat, wie ihn der Schimmel geheißen hatte, nahm die Rute unter der Schwelle hervor und ging fort. Nicht lange war er weg, so lag der Schimmel im Stall und war krank, der Vogel plusterte die Federn und ließ den Kopf hängen, die Jungfer aber saß und weinte. Da kam der Junge, nachdem er sich in einen alten Arzt verkleidet hatte, unerkannt wieder an des Königs Hof und bot seine Dienste an. »Ich habe da«, sprach der König, »einen Schimmel, einen Vogel und eine Jungfer, die sind alle drei nicht recht munter, wenn du mir die kurieren könntest, so wollte ich dir viel Geld geben.«

Der Junge sagte, er wolle einmal seine Kunst versuchen, ließ sich zu der Jungfer bringen, die den Schleier über das Gesicht gezogen hatte und weinte, hob ihr mit seiner Rute den Schleier auf, und da erkannte sie ihn und ließ ihr Weinen sein. »Damit es aber gänzlich besser mit ihr wird«, sprach der Junge, »muß sie jeden Tag auf dem Hof die frische Luft genießen, sonst möchte sie einen Rückfall bekommen.« Jetzt ging er zu dem Vogel. Sobald ihm der Junge mit seiner Rute über die Federn strich, hob er den Kopf, putzte sich und sprang munter in seinem Käfig umher. »Er muß aber vor die Tür in die frische Luft gehängt werden«, sprach der Junge, »sonst möchte er einen Rückfall bekommen.« Nachdem der Vogel kuriert war, ging's an den Schimmel. Sobald ihm der Junge nur mit der Rute über den Rücken strich, war er so munter wie vorher: »Er muß aber täglich Bewegung in frischer Luft haben«, sprach der Junge, »sonst möchte er einen Rückfall bekommen.« Nun ritt der Junge täglich mit dem Schimmel auf dem Hofe herum, der Vogel ward vor die Tür gehängt und die Jungfer spazierte zu ihrer Erholung in der frischen Luft herum.

Einstmals, da der Junge wieder den Schimmel ritt und die Jungfer auf dem Hof spazierte, nahm er den günstigen Augenblick wahr, wo ihn keiner beachtete, hob die Jungfer vor sich aufs Pferd, riß den Käfig mit dem Vogel von der Wand und jagte davon, so schnell er nur immer konnte. Der König, dem das gemeldet ward, hieß sogleich seine Diener zu Pferde steigen, daß sie den Jungen verfolgen sollten. Aber der Schimmel lief wie der Wind über Hagen und Zäune, so daß die, welche ihn verfolgten, bald wieder umkehrten, weil sie wohl einsahen, wie vergeblich es war, den Flüchtigen noch weiter nachzusetzen.

Der Schimmel rannte nun in vollem Galopp immer weiter und weiter über den Strom und die Brücke bis vor das Schloß, welches war verwünscht gewesen. Da stand er still, als wenn er nun zu Hause wäre. Als sie aber hineingingen, waren alle Zimmer fest verschlossen, und zu keinem war der Schlüssel zu finden. Nun wohnten um das Schloß herum Leute, die fragte der Junge, ob sie nicht die Schlüssel zu dem schönen Schloß wüßten. »Nein!« sagten die Leute, »die sind verlorengegangen. Wer sie aber findet, der ist Herr des Schlosses und König über das ganze Land.« Da ging der Junge betrübt zu seinem Schimmel und sprach: »Lieber Schimmel, wir müssen wohl weiter reiten, denn was hilft uns nun das schöne Schloß, da wir doch nicht wissen, wo dazu die Schlüssel sind.«

»Nur nicht verzagt«, entgegnete der Schimmel, »es läßt sich wohl noch Rat schaffen, als du damals mit der Jungfer über die Brücke rittst, ließ sie die Schlüssel in den Strom fallen, vielleicht kann dir der König der Fische sie wieder suchen.« Da erinnerte sich der Junge daran, was der Fisch ihm versprochen hatte, als er ihm die Freiheit wiedergab, lief schnell an den Strom und rief: »König der Fische, König der Fische!« Kaum hatte er das gesagt, so kam der Fisch ans Ufer geschwommen und fragte: »Was steht zu Diensten?« Sprach der Junge: »Es ist schon eine gute Zeit her, da hat eine Jungfer ein Bund Schlüssel hier von der Brücke ins Wasser fallen lassen. Wenn du mir das wieder beschaffen könntest, so geschähe mir ein großer Gefallen.«

»Was in meinen Kräften steht, will ich tun!« entgegnete der König der Fische, und alsbald rief er sein Volk zusammen und machte bekannt, so und so, zu der und der Zeit, an der und der Stelle wäre ein Bund Schlüssel von der Brücke ins Wasser gefallen und verlorengegangen, und wer das wiederfände, der sollte eine gute Belohnung haben. Sieh da! Da entstand ein Gewühl und Gewimmel unter den Fischen. Der eine schwamm hierhin, der andere schwamm dahin, denn jeder wollte gern die Belohnung empfangen. Es dauerte auch nicht lange, so kam einer von den Fischen eilig wieder angeschwommen und meldete dem König: »Das Bund Schlüssel wäre da, aber es liege ein großer, allmächtiger Walfisch darauf, der wolle nicht von der Stelle rücken.«

»Das werden wir bald ändern!« sprach der König, »dazu haben wir den Sägefisch mit seiner langen Säge. Rufe mir doch mal gleich einer den Sägefisch her!« Der Sägefisch wurde gerufen und kam und sprach: »Was gibt's?« Sprach der König zu ihm: »Hör mal! So und so! Es liegt ein Walfisch auf einem Bund Schlüssel und will nicht von der Stelle. Du kannst ihm wohl mit deiner langen Säge ein wenig in den Bauch schneiden, dann wollen wir doch mal sehen, ob der Flegel nicht rücken kann.« Der Sägefisch schwamm fort und hin und sägte dem Walfisch in den dicken Bauch. »Au!« schrie der Walfisch, »ich sage dir, du läßt das?« Aber das half ihm nichts, er mußte doch zuletzt ein wenig auflichten. Da zogen die Fische das Bund Schlüssel hervor und brachten es ihrem König. Der König gab es dem Jungen, der Junge bedankte sich und lief damit nach dem Schloß und öffnete all die prächtigen Zimmer, und war nun Herr des Schlosses und König über das ganze Land und heiratete die schöne Jungfer. Und wenn sie nicht gestorben sind, so leben sie noch bis heute und auf diesen Tag.

Früh vor Zeiten lebte im Westen Indiens ein König, der einen gar klugen Sohn hatte. Diesen Prinzen sandte er mit dem Sohn eines Ministers mit der Bestimmung, jegliches Wissen von Grund aus zu lernen und recht weise zu werden, in das Diamantenreich Mittelindiens, wobei er jedem von beiden ein halbes Maß Gold mit auf den Weg gab. Nach ihrer Ankunft im Diamantenreich überreichten sie zwei Lamas jedem ein besonderes Geschenk und blieben zwölf Jahre lang bei ihnen in der Lehre. Da machte der Sohn des Ministers dem Königssohn den Vorschlag, jetzt in die Heimat zurückzukehren. Und nachdem jeder von ihnen es seinem Lehrer gemeldet hatte, gaben die Lamas ihre Zustimmung dazu. Auf dem Heimweg, der eine weite Strecke betrug, konnten sie kein Wasser finden. Während sie dem Tode nahe so dalagen, ließ eine Krähe den Ruf »ikerek« ertönen. Kaum hatten sie das vernommen, als der Königssohn sagte: »Jetzt wollen wir weitergehen, es wird sich Wasser finden.« Doch der Ministersohn sagte: »Wie sollte sich Wasser für uns finden?«

»Jetzt, da ich den Ruf einer Krähe gehört«, sprach der Königssohn, »verspreche ich Rettung. Wenn wir uns von hier in südlicher Richtung wenden, so wird sicherlich dort in der Entfernung von 500 Schritten ein gutes, frisches wohlschmeckendes, reines, vortreffliches Wasser sich finden. Kaum daß wir es gesehen, werden wir uns wieder erholen.« Darauf gingen die beiden eine Strecke von 500 Schritten weiter, wo sie in der Tat Quellwasser fanden. Beide tranken von diesem Wasser, löschten ihren Durst und nahmen davon auch noch auf den Weg mit.

Unterwegs dachte der Sohn des Ministers bei sich: Der König hat uns beiden den Unterhalt gleichmäßig gewährt. Dieser ist nun so klug und weise geworden, ich aber habe nicht den Umfang seines Wissens erreicht. Auf diese Weise faßte er böse Absichten gegen den Königssohn. Deshalb sprach er zu ihm: »Des Nachts wollen wir beide auf einen Berg steigen und dort übernachten. Wenn wir die Nacht auf der Ebene zubrächten, könnten wir leicht von Dieben geplündert werden.« Damit entführte er ihn in den Wald auf einen Berg und tötete ihn. Der Königssohn rief nur noch das eine Wort aus: »abaraschika«.

Darauf kehrte der Sohn des Ministers in seine Heimat zurück, und als er bereits nahe war, kam ihm der König samt den Ministern zur Begrüßung entgegen. Da der Königssohn nicht mit erschien, so war die erste Frage: »Wo ist der Königssohn hin?«

»Der Königssohn«, erwiderte er, »ist gestorben.« Der König rief in heftigem herbem Schmerz: »Ach ihr, viele Hunderte zählenden Städte! Ach, du meine Herrschermacht! Wie seid ihr nun verwaist!« Unter diesen beständigen Klagen und in bitterer Wehmut kehrte er in seine Residenz zurück. Er dachte bei sich: »Mein Sohn ist gestorben, solle er nicht vielleicht seinen Letzten Willen kundgegeben haben?« Er befragte darüber den Sohn des Ministers. Dieser sprach: »Da ihn eine heftige rasche Krankheit befallen, so hat er nicht eben viel gesprochen. Als er sein Leben aushauchte, rief er bloß: ›abaraschika‹«. Der König meinte, diesem Worte müsse doch wohl irgendein Sinn zugrunde liegen. Deshalb berief er aus dem ganzen großen

Reich alle auf Berechnungen sich verstehenden Gelehrten, die Zauberer, Wahrsager, Ärzte insgesamt, und legte ihnen die Frage vor, was es für einen Sinn habe, wenn man »abaraschika« sage? Doch niemand wußte es. Da sprach der König: »Das Wort meines geliebten Sohnes habt ihr nicht zu deuten vermocht. Nun, innerhalb von sieben Tagen seht alle eure Schriften durch, sucht die Deutung und sagt sie mir. Wenn ihr euch irrt und sie mir nicht richtig angebt, so lasse ich euch alle in ein Burgverlies einsperren und hinrichten.« Man schloß tausend Gelehrte in ein Gebäude zusammen. Doch hatten sie während sechs Tagen nichts herausgebracht. »Morgen müssen wir sicherlich sterben«, hieß es allgemein. Die einen flehten zu den Himmelsgöttern, die anderen weinten, indem sie ihrer Eltern und Verwandten gedachten.

Inzwischen hatte sich aus ihrer Mitte einer davongeschlichen, ein niederer Geistlicher, und die Flucht ergriffen. Er verbarg sich am Fuß eines im Walde stehenden Baumes. Während er so dasaß, fing auf einmal vom Gipfel des Baumes ein kleiner Junge zu weinen an. Dessen Vater rief: »Weine nicht, mein Sohn! Morgen wird der König dieses Landes tausend Menschen hinrichten lassen. Wenn wir deren Fleisch nicht verzehren, wer wird es verzehren?« Abermals nach einer Weile rief der Junge weinend: »Ich habe Hunger!« Da tröstete ihn die Mutter mit den Worten: »Weine nicht, mein Sohn! Morgen wird der König des Landes tausend Menschen hinrichten lassen. Wer anders als wir wird ihr Fleisch und Blut verzehren?« Auf die Frage des Jungen: »Warum läßt er denn die tausend Menschen hinrichten?« antwortete der Vater: »Weil sie die Bedeutung des Wortes ›abaraschika‹ nicht wissen, deshalb läßt er sie hinrichten.«

»Welches ist denn seine Bedeutung?« fragte der Junge.

»Die Bedeutung desselben«, versetzte der Vater, »ist leicht. Es heißt: ›Dieser mein Busenfreund hat mich in einen dichten Wald geführt. Während er mir dort Verwundungen beibrachte, trat er mir zugleich mit den Füßen auf den Hals, und mich hauend hat er mir mit einem scharfen Schwert den Hals durchtrennt.‹«

Kaum hatte der niedere Geistliche diese Worte vernommen, so eilte er Hals über Kopf nach dem Gebäude zurück, und als er bei Tagesanbruch das Tor erreichte, gab er sofort das Zeichen mit der Trommel. Die Pförtner fragten: »Wer bist du?«

»Ich bin«, sprach er, »ein Kollege der Gelehrten, laßt mich nur ein zu ihnen.« Sie führten ihn zu seinen innen befindlichen Gefährten. »Ängstigt euch nicht«, sprach er zu seinen Gefährten, »ich werde die Bedeutung des Wortes erklären.« Als sie darauf der König alle um sich versammelte und die Frage nach der Bedeutung des Wortes an sie richtete, erzählten sie den bisherigen Verlauf der Sache. Ohne dem Sohn des Ministers hiervon auch nur das geringste zuvor zu erwähnen, sprach der König plötzlich zu ihm: »Zeige mir die Gebeine meines Sohnes.« Da nahm der König des Sohnes Gebeine und errichtete ihm einen Grabhügel, den Sohn des Ministers ließ er hinrichten, dessen Vater aber, den Minister, enthob er seines Amtes, und hundert gelehrte Geistliche zeichnete er mit hohen Ehren aus.

In einem Zarenreich, in einem Staat, vielleicht in dem, in welchem wir leben, lebte einmal ein Mann. Und er hatte drei Söhne, wie junge Falken. Er zog sie auf, ernährte sie, wies ihnen den Weg ins Leben, doch bis zu seinem Tode gab er keinem von ihnen seinen Anteil. Es verging dort eine gewisse Zeit, und eines Tages versammelte nun der Alte seine Söhne und sprach: »Meine lieben Söhne, ich rüste mich schon zum Sterben, und ich muß euch eure Anteile geben. Nehmt mich mit ans Ufer des blauen Meeres und tragt mich übers Meer auf die Insel unter die grüne Eiche: Ich werde euch dort eure Anteile überreichen.«

Die Söhne nahmen ihn und trugen ihn dorthin. Sie trugen ihn abwechselnd, jeder ein wenig. Sie trugen ihn drei, vielleicht auch mehr Tage, bis sie mit ihm an dem Ort angelangt waren. Unter der grünen Eiche hatte er aber eine Truhe stehen. Er holte aus dieser Truhe ein Täschchen heraus, reicht es dem ältesten Sohn und fragt ihn: »Bist du zufrieden mit meiner Belohnung, mein Sohn?«

Der antwortet: »Was bleibt mir denn anderes übrig, ich bin zufrieden!« Dabei sieht er, daß das Täschchen leer ist, daß nichts drin ist. Er ist unzufrieden, doch er fürchtet sich auch, seinen Vater zu erzürnen.

Der Vater holt für den zweiten Sohn, den mittleren, ein kleines Horn, in welches man bläst, heraus und spricht wieder: »Nun, mein Sohn, bist du mit meiner Belohnung zufrieden?«

Der antwortet: »Was bleibt mir anderes übrig, als zufrieden zu sein!«

Darauf holt der Vater für den jüngsten Sohn, der unverheiratet war – die anderen beiden waren schon verheiratet –, ein kleines Handtuch hervor und fragt erneut: »Bist du zufrieden mit meiner Belohnung, mein Sohn?« Und auch der antwortete wie seine Brüder.

Darauf erklärte er seinen Söhnen die Sachen. Er sprach zu seinem ältesten Sohn: »Hör zu, mein Sohn! Du lebst bei deiner Hauswirtschaft, und du hast dabei alle möglichen Aufgaben. Wenn du etwas brauchst, dann schüttle das Täschchen, und es wird sich füllen. Du nimmst dir heraus, was du brauchst, und hängst es wieder auf. Wenn du später noch etwas brauchst, schüttle es erneut – und es wird sich wieder füllen. Und du wirst genug haben, solange du am Leben bist!«

Und zu dem zweiten, dem mittleren: »Und du, mein Sohn, arbeitest in der Forstwirtschaft, im Wald. Dir kann alles mögliche zustoßen. Wenn dir ein Feind begegnet, oder zwei, oder drei – wie viele es auch sein mögen –, dann blas in das eine Ende des Horns, und es werden dir so viel zu Hilfe kommen, wie du nur brauchst. Bläst du dann ins andere Ende, werden sie wieder im Horn verschwinden!«

»Und du, mein jüngster Sohn, bist unverheiratet. Du hast noch nichts nötig. Alles, was du brauchst, ist, dich mit den Mädchen vergnügen zu können. Nimm dann das Tuch, roll es aus und sprich: ›Tüchlein, roll dich aus, schmucker Bursche, setzt dich, trag mich dahin und dorthin‹ – wohin du nur willst!«

Darauf fragte er sie: »Nun, meine Söhne, seid ihr mit eurer Belohnung zufrieden?«

Sie antworten ihm: »Wir sind zufrieden!«

Hocherfreut nahmen sie ihren Vater und trugen ihn nach Hause. Dorthin hatten sie ihn drei Tage getragen, von dort aber schafften sie es in einundhalb. Er lebte noch eine Weile und starb. Die Söhne lebten gemeinsam weiter, Bruder mit Bruder.

Da wurde bekannt, daß jenseits von neun Ländern, im zehnten Zarenreich, ein Zar eine schöne Tochter hatte und daß sie eine leidenschaftliche Kartenspielerin war. Wie viele Kavaliere schon bei ihr auch erschienen waren, sie hatte gegen sie im Kartenspiel gewonnen und sie dann getötet. Der Junggeselle hörte von ihr und begann, seinen ältesten Bruder um das Täschchen zu bitten. Der älteste Bruder wollte es ihm nicht geben: »Du verlierst es, und es wird nichts aus dir!«

Lange ging es hin und her, doch schließlich gab ihm der Bruder das Täschchen. Er ging auf den Hof hinaus, rollte sein Tuch aus und sprach: »Tüchlein, roll dich aus, schmucker Bursche, setz dich, trag mich zu dieser Zarentochter!«

Er flog hin, ging in die Stadt, kaufte sich schöne Kleider, Kaufmannskleider, zog sie an, geht darauf durch die Stadt und fragt die Leute: »Wie könnte ich bloß zu eurer Fürstentochter gelangen?«

Sie sagten ihm: »Es sind schon ganz andere als du bei ihr gewesen, und sie hat gegen sie gewonnen, du brauchst es erst gar nicht zu versuchen!«

»Wir wollen mal sehen, was daraus wird!«

Da führten sie ihn zu den Wachen. Die Wachen ließen ihn passieren. Er betrat das Zimmer, grüßte und setzte sich zum Feiern hin. Sie tranken und feierten ein Weilchen und begannen dann Karten zu spielen. Sie spielten einen Tag, einige Tage und Nächte: Sie nimmt ihm immerfort das Geld ab, und er schüttet immer wieder welches aus seinem Täschchen heraus. Schließlich fragte sie ihn: »Hör mal zu, mein teurer Freund, mein Lieber! Mit wem ich auch gespielt habe, ich habe sie alle ausgenommen, und bei dir schaffe ich es nicht. Woher holst du denn dieses ganze Geld her? Es sieht aus, als ob ich dir gehören sollte!«

»Du gehörst auch schon mir!«

Nun, sie warfen die Karten fort und begannen Brot und Salz zu essen. Sie gab ihm tüchtig was zu trinken und begann ihn dann auszufragen. »So oder so gehöre ich dir! Sag mir die Wahrheit, woher nimmst du das ganze Geld?«

Der Mann hatte einen getrunken, sein Verstand war geschwächt, und er erzählte, woher er das Geld nahm: »Ich habe so ein Täschchen von meinem Vater. Es gehört nicht mir, sondern meinem ältesten Bruder. Wenn ich es schüttle, wird es immer wieder voll …«

Da gab sie ihm noch ein stärkeres Getränk, damit er sich noch mehr betrank.

Er trank, trank, bis er vollkommen betrunken war und umfiel. Darauf raubte ihn die Zarentochter aus, nahm ihm das Täschchen ab, rief die Wachen und ließ ihn Kosakenpeitschen kosten! Sie ließ ihn tüchtig auspeitschen und stieß ihn zur Tür hinaus. Als er erwachte und sich umsah, da war sein Täschchen fort, nur das Handtuch war ihm geblieben! Er holte das Tüchlein hervor und rollte es aus.

»Tüchlein, roll dich aus, schmucker Bursche, setz dich, trag mich nach Hause!«

Er flog nach Hause und begann seinen mittleren Bruder um das Horn zu bitten. Der mittlere Bruder begann zu schimpfen: »Was? Hast unseres ältesten Bruders Belohnung durchgebracht, und nun wirst du das gleiche mit meiner machen!«

»Wie Gott will, so wird es auch sein: Vielleicht werde ich jene und deine und meine zurückbringen.«

Dem mittleren Bruder blieb nichts anderes übrig: Er gab ihm das Horn. Der jüngste Bruder ging auf den Hof hinaus, holte das Handtuch hervor, rollte es auseinander: »Tüchlein, roll dich aus, schmucker Bursche, setz dich, trag mich zu dieser Zarentochter!«

Er war wieder da. Er machte in der Nähe der Stadt halt und begann in das Horn zu blasen. Er blies so lange hinein, bis er die ganze Stadt mit Soldaten umzingelt hatte. Der Zar hatte nicht solche Streitkräfte, er aber hatte die verschiedensten Soldaten: Kosaken, Gendarme, alle, die es auf dieser Welt gibt. Er spannte ein weißes Zelt auf, stellte Wachen auf, umzingelte die ganze Stadt mit Kanonen, mit verschiedenstem Kriegsgerät und begann in die Stadt zu feuern! Und der jüngste Bruder sprach dabei: »Ich werde das ganze Reich, die ganze Stadt, zerstören, weil hier nicht Zar und Zarentochter leben, sondern Diebe. Wie konnten sie mich nur berauben?!«

Der Zar ging auf den Hof, warf einen Blick ins Fernrohr und erschrak, weil er ohnmächtig war, weil er nicht so viel Streitkräfte hatte, um sich verteidigen zu können. Er begann seine Tochter, die Carevna, zu schelten: »Geh, meine Tochter, und entschuldige dich, denn deinetwegen werden wir alle sterben müssen. Du hättest deine Hände von der Tasche lassen sollen.«

Die Zarentochter zog sich sogleich an, ein schönes Kleid, nahm Diener mit und ging mit ihrer Bitte zu ihm. Als sie an sein Zelt kam, ließen die Wachen sie nicht durch.

»Wo willst du hin, ungewaschene kleine Kuh? Du hast ihn schon einmal ausgenommen.«

Sie weint bitterlich und bittet sie auf alle erdenkliche Weise, sie zu ihm zu lassen.

Er schläft aber nicht, hört alles mit an und spannt sie weiter auf die Folter. Nach einer Weile näherte sie sich wieder zum zweitenmal: »Seid gnädig und laßt mich zu meinem Herrn!«

Sie stießen sie vor die Brust, lassen sie nicht durch, sagen, der Herr schlafe noch, sei noch nicht aufgestanden.

Er schläft aber nicht, sondern spannt sie weiter auf die Folter.

Als sie zum drittenmal kam, befahl er, sie durchzulassen. Sie trat an ihn heran, kniete vor ihm, begann zu weinen und ihn zu bitten: »Mein teurer Freund, verzeih mir! Ich werde das nie wieder tun. So oder so bist du mein, und ich bin dein!«

Er setzte sich, begann sie mit seinen Wachen zu bewirten und empfing auch ihre Dienerschaft. Als sie eine Weile getrunken und gefeiert hatten, begann sie ihn zu bitten, mit seiner Mannschaft zu ihr nach Hause zu kommen. Er nahm seine Leibwache mit und ihre Dienerschaft, und sie gingen in ihr Haus, wo sie tranken und sich vergnügten. Sie tranken und feierten dort eine ganze Weile. Darauf reichte die Zarentochter ihm wieder ganz schöne Getränke, damit er betrunken wurde, und begann wieder ihn auszufragen: »Woher hast du so viele Soldaten her, daß nicht einmal mein Vater so viele hat, und wie gelangst du aus einem weiten Land zu mir?«

Er war schon tüchtig betrunken und gestand es ihr: »Ich besitze so ein Horn: Wenn ich hineinblase, werden noch fünfmal mehr Soldaten erscheinen. Wenn ich in das eine

Ende blase, erscheinen sie, blase ich in das andere, dann verschwinden sie alle. Außerdem habe ich noch ein Handtuch: Es kann mich bringen, wohin ich nur will, es bringt mich auch wieder zurück nach Hause.«

Darauf gab sie ihm noch mehr zu trinken, noch stärkere Getränke. Und er wurde so betrunken, daß er einschlief. Sie nahm ihn tüchtig aus: Sie nahm ihm das Horn fort, das Handtuch, ging auf die Außentreppe hinaus und begann in das andere Ende des Hornes zu blasen. Sie blies so lange, bis sie das ganze Heer fortgeblasen hatte und die Wachen fortgelaufen waren. Es blieben nur ihre Wachen, ihre Dienerschaft, von seinen war keiner mehr da. Sie rief ihre Wachen, weckte ihn, führte ihn auf den Hof hinaus und ließ ihm so viel Kosakenpeitschen verpassen, wie in ihn hineingingen. Sie schleppten ihn aus der Stadt und warfen ihn in eine Schlucht. Es dauerte eine ganze Weile, bis er nach dieser ehrenvollen Behandlung zu sich kam, dann kroch er so gut es ging durch den Graben und ging los, ohne Hoffnung, am Leben zu bleiben. Er konnte nicht mehr nach Hause gehen, weil man ihn vollkommen beraubt hatte. Und so dachte er bei sich: Ich gehe mal weiter, vielleicht finde ich einen Abgrund, wo ich mich töten kann, denn nach Hause kann ich nicht mehr zurück: Ich fürchte meine Brüder und käme mit leeren Händen.

Er ging eine Zeitlang dahin – einen Tag, zwei Tage, oder vielleicht auch drei – am Ufer entlang, kroch durch einen Sumpf und roch plötzlich Äpfel. Da dachte er bei sich: Ich gehe mal hin, vielleicht kann ich ein Äpfelchen finden, mit dem ich meinen Durst löschen kann; mein Mund ist schon ganz trocken vor Durst. Nirgends ist etwas Eß- oder Trinkbares zu sehen.

Er fand einen vergabelten, zotteligen Apfelbaum. Er pflückte einen Apfel und biß hinein. Und da wuchsen ihm Hörner! Solche wie auf dem Apfelbaum! Es war schon schlimm gewesen, und war es noch schlimmer geworden! Vorher konnte er wenigstens gehen, ohne hängenzubleiben, und nun hobelte er während des Gehens mit seinen Hörnern den Birkenwald ab!

Als er eine Zeitlang weitergegangen war – einen Tag, zwei Tage, oder vielleicht auch drei –, den Birkenwald abgewetzt hatte, da spürte er plötzlich wieder Apfelgeruch. Da dachte er bei sich: »Ich geh mal hin, vielleicht finde ich einen Apfel, an dem ich sterbe!«

Mit solch einer Schande schämt er sich, den Leuten vor die Augen zu kommen. Eine Strafe war es schon, daß er Hörner hatte, die zweite, daß er völlig zerschunden war.

Er fand den Apfelbaum, einen schönen Apfelbaum, pflückte einen Apfel, biß hinein – und die ganzen Hörner fielen von ihm ab. Und er wurde noch schöner, als er gewesen war: und auch gesund, die Schmerzen verschwanden. Er pflückte noch mehr von den Äpfeln, holte ein Taschentuch hervor – er hatte eins in der Tasche –, wickelte sie ein und ging auf der Spur zurück, die seine Hörner hinterlassen hatten. Er kam an den Apfelbaum, den vergabelten, pflückte auch dessen Äpfel und steckte sie anderswo ein. Und dann begab er sich wieder in jene Stadt. Da geschah es, daß der Zar Arbeiter einstellte, die einen Garten anlegen sollten. Wie oft er einen Garten auch hatte anlegen lassen, der Garten vertrocknete jedesmal. Der Zar stellt Gärtner ein, und er meldete sich bei ihm: »Ich kann einen Garten anlegen!«

Man meldete dem Zaren, so und so ein Bursche möchte

Gärtner sein. Der Zar läßt ihn zu sich kommen und fragt: »Kannst du einen Garten anlegen?«

»Warum nicht, ich kann es.«

Der Zar kommandiert ihn zu den Leuten ab, doch er spricht: »Ich will nicht mit den Leuten pflanzen, bringt mich an eine andere Stelle, auf den anderen Flügel.«

Man zeigte ihm einen anderen Platz, und er machte sich dort an die Arbeit.

Dieses Märchen wird schnell erzählt, doch die Arbeit ging nicht so schnell vorwärts.

Die Leute pflanzen einen Garten an – er vertrocknet, er aber pflanzt, und er wächst und blüht, und es wachsen Äpfel.

Als die Arbeit beendet war, gingen sie los, um sich das Werk anzusehen. Sie gingen dorthin, wo die Leute gepflanzt hatten. Dort war nichts, alles war so wie vorher – vertrocknet. Sie lachten sie aus und sprachen dann: »Laßt uns des neuen Gärtners Arbeit ansehen. Er hat gute Arbeit geleistet: Es wächst und blüht bei ihm, und es wachsen Äpfel, es ist alles bestens.«

Sie meldeten dem Zaren, daß man niemanden mehr einstellen und zu bezahlen brauchte außer dem neuen Gärtner: er solle dort leben und einen Garten anlegen. Der Zar ließ ihm eine Laube errichten und wies ihm eine Jungfer zu, die ihm dienen, Essen kochen, das Essen auftischen, abwaschen sollte. Und er nahm seine Beschäftigung auf. Und die Dienerin der Zarin begann zu ihm zu kommen, um mit ihm zu feiern, und er begann sie an sich zu gewöhnen und sprach: »Du bist ein schönes Mädchen, doch du würdest noch schöner werden, wenn du das Äpfelchen ißt, das ich dir geben werde. Du würdet klüger werden als deine Zarentochter!«

Sie bat selbstverständlich: »Bitte gib mir das Äpfelchen!«

Er holte ihr ein schönes Äpfelchen hervor und gab es ihr. Sie aß es auf, und wenn sie schon vorher schön war, so wurde sie jetzt noch schöner, daß die Zarentochter sie nicht erkannte. Und sie fragte sie: »Woher hast du diese Creme her, womit hast du dich geschminkt?«

»Der neue Gärtner hat mir einen Apfel gegeben, und als ich ihn aufgegessen hatte, da wurde ich kräftiger, schöner und lustiger.«

Die Zarentochter spricht: »Laß uns zu ihm gehen und mir auch einen Apfel aushandeln!«

Nun, sie gingen hin, um sich einen Apfel zu kaufen. Sie kommen zu dem Gärtner und handeln. Er gibt ihr nicht jenes Äpfelchen, sondern das andere – gehörnte – und fordert, was er will. Der Gärtner legte ihr das Äpfelchen hin, nahm das Geld und sprach: »Iß es nicht jetzt, sondern morgen früh.«

Er zieht die Zeit aber hinaus, um von dort fliehen zu können. Sie nahmen das Äpfelchen und verließen die Laube. Er sperrte die Laube ab, nahm alle seine Sachen mit – und ab!

Dieses Märchen wird schnell erzählt, doch die Sache dauerte länger.

Bis die Zarentochter übernachtet hatte, war der Gärtner in der Stadt untergetaucht, und es war niemand mehr in seiner Laube. Am nächsten Morgen wusch sich die Zarentochter und aß den Apfel. Und da wuchsen der Zarentochter Hörner, die nicht einmal ins Zimmer passen wollten. Wenn sie eins abbrechen will, tut es weh. Will sie eins abreißen, tut es weh. Und sie paßt auch nicht durch die Tür und kann nicht heraus. Der Zar spricht: »Hör zu, meine Tochter! Das ist bestimmt derselbe! Schlecht wird es dir jetzt gehen, du hättest damals so etwas nicht machen sollen!«

Sie durchkämmen alle Städte auf der Suche nach einem Menschen, der sie befreien könnte. Der gleiche junge Mann kaufte sich Priestergewänder, zog sich so wie ein Priester an, lernte ein wenig lesen und meldete sich: »Ich kann sie durch mein Lesen von allem befreien, sie muß mir nur ihre Sünden gestehen.«

Man schickte ihn zu ihr. Und er begann sie nach ihren Sünden zu fragen.

»Kindchen, vielleicht hast du jemandem Schaden zugefügt? Vielleicht zürnt dir jemand?«

Nun, da gestand sie es: »Ich habe einem gewissen Kavalier ein Täschchen fortgenommen.«

Er spricht: »Gib es her, mein Kind, du mußt es für die Kirche spenden!«

Sie gab ihm das Täschchen zurück. Darauf begann er ein Gebet zu lesen und las einen Teil; beim anderen tat er nur so, denn er konnte noch sehr schlecht lesen. Er tat es nur so, damit er an seine Sachen herankam.

»Nun, mein Kind, das sind noch nicht alle deine Sünden! Du hast den Leuten noch etwas abgenommen, gib es der Kirche!«

Da gab sie ihm auch das Horn zurück und dann auch das Handtuch. Darauf ließ er das Bad anheizen und sechzig Musikanten holen. Man heizte das Bad an, holte die Musikanten, nahm die Zarentochter unter die Arme und führte sie in das Badehaus. Er streifte ihr den Ring von der Hand und befestigte sie unter einem Balken. Darauf zog er sie aus und sprach zu den Musikanten: »Spielt!«

Die Musikanten begannen zu spielen, er aber zog mit der Peitsche über sie her, bis er ihr die Haut von Kopf bis Fuß abgezogen hatte. Darauf öffnete er das Fenster: »Tüchlein, roll dich aus, schmucker Bursche, setz dich, trag mich zu meinen Brüdern.«

Sie ließ er dort zurück. Die Musikanten spielten und spielten und wurden schließlich müde. Und aus dem Bad kam kein Laut. Sie gingen hin, drückten die Tür ein, und da lag die Zarentochter unter dem Balken. Sie banden sie los, führten sie hinaus – das Blut läuft an ihr herunter … Nun, die Dienerinnen wuschen sie, behandelten ihre Wunden, damit sie nicht mehr so schlimm aussahen. Und der Vater schickte sie in die Welt hinaus: »Geh«, sprach er, »denn das ist er selbst. Such ihn, vielleicht kannst du ihn irgendwo finden!«

Er aber erschien bei seinen Brüdern. Die Brüder sprachen: »Du bist jetzt genug in der Welt herumgestreift! Heirate hier und bleib bei uns leben, gut, daß du deine Sachen zurückgebracht hast!«

»Nein, Brüder, ich werde nicht heiraten, ich warte noch ein Weilchen damit!«

Als er bei ihnen ein Jahr, einundeinhalb oder auch ein halbes Jahr – keiner weiß es – verlebt hatte, fuhren die Brüder mit Pflügen aufs Feld zur Arbeit hinaus. Sie arbeiten, und plötzlich sehen sie sie die Straße entlangkommen. Da sprach der Jüngste: »Ihr habt mir gesagt, ich solle heiraten. Da kommt nun meine Frau!«

Sie brachen in ein Gelächter aus; klar, als sie so ein Ungeheuer erblickten! Sie näherte sich ihm, umarmte seine Beine, begann sie zu küssen, begann ihn anzuflehen: »Verzeiht mir!

Was war, das ist vorbei, ich gehöre jetzt dir, tue mit mir, was du willst, denn nach Hause kann ich nicht mehr zurück!«

Sie machten sich fertig, fuhren nach Hause und nahmen sie mit. Sie fahren durchs Dorf, und alle, die sie sehen, lachen. Sie trafen ein. Er nahm sie als Gast auf und gab ihr das schöne Äpfelchen zu essen. Als sie es gegessen hatte, da wurde sie noch fünfmal schöner, als sie früher gewesen war! Die Hörner fielen ab, und ihre Schmerzen verschwanden. Und sie feierten Hochzeit. Sie feierten die Hochzeit und schickten dann ihrem Vater untertänigste Grüße, daß alles in Ordnung sei. Der Vater gab eine große Mitgift. Und nun leben sie.

Auch ich war dort, habe Wein und Met getrunken, es lief mir die Lippen entlang, in den Mund ist nichts gekommen.

DER MEISTER UND SEIN SCHÜLER

Es war einmal ein armer Bauer, der hatte einen Sohn. Eines Tages sagte seine Frau: »Du mußt den Jungen etwas lernen lassen, sonst wird nichts aus ihm. Was soll denn das sein, wenn er so unwissend bleibt wie du.«

Dem Bauern paßte das zwar nicht, aber die Bäuerin gab ihm keine Ruhe. So machte er sich denn einmal auf den Weg, nahm seinen Sohn mit sich und begab sich auf die Suche nach einem Meister. Unterwegs wurden sie beide durstig, und da sie eben eine Quelle fanden, tranken sie sich satt und standen wieder auf mit den Worten: »Ach, wie gut bist du.«

Da kam plötzlich ein Teufel aus der Quelle hervor, verwandelte sich in einen Menschen und sagte zu dem Bauern: »Was willst du Mensch! Was fehlt dir?«

Der Bauer erzählte ihm, was er beabsichtige.

»Gib mir deinen Sohn«, sagte der Teufel, »und laß ihn auf ein Jahr bei mir. Ich werde ihn lehren. Dann komm! Wenn du ihn wiedererkennst, kannst du ihn mitnehmen, wenn nicht, bleibt er bei mir.«

Bei dem Teufel waren noch viele andere Knaben, die er auf diese Weise sich zu eigen gemacht hatte. Im Laufe eines Jahres hatten sie sich so verändert, daß ihre Eltern sie nicht wiedererkennen konnten. Aber das wußte der Bauer ja nicht. Darum willigte er in den Vorschlag des Teufels ein, ließ seinen Jungen da und machte sich auf den Heimweg.

Als das Jahr um war, ging er seinen Sohn aufsuchen. Der Teufel war gerade nicht anwesend, und auf dem Hofe stand eine ganze Menge Knaben. Der Bauer schaute und schaute, aber seinen Sohn konnte er nicht herausfinden. Desto besser kannte dieser seinen Vater und stand plötzlich vor ihm.

»Jetzt kommt unser Meister«, sagte er, »verwandelt uns alle in Tauben und befiehlt uns aufzufliegen. Wenn wir dann wegfliegen, werde ich der vorderste sein, und wenn wir zurückkommen, der hinterste. Wenn dich dann der Meister fragt, welche Taube dein Sohn sei, so wirst du wissen, welche es ist.«

Wie freute sich da der Bauer und mit welchen Hoffnungen wartete er die Rückkehr des Meisters ab!

Der kam auch wirklich nach einiger Zeit, rief seine Schüler zusammen, verwandelte alle in Tauben und ließ sie auffliegen. Wirklich war der Bauernsohn der letzte, als sie zurückflogen.

»Nun, welche von den Tauben ist dein Sohn?« fragte der Meister. Der Bauer deutete auf die letzte. Ganz greulich ärgerte sich da der Teufel. Er erriet gleich, was da dahintersteckte, aber was sollte er machen? Er mußte dem Bauern seinen Sohn zurückgeben.

Vater und Sohn machten sich also auf den Heimweg. Da trafen sie eine Schar Edelleute, die eben jagten. Ein Hase lief da und hinter ihm die Hunde her, die ihn aber nicht einholen konnten.

Da sagte der Junge zu seinem Vater: »Geh in dieses Gebüsch und jage einen Hasen auf, ich verwandele mich in einen Hund und fange ihn vor den Augen dieser Edelleute. Die werden dann in dich dringen, deinen Hund zu verkaufen. Zier dich aber und verkauf mich recht teuer. Dann verwandle ich mich im passenden Augenblick wieder und hole dich ein!«

Gesagt, getan. Der Vater geht ins Gebüsch, scheuchte einen Hasen auf, der Sohn verwandelt sich in einen Jagdhund, läuft dem Hasen nach, holt ihn ein und erwischt ihn vor den Augen der Edelleute.

Natürlich wollten die nun den Hund haben, kamen zu dem Bauern und forderten ihn auf, seinen Jagdhund zu verkaufen. Der tat zuerst, als wollte er nicht. Als sie ihm aber immer mehr boten, willigte er schließlich ein, steckte das Geld in die Tasche und gab ihnen den Hund. Die Edelleute banden das Tier mit einem Strick fest und führten es weg. Bald darauf stöberten sie unter einem Busche wieder einen Hasen auf, ließen den eben gekauften Jagdhund los und hetzten ihn auf den Hasen. Der Hund jagte das Langohr ein gutes Stück Weg vor sich hin, und als ihn die Jäger aus dem Gesicht verloren hatten, verwandelte er sich wieder in einen Jungen und lief seinem Vater nach.

Als die beiden eine Weile gegangen waren, schien ihnen das Geld zuwenig. »Wir müssen noch welches bekommen«, sagte der Junge zu seinem Vater.

Wirklich trafen sie bald darauf auf eine zweite Gesellschaft von Edelleuten, die auf Fasanenjagd waren. Sie hatten ihre Falken losgelassen, aber es war umsonst gewesen. Schnell verwandelte sich nun der Junge in einen Jagdfalken und schlug einen Fasan in der Luft.

Die Edelleute wurden fast närrisch vor Begeisterung, so sehr gefiel ihnen dieser Falke, und feilschten mit dem Bauern um dessen Preis. Billig ließ er ihn aber nicht ab, steckte sein Geld ein und trollte sich. Die Jäger wollten ihren neuen Falken bald auf die Probe setzen und ließen ihn auf den nächsten Fasan los, den sie sahen. Der Falke jagte den Fasan ein gutes Stück weit, verwandelte sich dann wieder und … lief seinem Vater nach.

Jetzt hatten sie schon ziemlich viel Geld, aber dem Jungen war's noch immer zuwenig, und deshalb schlug er seinem Vater ein neues Stückchen vor.

»Ich will mich in ein edles Pferd verwandeln, setze du dich auf mich, führe mich in die Stadt und verkaufe mich. Aber vergiß nicht, an einen Flimmeräugigen darfst du mich nicht abgeben und wenn schon, nimm den Zügel ab, sonst kann ich mich nicht mehr verwandeln.«

Kaum hatte er das gesagt, als er schon ein schönes Pferd war. Sein Vater setzte sich darauf und führte es in die Stadt. Dort fanden sich viele Käufer, die Lust hatten, das Tier zu kaufen. Am meisten aber bemühte sich darum ein Flimmeräugiger. Wenn einer einen Rubel mehr bot, so bot er gleich einige Tuman [1 Tuman = 10 Rubel]. Den Bauern überkam die Geldgier, und er gab ihm sein Pferd ab. Der Flimmeräugige kaufte ihm auch den Zügel ab, setzte sich darauf und trieb es weg.

Wie er sich freute, daß ihm sein Schüler wieder in die Hände gefallen war! Er ritt nach Hause und schloß ihn in einen dunklen Raum ein. Der Schüler aber wurde traurig und elend und dachte darüber nach, wie er sich befreien könnte, fand aber kein Mittel. So verging die Zeit.

Eines Tages bemerkte er, wie in seinen Stall ein Sonnenstrahl eindrang. Als er nachsah, war es eine Spalte in der Tür. Schnell verwandelte er sich in eine Maus und schlüpfte hinaus. Als ihn der Meister sah, verwandelte er sich in eine Katze und lief der Maus nach.

Da läuft die Maus, ihr nach die Katze! Schon hatte diese den Rachen geöffnet, um ihre Beute zu packen, als die Maus sich in einen Fisch verwandelte und ins Wasser sprang. Aber der Meister wurde im Nu ein Netz und schwamm hinter dem Fisch her. Fast war dieser gefangen, da verwandelte er sich in einen Fasan, der Meister als Falke hinter ihm her. Schon fühlte der Fasan die Klauen seines Feindes, als er sich in Gestalt eines rotbackigen Apfels niederfallen ließ, gerade in den Schoß des Königs. Gleich wurde der Meister zum Messer, das der König auf einmal in der Hand hielt. Schon wollte dieser zugreifen und den Apfel zerschneiden … da war aber schon kein Apfel mehr da, sondern ein Häufchen Hirse und davor stand eine Henne mit ihren Küken … der Meister. Sie pickten und pickten, bis nur noch ein Körnchen überblieb. Das wurde im letzten Augenblick zu einer Nadel, Huhn und

Küken zu einem Faden im Öhr der Nadel. Da flammte die Nadel auf und ... der Faden verbrannte.

Dann verwandelte sich die Nadel wieder in einen Jungen, der nach Hause zu seinem Vater ging und mit diesem froh und glücklich seine Tage verbrachte.

ðer unartiGe Knabe

In der Nähe von Kiautschou lebte ein Gelehrter. Der war einige Meilen von seinem Heimatort entfernt als Hauslehrer bei einem reichen Mann angestellt. Er hatte einen fünfzehnjährigen Sohn, den er zu Hause zurückließ. Der Knabe hatte die heiligen Schriften schon gelernt und war eben daran, sich im Aufsatzmachen zu üben. Sein Vater befahl ihm, fleißig zu arbeiten. Er gab ihm zwölf Aufsatzthemen und hundert Blätter mit alten Schriftzeichen, die er nachmalen sollte. Nach dem Laternenfest ging er weg, am Frühlingsfest wollte er wiederkommen. Bis dahin sollte der Knabe mit allem fertig sein, und sein Vater wollte die gemachten Arbeiten prüfen. Er schärfte ihm noch ein, daß er die Zeit nicht mehr vertrödeln dürfe, und bestellte seinen Oheim, der ebenfalls ein großer Gelehrter war, ihn zu beaufsichtigen. Kaum war der Vater weg, so tat der Knabe nichts anderes, als sich draußen herumzutreiben, und ließ seine Aufgaben unberührt liegen. Er war ein sehr begabter Junge, und er meinte, die zwölf Aufsätze und die hundert Seiten Schriftzeichen seien schnell gemacht. Er hatte eine Freude am ungebundenen

Umherstreifen und dachte, in den letzten Tagen vor seines Vaters Heimkehr die Arbeiten rasch noch fertigzubringen.

Allein sein Oheim kam dazu, und als er des Knaben Faulheit sah, da wurde er böse und sagte zu ihm: »Ich werde deinem Vater alles erzählen, was du getan hast.«

Da bekam der Knabe Angst. Denn sein Vater war unerbittlich streng und hatte ihn schon oft halbtot geschlagen. In seiner Verblendung nahm er Opium und vergiftete sich. Man legte ihn in den Sarg und bestattete ihn vorläufig vor dem Dorfe.

Als sein Vater die Nachricht erhielt, nahm er sich vor, am anderen Tag heimzukehren. Um die zweite Nachtwache stand sein Sohn plötzlich da. Er fragte ihn. Aber er gab keine Antwort. Der Vater lag schon im Bett, und ehe er sich's versah, schlüpfte der Knabe zu ihm unter die Decke. Sein Leib war kalt wie Eis. Erschrocken stand der Vater auf. Der Knabe hielt ihn fest und weinte. Der Vater, dem es unheimlich wurde, rief die Leute herbei. Man kam, um nachzusehen, doch der Knabe war nur dem Vater sichtbar. Die anderen Leute sahen nichts. Es dauerte bis gegen Morgen, da verschwand der Knabe.

Der Vater gab nun seine Stelle auf und kehrte eilig heim. Als es Abend wurde, erschien der Knabe wieder im väterlichen Hause. Als er seinen Vater erblickte, trat er ihm zornig entgegen. Die Mutter aber sah und hörte nichts. Der Vater wurde schließlich krank und sah ihn selbst am lichten Tage.

Einst ging sein Oheim vor das Dorf. Als er einige Schritte von dem Grab entfernt war, da kam der Knabe plötzlich aus dem Grab heraus, warf mit beiden Händen Steine nach ihm und rief scheltend hinter ihm her. Da bekam der Oheim

Angst und lief eilig heim, legte sich nieder und wurde auch krank.

Der Knabe war schon früher mit einem Mädchen aus dem Nachbardorf verlobt worden, und es war auch schon ein Tag für die Hochzeit bestimmt gewesen. In jener Nacht sah das Mädchen plötzlich einen Schüler an ihr Bett treten, der weinend ihre Hand ergriff und sprach: »Ich bin dein Bräutigam. Durch ein Unglück bin ich gestorben. Es tut mir leid, daß unsere Heirat nicht zustande gekommen ist. Heute komme ich, um Abschied von dir zu nehmen. Halte dich immer wert und vergiß mich nicht!« Unter Tränen ging er weg. Von jener Zeit an sahen ihn auch andere Leute als Gespenst umgehen.

So war ein Monat vergangen. Da versammelten sich die Bauern zur Beratung. Sie sprachen: »Das darf man nicht länger mit ansehen.« So beriefen sie denn einen Zauberer, um den Spuk zu bannen. Der Zauberer kam an das Grab und suchte sorgfältig die ganze Umgebung ab. Dann sprach er: »Dieser Knabe ist im Begriff, ein Geist der Dürre zu werden. Er hätte noch schlimmen Schaden getan. Zum Glück ist's noch an der Zeit, und er läßt sich noch leicht bannen.« Dann schnitzte er aus Pfirsichzweigen Nägel, die er an den vier Ecken des Grabes einschlug. Er schrieb mit roter Tusche Zaubersprüche und heftete sie an die Pfirsichnägel, so daß das Gespenst nicht herauskonnte. Dann ließ man einige Dutzend starke Männer kommen, die mit Spießen und Prügeln das Grab umstanden. Acht mutige Leute mußten dann das Grab öffnen. Als der Sarg ans Licht kam, war das vordere Brett aufgerissen. Durch die Öffnung sah man in den Sarg hinein, doch erblickte man den Leichnam nicht. Nur die beiden Schuhe sah man auf dem Boden des Sarges stehen. Der

Leichnam selber hing an den Deckel des Sarges gedrückt in der Luft. Die Kleider hatte er ausgezogen, und sie lagen zusammengerollt auf dem Boden. Am ganzen Leibe waren weiße Härchen gewachsen. Man verbrannte nun den Leichnam. Und von jener Zeit an hörte der Spuk auf. Auch der Vater erholte sich wieder von seiner Krankheit.

VOM KÖNIGSSOHN, DER FLIEGEN GELERNT HATTE

Es war einmal ein König, der hatte zwei Söhne, die jeder ein Handwerk lernen sollten. Der eine wurde ein Silberschmied, und der andere kam zu einem Schreiner, der auch was von der schwarzen Kunst verstand. Als er bei dem in der Lehre war, lehrte ihn sein Meister seine Künste ebensowohl als sein Handwerk. Als die beiden nun ausgelernt hatten und nach Hause wollten, um vor ihrem Vater ihre Meisterstück abzulegen, hatte der Silberschmied sich einen silbernen Fisch gemacht. Als der Schreiner zu ihm kam und fragte: »Nun, was hast du als dein Meisterstück gemacht?« antwortete er: »Einen silbernen Fisch« und zeigte ihm den. »Der ist ganz gut gemacht, so daß nichts daran fehlt, aber kann er auch schwimmen?«

»Wie sollte er das?«

»Setze ihn einmal ins Wasser, wenn ich nun machte, daß er schwömme, wäre es dann nicht besser?« Sie setzten den Fisch aufs Wasser, und richtig, da schwamm er. »Was hast du denn gemacht?« fragte der andere. »Ach, nur ein paar hölzerne Flügel.«

»Die muß ich auch einmal sehen.« Als jener sie ihm zeigte, verwunderte er sich und sprach: »Die hast du ja gar nicht schön gemacht!«

»Auf die Schönheit soll's auch nicht stark ankommen, sondern auf das, was darin verborgen liegt, und das sollst du sehen, wenn wir zu unserem Vater kommen.«

Als sie nun zu dem Vater kamen, zeigte der Silberschmied seinen Fisch. »Der ist ganz gut gemacht«, sagte der Vater, »das kann bestehen.«

»Ja«, antwortete der Sohn, »das ist noch nicht alles, er kann auch schwimmen, wenn ich ihn ins Wasser setze.« Das taten sie, und da schwamm der hin, und der Vater kriegte vor lauter Staunen den Mund nicht mehr zu. »Nun, was hast du denn gemacht?« fragte er den älteren. »Ach«, erwiderte Enne, »nur ein paar hölzerne Flügel.« Als der Vater die zu sehen bekam, schüttelte er den Kopf. Enne, der das sah, sprach: »Sie sind wohl nicht schön gemacht, aber was darin steckt! Wer sie sich anspannt, der kann fliegen.«

»Das will ich einmal sehen.« Enne machte das Fenster auf, spannte sich die Flügel an, und siehe da! Er flog damit fort.

Nun hatte der Nachbarkönig ausrufen lassen und zum Gesetz gemacht, daß alle Mädchen, welche ein Kind bekämen und keinen Mann hätten, lebendig verbrannt werden sollten. Als er das Gesetz gegeben hatte, fiel ihm ein: »Gottes Kreuz, ich habe selbst eine Tochter, wenn der das einmal passierte! Da ist guter Rat teuer!« Nun wollte er das Gesetz gern zurücknehmen, aber er durfte nicht, es mußte dabei bleiben. Aber damit seiner Tochter das nicht passierte, ließ er geschwind

224

ein Schloß in der See erbauen, dahin brachte er seine Tochter und gab ihr eine Magd mit, so daß nicht Mann noch Maus zu ihr kommen konnten, so wohl war sie verwahrt.

Das hörte Enne. »Aha«, dachte er, »nun ist es Zeit für dich.« Er spannte seine Flügel an, steckte eine Flöte in die Tasche und nun auf den Turm zu so grade, wie man sehen kann. Er setzte sich vor das Fenster der Stube, in welcher sie war, und blies auf seiner Flöte so über die Maßen schön, als wenn es ein Engel aus dem Himmel wäre, daß sie das Fenster öffnete und lauschte und sich nach dem Spieler umsah. Als sie ihn erblickte, erschrak sie zuerst, doch erholte sie sich bald und fragte, wer er sei. »Ich bin der Engel Gabriel, und Gott hat mich gesandt, dir die Zeit zu verkürzen«, sagte Enne. »Das sollte man fast glauben. So komm nur herein und spiele mir was vor.« Er ging durch das Fenster und spielte ihr was vor bis an den Abend. Abends mußte er wieder nach Hause, denn sein Vater wollte es nicht leiden, daß er über Nacht ausblieb. Aber als er wegflog, nötigte sie ihn mit Gewalt, den anderen Tag wiederzukommen und ihr etwas vorzuspielen. Das tat er und kam alle Tage und das so lange, bis sie ein Kind von ihm trug, während ihr Vater an nichts Schlimmes dachte.

Nun wollte der Vater auch einmal sehen, was seine Tochter mache, und fuhr nach dem Turm hin, aber wie erschrak er, als er sah, daß seine Tochter und ihre Magd nicht mehr allein waren. »Was Teufel!« sagte er, »du bist schwanger?« Sie bejahte das. »Aber wie ist das möglich?« fragte der Vater, »von wem bist du denn schwanger?«

»Von dem Engel Gabriel«, antwortete sie.

»Was Gabriel, du sollst verbrannt werden, so gut wie die beste.« Sie mußte vom Turm wieder nach der Stadt. Dort wurde ein großer Haufen Holz und Stroh zusammengefahren, auf dem sollte sie verbrannt werden. Als nun der Tag herankam, war Enne, der von allem, wie es zugegangen war, Kunde bekommen hatte, auch auf dem Marktplatz und hatte seine Flügel verborgen bei sich. Als sie nun auf dem Scheiterhaufen saß und dieser angezündet werden sollte, trat Enne vor und sprach: »Sie ist unschuldig, ich habe sie verführt. Ich bin der Mann, der verbrannt werden muß, verbrennt mich!«

»Ach was, Torheit!« sagte der König, der das gehört hatte, »darüber habe ich kein Gesetz gegeben. Sie soll und muß verbrannt werden.« Enne lief nach dem Scheiterhaufen und stellte sich zu ihr hin und rief: »Nun zündet nur an!« Sie mochten sagen, was sie wollten, sie konnten es Enne nicht ausreden, so daß der König sprach: »Wenn das so ist, so ist der eine auch nicht besser als die andere, zündet nur an!«

Während sie das Feuer anfachten, spannte Enne seine Flügel an, und als das Feuer stärker war und der Rauch wolkendick aufstieg, nahm Enne die Königstochter auf den Rücken und flog mit ihr im dicksten Rauch davon, daß niemand sah, wo sie blieben, und flog nach seines Vaters Hause. Der Vater war damit zufrieden, daß sein Sohn ihm eine Schwiegertochter ins Haus bracht, und als nun die Hochzeit gegeben werden sollte, schrieb Enne dem König, der sein Schwiegervater werden sollte, er möge doch auf seine Hochzeit kommen, denn er wolle heiraten. Aber der König entschuldigte sich, er sei in schwerer Trauer und könne nicht kommen. Da schrieb Enne wieder, wenn er nicht komme, so müsse er das ansehen, als suche er Streit mit ihm, und kündigte ihm den Krieg an. Der König wollte lieber hingehen als Krieg haben und entschloß sich, mit seiner Frau zur Hochzeit zu ziehen.

Als sie nun auf die Hochzeit kamen, sahen sie wohl den Bräutigam, aber nicht die Braut. Das verdroß sie, und sie wünschten, auch die Braut zu sehen. Als sie ihnen nun vorgestellt wurde, fragte Enne die beiden Eltern, ob sie dieselbe auch wohl kennten. Das verneinten sie und sagten: »Wenn wir nicht gewiß wüßten, daß unsere Tochter tot ist, so würden wir wohl sagen, daß es unsere Tochter sei, aber darum sind wir ja gerade in so schwerer Trauer, sie ist ja verbrannt.« Enne sprach: »Seht einmal recht zu, ob sie's nicht ist«, und gut und wohl, sie war es. Nun ging es an ein Küssen und Liebhaben, und Enne erzählte ihnen, wie sich das zugetragen hatte, und sie freuten sich, daß es so gegangen; und war die Hochzeit noch nicht gut gewesen, so wurde sie jetzt gut.

VON DREI DESERTEUREN

Waren einmal vor langer Zeit ein Vater und ein Sohn, die hatten beide Soldat werden müssen. Aber weder dem Vater, der doch durch seine Klugheit Offizier geworden war, noch dem Sohn wollte der enge Soldatenrock behagen, und es wäre ihnen viel lieber ihr Bauernwams gewesen. Da begab es sich, daß beide bei kalter Winterszeit Wacht stehen mußten, innen in der Wachstube war der Vater, der Sohn aber ging außen auf und ab und stampfte, daß es nachhallte. Endlich nach einer Weile stand er still, dann ging er schnell zum Vater hinein und sagte ihm: »Sei Soldat, wer da will, ich haue ab!«

»Wenn du davonläufst«, antwortete ihm dieser, »dann mache ich's auch nicht besser – bin nun schon ein alter Kerl, man wird mir's nicht so übel nehmen, wenn's die jungen Burschen nicht mehr aushalten.« Damit war's beschlossen, sie nahmen Säbel und Gewehr mit und ließen Wache Wache sein.

Am Tage streiften sie in Wäldern umher, schossen Wild und nahmen, wo sie etwas fanden, abends stiegen sie auf einen Baum, um nicht entdeckt zu werden. Als sie umherschweiften, begegnete ihnen einer, den sie für einen alten Soldaten ansahen, und fragten, woher er sei. Jener, der wohl sah, er habe es mit seinesgleichen zu tun, lachte und gab ihnen zu verstehen, daß er nicht gerne Wache gehalten habe, und gab sich als Pole aus. Sie gingen nun zusammen weiter und kamen zu einem wohlgebauten Haus. Tore und Türen fanden sie offen und Küche und Keller aufs beste bestellt, aber sie hörten und sahen im Haus keinen Menschen und keine Seele. Das hatte indessen nichts zu sagen, sie waren froh, wenn nur niemand kam, und ließen sich's gerne gefallen, immer zu bleiben. Wirklich kam auch niemand.

Tags darauf gingen Vater und Sohn auf die Jagd, und der Pole blieb daheim achtzugeben, daß nicht Feuer aufkomme. Während er sich sein Mittagsmahl herrichtete, kam ein recht schmutziger alter Bettler zu ihm in die Küche, der hatte einen langen schwarzen Bart und bat inständig, sich auf den Herd setzen zu dürfen, weil ihm viel zu kalt sei.

»Setz dich nur hinauf, Alter!« brummte der Pole und arbeitete indessen dieses und jenes in der Küche. Sobald aber das bärtige Bettelmännlein merkte, daß man es nicht weiter beachtete, sprang's vom Herd und zerkratzte und zerzauste den armen Deserteur aufs jämmerlichste und war schnell wieder fort.

Abends kamen die andern nach Hause, und als sie ihren Kameraden so übel zugerichtet sahen, fragten sie, wie das zugegangen. »Ja«, antwortete er, »da kam heut eine große Katze, die setzte sich auf den Herd, und als ich nicht aufpaßte, sprang sie mir ins Gesicht – und das andere seht ihr schon selber.« Die zwei lachten und gingen zu Bett.

»Heut gehen wir zwei jagen, ich und der Pole«, sagte am anderen Tag der Sohn zum Vater, »schau fein, daß dich die Katz in Ruh lasse.« Die Jäger gingen fort, und der Vater besorgte zu Hause die Geschäfte. Gegen Mittag klopfte es an der Haustür. Der Vater machte auf, und draußen stand das alte, bärtige Männlein und bat inständig um Einlaß, weil ihm viel zu kalt sei. Da ging es nun wie am vorigen Tag. Nach einer Viertelstunde war der Schelm fort, und der alte Soldat fluchte und wischte sich das Blut vom zerkratzten Gesicht; am Abend aber mußte er gleichwohl auch der Katze die Schuld geben, denn er schämte sich, daß er von dem alten Wicht sich hatte bemeistern lassen.

Am dritten Tag blieb der Sohn zu Hause. Es dauerte nicht lange, da kam der schmutzige Bettler und bat um Erlaubnis, sich ans Feuer setzen zu dürfen. »Meinetwegen«, sagte der Junge mürrisch und dachte bei sich: »Aha, das Männlein schaut noch tückischer drein als unser Korporal, wenn er sich einen neuen Prügelstock abschnitt. Vielleicht ist's gar die große Katze, die dem Vater und dem Polen soviel zu schaffen machte.« Er stellte sich, als ob er den Bettler ganz unbeachtet lasse, gab aber fleißig auf ihn acht.

Sobald sich jener unbemerkt glaubte, sprang er vom Herd.

Aber der Junge hatte ihn im selben Augenblick schon am Bart gefaßt und schleppte ihn lachend unter das Dach hinauf, wo er ihn festband und mit Stricken beim Bart an einen Nagel hängte.

Beim Abendessen fragte der Vater ganz verwundert, ob die Katze nicht gekommen sei, während er auf der Jagd gewesen. »Ja«, sagte der Sohn, »geht nur und schaut, unter dem Dach oben hängt sie.« Da sprangen alle vom Tisch auf, die Katze anzuschauen, fanden aber nur den langen, schwarzen Bart des Männleins am Strick hängen und über den Estrich hin bis hinab über die Stiege nichts als Blutstropfen. Wohin mag nun etwa das Männlein geflohen sein? Fort war's einmal, wenn auch ohne Bart. Neugierig gingen sie der blutigen Spur nach und kamen bis zu einem großen Stein, wo sie aufhörte. In der festen Überzeugung, das Männlein müsse da hineingeschlüpft sein, wälzten sie den Stein weg und fanden, daß er über eine große Öffnung hingeworfen war, die tief unter die Erde führen mußte. Nur allzu gerne hätten die drei gewußt, wie es unten etwa aussehe, und waren ganz einverstanden, als der Sohn sagte, das Männlein dürfe nicht herauskommen; aber damit waren sie nicht einverstanden, daß sie hinab sollten, weil ihnen der Aufenthalt des tückischen Bettlers gar zu unheimlich schien. So dachten der Vater und der Pole; der Sohn aber hatte sich ein Herz gefaßt und war ins Haus zurückgelaufen, um Stricke und Seile zu holen.

Bald war er wieder mit Stricken versehen zurückgekommen und verlangte, sie sollten oben festhalten, während er am Seil hinabglitsche. Sie sollten ihn erst dann wieder hinaufziehen, wenn er ihnen durch Anziehen des Strickes ein Zeichen geben werde. Die zwei waren's zufrieden, wenn es nur nicht ihnen an die Haut ginge, und hielten aus Leibeskräften. Das Seil war schon fast zu kurz geworden, da kam zum guten Glück der unerschrockene Jüngling unten an und wußte kaum, was er denken sollte, als er vor sich die schönste, lieblichste Landschaft erblickte. Er dachte gar nicht mehr daran, daß seine Genossen ihn oben erwarteten, und ging immer voll Freude auf den sonnigen Feldern vorwärts, denn ihn lockten in der Ferne drei Schlösser, und er gab sich selbst das Versprechen, nicht eher zu ruhen, als bis er sie erreicht hätte. Da er immer auf die Schlösser schaute, hätte er bald einen Hirten und eine Herde am Wege übersehen. Es war das Männchen ohne Bart – doch nach einem flüchtigen Blick eilte er vorüber immer rascher und schneller, bis er endlich das erste Schloß erreichte.

Durch ein großes Tor trat er in den Hof, und von dort stieg er über glatte Marmelsteine hinauf, aber das ganze Schloß schien wie ausgestorben. Nur ein Wesen trat ihm endlich nach langem Suchen entgegen, es war die Herrin des Palastes. Sie schien dem jungen Wanderer die lieblichste Jungfrau auf der ganzen weiten Welt.

Wie erschrocken wandte sie sich an den staunenden Gast und bat ihn, entweder schnell sich zu entfernen oder in jedem Augenblicke bereit zu sein, einen furchtbaren Kampf mit einem Ungeheuer zu bestehen. »Aber«, setzte sie noch mit sichtbarer Freude hinzu, »bist du Sieger im Kampfe, dann bist du dadurch auch mein Befreier und nicht bloß der meinige, sondern auch der meiner zwei Schwestern, die in den beiden andern Schlössern verzaubert sind. Zwar mußt du auch für sie noch vieles wagen, aber es wird dir leichter sein. So wisse, ich und meine Schwestern sind die Kinder eines reichen Königs, die vom einem bösen Schwarzkünstler in diese einsamen Schlösser verzaubert wurden, wo uns greuliche Drachen und siebenköpfige Adler und ein furchtbar wütender Hund bewachen. Paß gut auf, daß mein grausiger Wächter, wenn er kommt, nicht so leicht durch das Tor eindringt, sonst bist du verloren.«

So schnell wie möglich wurden jetzt alle Tore fest geschlossen. Nur ein Torflügel wurde offen gelassen. Kaum war das geschehen, so wurde es völlig dunkel vor dem Tor, wo der Jüngling sich mit einer gewaltigen Hacke bereithielt, und durch das halbgeöffnete Tor streckte ein ungeheurer Drache seinen Rachen und schnaubte Rauch und giftiges Feuer, als er merkte, daß man ihn nicht einlassen wollte. Aber das Tor war fest und ehe der Schlangenleib zur Hälfte hereinkommen konnte, lagen schon seine sieben Köpfe alle auf dem Boden und augenblicklich wurde es im ganzen Schlosse lebendig, und alle, vom geringsten Diener bis zur Prinzessin, dankten ihrem Retter. Die Prinzessin aber war jetzt noch zehnmal schöner als früher, und mit der Bitte, sie nicht zu vergessen, wenn auch ihre Schwestern durch ihn befreit wären, gab sie ihm ein goldenes Krönlein und wünschte ihm viel Glück bei der Befreiung der Schwestern.

Bist doch ein rechtes Glückskind! dachte sich unser Held, als er das Schloß verließ, um zu den beiden andern rasch zu gelangen. Als er nach wenigen Stunden mit den lieblichen Königskindern wieder zum Schlosse zurückkam, da dachte er: Nun bist du noch ein weit seligeres Glückskind. Durch seine Unerschrockenheit war es ihm gelungen, auch sie zu befreien, und von ihnen hatte er einen Ring und ein Kettchen aus hellem Gold bekommen, als Andenken an den Tag der Erlösung. Nun begann die freudige Reise zum alten König zurück. Da mußten sie zum Einstieg zurück, wo der junge Retter sich am Strick herabgelassen hatte. Als sie zum Strick kamen, der von der Öffnung, die nach oben führte, herabhing, gab der Sohn dem Vater und dem Polen, die, wie er wußte, oben warteten, das Zeichen durch Anziehen des Stricks, und nun wurden zuerst die glücklich Befreiten hinaufgezogen. Jetzt kam die Reihe an den Befreier selbst. Eben wollte er das Seil ergreifen, als es zu seinem Schrecken herabfiel, und von der Öffnung her kam es ihm gerade vor, als ob er den Polen und den Vater lachen hörte.

Da war guter Rat teuer – der Betrogene aber, denn das war er, wußte sich gar nicht zu raten. Am meisten schmerzte ihn, daß er so ganz und gar allein war und auch seine Prinzessin nicht mehr sehen konnte. Jetzt fiel ihm das alte Männlein ein, das er früher gesehen hatte, das wollte er nun aufsuchen, um wenigstens eine Ansprache zu haben. Er fand es auch und klagte ihm, weil er sonst niemandem klagen konnte, seine große Not. »Sieh«, sagte da das Männlein, »wenn du mir schon übel mitgespielt hast, ich will dir helfen, wenn du mir folgst. Ich besitze die Kunst, mich zu verwandeln. Nun verwandle ich mich in einen großen Adler und trage dich hinauf. Aber ich werde sehr matt vom Flug sein, und da mußt du geschwind ein Lamm schlachten und es in drei Teile zerteilen. Sooft ich dann schreien werde, mußt du mir schnell ein Stück geben, sonst fallen wir herab, und du bist dann tot.« Was das Männlein versprach, erfüllte es auch gleich, und so packte der Adler mit seinen Klauen den Jüngling, dieser aber trug das Fleisch. Dreimal hatte schon der schnellfliegende Vogel nach Futter geschrien, und noch waren sie nicht oben, als er zum vierten Mal schrie. Das Lamm war verzehrt – was nun? Schnell schnitt sich der Soldat ein Stück von seiner Wade herunter und gab es dem Adler zu fressen, denn anders wußte er sich nicht mehr zu helfen. Einige Augenblicke noch – und sie waren oben.

Der Adler war nun wieder zum alten Männlein geworden und dankte dem Soldaten für die Befreiung, die er dadurch erlangte, daß er ihm ein Stück von der Wade zu fressen gegeben hatte. »Das war das einzige Mittel meiner Rettung«, sagte es, »auch ich bin verzaubert worden, und jenes Haus, in das du und dein Vater zuerst kamen, gehörte mir; nun übergebe ich es dir und ich will dich auch zu einem Brünnlein führen, wo deine Wunde an der Wade alsbald heil wird, dann magst du deines Weges weitergehen.« Darauf war das Männlein, nachdem es ihm das Heilbrünnlein gezeigt hatte, fort, und er sah es nicht wieder.

Zuerst dachte der junge Deserteur daran, in die Stadt des Königs zu gehen, dessen Töchter er befreit hatte, und sei die Prinzessin auch, wo sie wolle. Die andern haben mich betrogen, dachte er, vielleicht betrügt mich das Glück nicht. Und richtig, das Glück schien ihn zu begleiten, denn eher, als er dachte, gelangte er ans Ziel seiner Reise und befand sich schon nach einigen Tagen in der Königsstadt, wo alles vom Größten bis zum Kleinsten der Freude sich hingab und ihm jeder, den er fragte: »Warum so lustig, Bruder?«, froh zur Antwort gab: »Ja, weil die Königskinder wieder da sind und bald Hochzeit sein wird.«

Daß die Königskinder da waren, das war unserem Wanderer freilich lieb und recht, aber die Hochzeit kam ihm ein wenig zu schnell. Allein er konnte unter so vielen fröhlichen

Gesichtern doch auch nicht traurig sein und mußte, als er erfuhr, der Vater und der Pole hätten sich für die Befreier der Prinzessinnen ausgegeben, zum schlechten Spiel gute Miene machen. Nur eines gab ihm noch Hoffnung, seine drei Andenken: sein Krönlein, das Ringlein und das Kettchen. »Ich will zum König gehen«, sagte er zu sich selbst, »bei der Hochzeit habe ich auch etwas mitzureden« und sah dann wieder die hohen Paläste und dies und das an, um sich zu zerstreuen.

Da gewahrte er einen Mann in einer offenen Werkstätte sitzen, und der feilte so emsig an einem goldenen Ding, daß er stutzig wurde und sich erkundigte: »Was feilt Ihr denn da? Ihr schaut Euch ja völlig die Augen heraus.«

»Braucht's auch«, antwortete der Goldschmied, ohne aufzusehen, »wenn die Prinzessin eine schöne Krone bekommen soll und ich eine schöne Belohnung.«

»Ei, willkommen Meister«, lachte nun der Wanderer, »ich bin ein Goldschmiedgeselle, wollt Ihr mich nicht in Dienst nehmen? Ich hoffe, Ihr sollt zufrieden sein.« Der Meister gab ihm dazu bald sein Jawort, der neue Goldschmiedgeselle verlangte ein Zimmer allein, wo er ganz ungestört arbeiten könnte, und schloß sich nun, ohne viel sich sehen zu lassen, eine ganze Woche lang ein. Dann nahm er sein Krönlein, gab es dem Meister und ging schnell wieder fort zu einem andern Goldarbeiter, denn er hatte erfahren, daß auch ein Brautring und ein Halsgeschmeide für die zwei älteren Königstöchter noch angefertigt würden. Der Goldschmied war aber ganz erstaunt über die kunstvolle Arbeit der neuen Krone und hatte jetzt nichts eiliger zu tun, als diese ausgezeichnete Arbeit dem König zu zeigen.

Sobald aber der König und die Prinzessinnen das herrliche

Krönlein sahen, schrie die jüngste laut auf, und die beiden älteren sahen einander freudig an, denn sie wußten wohl, wer dies Krönlein einst getragen hatte, und waren nun voll froher Hoffnung, ihren wahren Befreier wiederzufinden. Gleich mußte der Goldarbeiter alles erzählen, wie er zu dem Krönlein gekommen sei, und als er nun vom fremden Gesellen sagte, da drängten alle, ihn schnell holen zu lassen. Jedoch schien alle Eile vergeblich, und selbst als der zweite Goldschmied mit dem goldenen Brautringlein, das ein fremder Geselle gefertigt, sich vor dem König meldete, war alles Nachforschen umsonst und der fremde Künstler schon wieder fort. Die Königskinder aber waren teils voll froher Hoffnung, teils traurig.

Inzwischen war in der ganzen Stadt bekannt geworden, daß die vermeintlichen Befreier der Königstöchter böse Betrüger seien und der eigentliche Befreier angekommen sei und sich wahrscheinlich in der Stadt aufhalten müsse. Unser junger Wanderer war bis jetzt schon beim dritten Meister als Lehrjunge im Dienst und sollte, so gut er nur immer könnte, ein goldenes Halskettchen machen, was er auch ganz auf dieselbe Art und Weise wie bei den vorigen Meistern zu tun versprach. Der neue Meister aber war schlauer als die vorigen, und sobald er merkte, daß der Geselle nur so tat, als ob er arbeite, indes er doch in seinem abgeschlossenen Zimmer sich mit anderen Sachen beschäftigte, ging er in der völligen Gewißheit, den Vogel gefangen zu haben, in den Königspalast und meldete, er könne Auskunft über den fremden Künstler geben, der Krone und Brautringlein gemacht hatte.

Gleich wurde zum Goldarbeiter geschickt, die königlichen Boten trafen den langgesuchten Künstler bald und überraschten ihn, wie er eben lächelnd das Halskettchen betrachtete, und führten ihn voll Freude zum König. Das war nun ein schöner Tag für das ganze Königshaus und ein fröhliches Wiedersehen für den Befreier und die Befreiten. Kurz darauf nahm der Glückliche die schönste und jüngste der Königskinder bei der Hand und führte sie zum Hochzeitstanz. Dem Vater und dem Polen aber vergingen die lustigen Tage, denn sie wurden ins einsame Waldeshaus verbannt zur Strafe für ihren Betrug, und sie fürchteten sich noch oft vor dem alten tückischen Bettelmännlein.

DIE DREI ROTBÄRTE

Ein armer Mann rief eines Tages seine drei Söhne vor sich und sprach: »Ihr seht, daß ich nicht mehr imstande bin, euch zu erhalten. Zieht in die Fremde und sucht euch das tägliche Brot zu verdienen!«

»Ja, lieber Vater«, sagten sie, »wir wollen Euch nicht länger zur Last fallen, wir wollen dienen gehen und so auch für Euch sorgen!« Damit nahmen sie ihre Sachen zusammen und machten sich des andern Tages auf den Weg. Da traf es sich, daß sie durch einen Wald gingen, und es begegnete ihnen ein alter Mann in einem grauen Mantel, der fragte sie freundlich: »Wohin zieht ihr, meine Kinder?«

»Wir wollen dienen gehen, guter Mann, denn unser Vater ist nicht mehr imstande, uns zu ernähren, und so können wir auch für ihn sorgen!«

»Das ist ja recht schön, hütet euch nur vor den Rotbärtigen. Denn mit denen ist es nicht ganz richtig!«

»Wir wollen's behalten!« sprachen sie und gingen weiter.

Es währte nicht lange, so begegneten ihnen drei Rotbärte, und diese fragten die drei Burschen, was sie denn vorhätten. »Wir suchen einen Dienst!« sagten die Brüder.

»Und wir brauchen gerade Diener!« erwiderten die Rotbärte, »wollt ihr bei uns eintreten?«

»Wir möchten ja gerne«, sprachen sie, »allein ein alter Mann sagte uns, mit Rotbärten sollten wir uns nicht einlassen, denn mit denen sei es nicht ganz richtig!«

»Ha, ha!« lachten diese, »und auf den alten Mann wollt ihr hören? Ihr Narren! Wir geben euch auf ein Jahr einen so hohen Lohn, wie ihr sonst in zehn Jahren nicht verdienen könntet!« Die Brüder dachten nur an ihren armen Vater, wie gut es für den sein würde, wenn sie bald mit reichem Lohn heimkehrten, und verdingten sich. Einer wie der andere sollte nach einem Jahre einen Beutel voll Dukaten bekommen und dafür die ganze Zeit nichts anders tun, als immer um einen Turm zu gehen und einen Spruch herzusagen, den man ihm aufgeben würde. Jeder von den Rotbärten nahm nun einen mit. Der Älteste sollte beim Herumgehen um den Turm immer sprechen: »Wir drei Brüder«, der Mittlere: »Um einen Käs«, der dritte: »Das ist recht!« Und so geschah es auch. Nach einem Jahr bekam ein jeder den ausgemachten Lohn.

Als sie nun miteinander heimkehrten, konnten sie nichts anders sprechen, als was sie das Jahr hindurch immer und allein gesprochen hatten; sonst hatten sie alles vergessen. Da begegnete ihnen ein Mann, der grüßte und fragte sie: »Wohin?« Der Älteste antwortete: »Wir drei Brüder!«

»Aber wohin? frage ich.«

»Um einen Käs!« sagte der zweite.

»Hol euch der Henker!«

»Das ist recht!« fiel der dritte ein. Der Mann glaubte nun, er habe es mit Narren zu tun, fragte nicht mehr und ging seiner Wege. Als sie nun weiter wanderten, sahen sie nur einmal, wie ein Reisender von einem Räuber überfallen und blutig geschlagen wurde. Sie liefen schnell hinzu, um dem Armen zu helfen. Allein es war zu spät. Der Räuber entwischte ihnen, und der Geschlagene starb bald unter ihren Händen. Da traten die Gerichtsdiener zu ihnen, wie sie gerade mit dem Sterbenden beschäftigt waren. Die hielten sie für die Räuber und Mörder, ergriffen und banden sie und führten sie ohne weiters vor Gericht. Als sie vorgeführt und gefragt wurden, wer den Fremden totgeschlagen, sprach der Älteste: »Wir drei Brüder!«

»Warum?« fragte der Richter weiter. »Um einen Käs!« sagte der zweite.

»Man wird euch jetzt hängen!« sprach der Richter. »Das ist recht!« sagte der dritte. »Was brauchen wir mehr?« sprach der Richter; »ihre Schuld haben sie selbst eingestanden und erkennen die Strafe für gerecht: Wohlan, so hänge man sie!«

Da wurden sie zum Galgen geführt, und schon hatten sie die Leiter erstiegen, und die drei Rotbärte standen nahe und paßten. Siehe, da kam der alte Mann im grauen Mantel herzu und sprach, aber so, daß niemand ihn sah und hörte als die drei Brüder: »Ihr hättet es zwar verdient, daß ich euch zappeln ließe, weil ihr nicht folgtet, aber da ihr ein gutes Herz habt, will ich euch retten. Sprecht!« Da riefen die drei Brüder zugleich mit lauter Stimme: »Die drei Rotbärte greift!« Wie die das hörten, machten sie sich sogleich aus dem Staub und waren verschwunden, noch ehe sie jemand gewahr wurde. Nun erzählten die drei Brüder, wie alles sich zugetragen habe, und das Volk erkannte daraus, daß die Rotbärte drei Teufel und der Mann im grauen Mantel unser Herrgott gewesen. Der rechte Mörder wurde von ihnen genau beschrieben, und bald stellte er sich selbst vor Gericht und bereute seine Sünde, aber um der Gerechtigkeit willen wurde er dennoch gehängt.

Die drei Brüder zogen nun mit dem vielen Gelde heim und blieben jetzt bei ihrem armen Vater und hatten weiter keine Not ihr Leben lang.

DER SPERLING UND SEINE VIER KINDER

Ein Sperling hatte vier Junge in einem Schwalbennest. Wie sie nun flügg sind, stoßen böse Buben das Nest ein, sie kommen aber alle glücklich in Windbraus davon. Nun ist dem Alten leid, weil seine Söhne in die Welt kommen, daß er sie nicht vor allerlei Gefahr erst verwarnet und ihnen gute Lehren fürgesagt habe.

Auf 'n Herbst kommen in einem Weizenacker viel Sperlinge zusammen, allda trifft der Alte seine vier Jungen an, die führt er voll Freuden mit sich heim. »Ach, meine lieben Söhne, was habt ihr mir den Sommer über Sorge gemacht, dieweil ihr ohne meine Lehre in Winde kamet; höret meine

Worte und folget eurem Vater und sehet euch wohl vor: kleine Vöglein haben große Gefährlichkeit auszustehen!«

Darauf fragte er den älteren, wo er sich den Sommer über aufgehalten und wie er sich ernähret hätte. »Ich habe mich in den Gärten gehalten, Räuplein und Würmlein gesucht, bis die Kirschen reif wurden.«

»Ach, mein Sohn«, sagte der Vater, »die Schnabelweid ist nicht bös, aber es ist große Gefahr dabei, darum habe fortan deiner wohl acht, und sonderlich, wenn Leut in Gärten umhergehn, die lange grüne Stangen tragen, die inwendig hohl sind und oben ein Löchlein haben.«

»Ja, mein Vater, wenn dann ein grün Blättlein aufs Löchlein mit Wachs geklebt wäre?« spricht der Sohn.

»Wo hast du das gesehen?«

»In eines Kaufmanns Garten«, sagte der Junge. »O mein Sohn«, spricht der Vater, »Kaufleut, geschwinde Leut! Bist du um die Weltkinder gewesen, so hast du Weltgeschmeidigkeit genug gelernt, siehe und brauch's nur recht wohl und trau dir nicht zu viel.«

Darauf befragt er den andern: »Wo hast du dein Wesen gehabt?«

»Zu Hofe«, spricht der Sohn. »Sperling und alberne Vöglein dienen nicht an diesem Ort, da viel Gold, Sammet, Seiden, Wehr, Harnisch, Sperber, Kauzen und Blaufüß sind, halt dich zum Roßstall, da man den Hafer schwingt oder wo man drischet, so kann dir's Glück mit gutem Fried auch dein täglich Körnlein bescheren.«

»Ja, Vater«, sagte dieser Sohn, »wenn aber die Stalljungen Hebritzen machen und ihre Maschen und Schlingen ins Stroh binden, da bleibt auch mancher behenken.«

»Wo hast du das gesehen?« sagte der Alte. »Zu Hof, beim Roßbuben.«

»O mein Sohn, Hofbuben, böse Buben! Bist du zu Hof und um die Herren gewesen und hast keine Federn da gelassen, so hast du ziemlich gelernet und wirst dich in der Welt wohl wissen auszureißen, doch siehe dich um und auf; die Wölfe fressen auch oft die gescheiten Hündlein.«

Der Vater nimmt den dritten auch vor sich: »Wo hast du dein Heil versucht?«

»Auf den Fahrwegen und Landstraßen hab ich Kübel und Seil eingeworfen und da bisweilen ein Körnlein oder Gräuplein angetroffen.«

»Dies ist ja«, sagt der Vater, »eine feine Nahrung, aber merk gleich wohl auf die Schanz und siehe fleißig auf, sonderlich wenn sich einer bücket und einen Stein aufheben will, da ist dir nicht lang zu bleiben.«

»Wahr ist's«, sagt der Sohn, »wenn aber einer zuvor einen Wand- oder Handstein im Busen oder Tasche trüge?«

»Wo hast du dies gesehn?«

»Bei den Bergleuten, lieber Vater, wenn sie ausfahren, führen sie gemeinlich Handsteine bei sich.«

»Bergleut, Werkleut, anschlägige Leut! Bist du um Bergburschen gewesen, so hast du etwas gesehen und erfahren.

Fahr hin und nimm deiner Sachen gleichwohl gut acht,
Bergbuben haben manchen Sperling mit Kobold umbracht.«

Endlich kommt der Vater an [den] jüngsten Sohn: »Du, mein liebes Gackennestle, du warst allzeit der alberst und schwächest, bleib du bei mir, die Welt hat viel grober und böser Vögel, die krumme Schnäbel und lange Krallen haben und nur auf arme Vöglein lauern und sie verschlucken; halt dich zu deinesgleichen und lies die Spinnlein und Räuplein von den Bäumen oder Häuslein, so bleibst du lang zufrieden.«

»Du, mein lieber Vater, wer sich nährt ohn andrer Leut Schaden, der kommt lang hin, und kein Sperber, Habicht, Aar oder Weih wird ihm nicht schaden, wenn er zumal sich und seine ehrliche Nahrung dem lieben Gott all Abend und Morgen treulich befiehlt, welcher aller Wald- und Dorfvöglein Schöpfer und Erhalter ist, der auch der jungen Räblein Geschrei und Gebet höret, denn ohne seinen Willen fällt auch kein Sperling oder Schneekünglein auf die Erde.«

»Wo hast du dies gelernt?«

Antwortet der Sohn: »Wie mich der große Windbraus von dir wegriß, kam ich in eine Kirche, da las ich den Sommer die Fliegen und Spinnen von den Fenstern ab und hörte diese Sprüch predigen, da hat mich der Vater aller Sperlinge den Sommer über ernährt und behütet vor allem Unglück und grimmigen Vögeln.«

»Traun! mein lieber Sohn, fleuchst du in die Kirchen und hilfest Spinnen und die sumsenden Fliegen aufräumen und zirpst zu Gott wie die jungen Räblein und befiehlst dich dem ewigen Schöpfer, so wirst du wohlbleiben, und wenn die ganze Welt voll wilder tückischer Vogel wäre.

Denn wer dem Herrn befiehlt seine Sach,
Schweigt, leidet, wartet, betet, braucht Glimpf, tut gemach,
Bewahrt Glaub und gut Gewissen rein,
Dem will Gott Schutz und Helfer sein.«

Ein Vater hatte drei Söhne; von denen waren die beiden älteren faul, aber dabei stolz und hochfahrig und böse von Herzen, der jüngste aber treu und fleißig und dabei bescheiden und die Geduld und Gottseligkeit selbst. Doch weil er klein und schwächlich war von Körper, blieb er meist daheim, und seine Brüder nannten ihn spottweise nur Aschenputtel, und auch Vater und Mutter hatten ihn leider nicht so lieb wie die beiden anderen. Eines Tages sagte der älteste Sohn: »Vater, ich will in die Fremde ziehen und mir Schätze und Ruhm erwerben!«

»Laß das gut sein«, sprach der Alte, »du kennst die Fremde nicht und könntest mir leicht nur Spott und Schande machen!« Allein der Sohn bestand fest darauf und gab keinen Frieden, bis sein Vater einwilligte. Da buk ihm seine Mutter einen Kuchen aus Semmelmehl, und am anderen Morgen zog er fort.

Als nach einiger Zeit der Hunger sich bei ihm einstellte, setzte er sich auf einen Berg nieder, holte aus seinem Reisesack den Kuchen hervor und aß. Da kam ein armer Bettler hinzu und sprach: »Gott gesegn' es!« und bat um einen Bissen. »Gehst du mir gleich aus den Augen, du alter Lump!« tobte der Junge und nahm seinen Stock und drohte. Der Bettler schleppte sich mühsam fort und rief: »Wehe dir, das wird dir vergolten werden!« Nun flogen kleine Vöglein herbei und wollten die Brosamen, die zur Erde gefallen waren, auflesen. Der Junge aber schlug mit dem Stock und warf mit Steinen nach ihnen; die Vöglein flogen fort und riefen: »Der liebe

Gott wird dir's vergelten!« Endlich brach er wieder auf, und wie er schon weit, weit gegangen war, begegnete ihm ein alter Mann, der fragte ihn, wohin er es gestellt habe. »Ich will dienen gehen und mir Schätze und Ruhm erwerben!«

»Das kannst du bei mir beides gewinnen, wenn du mir dienen willst. Du sollst nur meine Schafe weiden und besorgen, und wenn du dies treu und unverdrossen tust, so wirst du nach einem Jahr einen Sack voll Geld dafür haben.« Das gefiel dem Jungen, und er schlug ein.

Nun zog er mit den Schafen in eine Berggegend, die ihm der Alte zeigte, wo gute Weide war, aber er war faul und schlecht. Er schlief fast den ganzen Tag, führte die Schafe nicht zur gehörigen Zeit zur Tränke und nie auf frische Weideplätze, und wenn eines von der Herde sich zu weit entfernte und verirrte, ging er ihm nicht nach, sondern ließ es zugrunde gehen. Alle wurden mager, und viele starben. Er schlug auch die Hunde, und – was noch schlimmer war – er warf auch die kleinen unschuldigen Vöglein, die aus den Dornsträuchen zu ihren Nestern Wolle holten, mit Steinen tot. Das Jahr währte ihm zu lange, und als endlich das Ende da war, ging er keck vor seinen Herrn und forderte den ausgemachten Lohn. »Den sollst du haben, wie du ihn verdient hast!« Damit führte er ihn in eine Kammer, und da standen drei Säcke, einer mit Gold-, der andere mit Silber-, der dritte mit Kupferstücken gefüllt: »Nimm dir einen von diesen, aber hast du unredlich gedient, so wird es dir nichts nützen!«

Der Bursche griff gleich nach dem Goldsack, nahm ihn auf seinen Rücken und zog fröhlich nach Hause. Als er hier ankam, rief er: »Jetzt, Vater und Mutter, brauchen wir nicht mehr zu arbeiten; mit dem, was ich verdient habe, können wir immer lustig leben; ich bringe lauter Gold!« Da setzte er seinen Sack nieder und band ihn schnell auf, um ihnen die funkelnden Goldstücke zu zeigen. Aber im Sack da war alles purer Sand. »Sagte ich's doch«, sprach sein Vater, »daß du mir und dir nur Schande und Spott zuziehen würdest!«

Der stolze Prahler wagte nichts zu sprechen, denn er erinnerte sich jetzt an die letzten Worte des alten Mannes, des mißhandelten Bettlers, der Vöglein und seines unredlichen Dienstes.

Nicht lange, so kam der zweite Sohn und sprach: »Vater, ich will jetzt auch dienen gehen und mein Glück versuchen!« Der Alte suchte ihn umsonst abzuhalten. Er blieb hartnäckig bei seinem Vorsatz. Da buk ihm seine Mutter einen Reisekuchen aus Brotmehl, und am anderen Morgen machte er sich auf den Weg. Es ging ihm aber fast ganz wie seinem Bruder. Denn er war ja auch nicht viel anders und besser. Wie er auf dem Wege aß und der alte Bettler ihn um einen Bissen ansprach, hob er den Stock. Er schlug und warf auch nach den Vöglein, und in seinem Dienst war er ebenso faul und bösartig. Kaum war das Jahr zu Ende, so lief er auch schnell zu seinem Herrn und verlangte den vereinbarten Lohn. Der führte ihn auch in die Kammer, wo die drei Säcke mit Gold-, Silber- und Kupferstücken standen. »Nimm dir einen!« sprach der Alte, »warst du aber unredlich im Dienst, so wird es dir nichts nützen!« Er war etwas bescheidener als sein Bruder und nahm nur den Sack mit den Silberstücken. Denn er wußte wohl, daß er auch den nicht verdient hatte. Als er nun heimkam, rief er schon aus der Ferne seinen Eltern entgegen: »Jetzt brauchen wir nichts mehr zu arbeiten, denn ich bringe in diesem Sack lauter Silber!« Wie er aber den Sack niedersetzte und öffnete – siehe, da war alles purer Sand. »Sagte ich's doch, daß es so kommen würde!« sprach seufzend sein Vater. Der Sohn aber wagte wie sein Bruder nichts zu sagen; denn er gedachte auch sogleich an die letzten Worte des alten Mannes, an den Bettler, die Vöglein und an seinen unredlichen Dienst.

Bald darauf trat der jüngste Sohn zum Vater und sprach: »Lieber Vater, ich will auch dienen gehen und mein Glück versuchen!« Ihn wollte der Alte nun durchaus nicht fortlassen. »Wo denkst du hin? Deine Brüder haben mir nur Spott und Schande gebracht, was würde ich von dir erst erleben!« Der Kleine bat aber so lange, bis sein Vater sprach: »Nun, so gehe in Gottes Namen!« Wer konnte froher sein als der Aschenputtel! Seine Mutter buk ihm einen Reisekuchen aus Asche, und am anderen Morgen, ganz früh, trat er seine Wanderung an. Da kam er an denselben Berg, wo seine Brüder gespeist hatten, und weil ihn der Hunger quälte, setzte er sich nieder und packte aus.

Bald kam auch der alte Bettler und sprach: »Gott gesegn'es!« und bat um einen Bissen. »Setzt Euch her, armer Mann, neben mich!«, und er teilte den Aschenkuchen mit ihm, und sie aßen und sahen um sich in die schöne Landschaft, die im Sonnenschein glänzte. Da hüpften auch die Vöglein hinzu und pickten die Brosamen auf, und darüber freute sich der Junge, und er zerbröckelte den ganzen Rest von seinem Kuchen und streute ihn den hungrigen Vöglein vor. Darauf nahm er seinen Tornister an die Seite, um fortzugehen, und sagte zum Alten: »Behüt dich Gott!« Dieser aber nahm ein Pfeifchen aus seinem Sack und schenkte es dem Jungen, weil er so freundlich gewesen und ihn gespeist hätte, und die Vöglein sangen ihm nach: »Der liebe Gott wird dir's vergelten!«

Als er jetzt ein gutes Stück weitergegangen war, begegnete ihm der nämliche alte Mann, der auch seine Brüder in den Dienst genommen hatte. »Wo gehst du hin, lieber Junge?«

»Ich möchte gerne dienen und etwas erwerben, um meinen armen Eltern zu vergelten, was sie an mir getan haben.«

»Das kannst du bei mir in einem Jahr verdienen, wenn du treu und unverdrossen bist.« Der Junge versprach dieses, und so nahm ihn der Alte an und führte ihn zu seiner Herde und sprach: »Weide meine Schafe und besorge sie, daß es ihnen wohlgeht und kein Schade geschieht.«

Der Junge war, so wie er's versprochen hatte, willig und unverdrossen in seinem Dienst; er trieb die Herde immer auf die besten Weideplätze und zur gehörigen Zeit zur Tränke, und wenn sich eines zu sehr entfernte und verirrte, so ging er ihm nach und brachte es mit seinen Hunden wieder zur Herde. Wenn nun alle Schafe satt waren und im Sonnenschein dalagen, so setzte er sich auch nieder, und die treuen Hunde lagerten sich neben ihm. Dann nahm er sein Pfeifchen und spielte darauf so lieblich, daß die Vöglein, die von den Dornsträuchen Wolle zu ihren Nestern sammelten, ihre Arbeit ließen, eine Zeitlang horchten und zuletzt selbst dreinsangen. Das gefiel dem Jungen so gut, daß er nun oft und oft spielte, und auch die Schafe waren ruhig, und die Hunde sahen ihn mit ihren treuen Augen an und bellten nicht, wie andere Hunde bei der Musik tun, sondern lagen ruhig und horchten. Wenn nun ein Weideplatz keine Nahrung mehr bot, so zog er weiter und durchstreifte so fast das ganze Gebirge.

Eines Tages erblickte er nur einmal auf einer Anhöhe

zwischen schattigem Gebüsch eine große Kirche, die hatte er noch nie gesehen. Er trat näher und sah, daß alle Türen offen standen. Die Kirche war drinnen so rein gekehrt und so schön, daß er in Verwunderung lange vor der Tür stehenblieb. Er ging dann langsam und leise hinein. Aber in der Kirche war kein Priester und sonst keine irdische Seele. Still war alles ganz und gar. Wie er vor den Altar trat, sah er über dem Kreuz des Erlösers ein Vöglein schweben. Das flog jetzt herunter, ließ sich auf seine rechte Schulter und sang: »Gott ist mit dir!« Darauf flog es wieder hinauf an seine Stelle, der liebliche Sang aber tönte fort in seinem Herzen. Er kehrte darauf zur Herde zurück und weidete die Schafe. Da kam sein Herr zu ihm und sprach mit freundlicher Stimme: »Das Jahr ist um. Du hast mir treu gedient, das sehe ich an meiner Herde. Komm nun und empfange den verdienten Lohn!« Es tat dem Jungen sehr leid, daß er sich von der lieben Herde und der schönen Gegend trennen sollte, und es schien ihm fast unmöglich, daß schon ein Jahr vergangen. Er hätte gern ein zweites Jahr und noch länger dem guten Manne gedient. Aber da dachte er an seine armen Eltern, und so wünschte er, diese bald zu sehen und zu erfreuen. Sein Herr führte ihn nun auch in die Kammer, wo die Geldsäcke standen, und hieß ihn einen Sack sich auswählen. Das Gold und Silber blendete den Jungen nicht. Er sagte gleich: »Den Sack mit dem Kupfergeld möcht' ich wohl nehmen, obgleich ich ihn auch nicht verdient habe, nur um meinen armen Eltern helfen zu können!«

»Du sollst ihn haben, mein lieber Junge, und obendrein auch die beiden anderen Säcke. Kehre nur heim. Ich schicke dir bald einen Wagen mit den Schätzen nach!« Da nahm der Junge seinen Wanderstab und zog heimwärts.

Als er auf dem Berg angelangt war, wo er mit dem alten Bettler und den Vöglein seinen Aschenkuchen verzehrt hatte, ruhte er wieder ein wenig aus. Aber jetzt hatte er keinen Hunger. Er nahm sein Pfeifchen und spielte so lieblich, daß die Vöglein, die er früher gespeist hatte, herbeiflogen, horchten und laut mit dareinsangen.

Darauf zog er weiter und war in kurzem zu Hause und erzählte nun seinen Eltern von den Wunderdingen, die er gesehen und erlebt, und von den Schätzen, die ihm der alte Mann bald nachschicken werde. Seine beiden Brüder, die in der letzten Zeit ihren armen Vater durch ihre Faulheit und Bosheit in große Not gebracht hatten, hörten das alles mit an, fingen darauf an zu lachen und zu spotten: »Wir haben wenigstens jeder nur *einen* Sack voll Sand heimgebracht; du aber wirst nun gewiß eine ganze Fuhre Asche erhalten. Es ist auch ganz recht, warum wärst du sonst der Aschenputtel!«

Er aber kehrte sich nicht an den Spott und war in seinem Herzen überzeugt, daß sein Glück wahr sei. Auf einmal hörte man, daß ein Wagen vor dem Hause halte. Sie gingen gleich alle hinaus. Kein Mensch war beim Wagen. An der Seite des Wagens stand aber mit großen Goldbuchstaben: »Wagen und Gespann und die drei Säcke mit dem Gold, Silber und Kupfer schickt der alte Mann seinem treuen Hirten, der ihn zuerst als Bettler so freundlich gespeist, der ihm dann seine Schafe wohl geweidet und besorgt und auch seiner lieben Vöglein sich erbarmt hat!« Der Junge trieb nun den Wagen in den Hof und lud die Säcke ab. Da war die Freude des Aschenputtels und seines Vaters und seiner Mutter unermeßlich. Diese bereuten es nun und schämten sich, daß sie ihren Jüngsten nicht so wie die älteren Söhne geliebt hatten, und baten ihn um Verzeihung. Er aber sprach: »Hört auf, ich habe ja doch alles Euch zu verdanken!« Aber die beiden älteren Brüder konnten das große Glück ihres jüngeren Bruders nicht ertragen, sie liefen fort wie wahnsinnig, und kein Mensch hat sie weiter gesehen noch gehört, was aus ihnen geworden.

Der Aschenputtel aber war nun ein reicher Mann und lebte noch viele Jahre mit seinen Eltern glücklich und zufrieden und stiftete mit seinem Reichtum viel Gutes. An schönen Tagen nahm er oft sein Pfeifchen und ging auf einen Berg und spielte und horchte auf den Gesang der Vögel. Da zogen die alten Erinnerungen aus seinem Hirtenjahr vor seiner Seele vorüber, und wenn er am seligsten war, so schien es ihm, als wäre er in jener großen Kirche und sehe die stille Pracht um sich und das Goldvöglein flöge hernieder auf seine Schulter und singe den wunderlieblichen Gesang: »Mit dir ist Gott!«

DIE VIER KUNSTREICHEN BRÜDER

Es war ein armer Mann, der hatte vier Söhne, wie die herangewachsen waren, sprach er zu ihnen: »Liebe Kinder, ihr müßt jetzt hinaus in die Welt, ich habe nichts, das ich euch geben könnte; macht euch auf und geht in die Fremde, lernt ein Handwerk und seht, wie ihr euch durchschlagt.« Da ergriffen die vier Brüder den Wanderstab, nahmen Abschied von ihrem Vater und zogen zusammen zum Tor hinaus.

Als sie eine Zeitlang gewandert waren, kamen sie an einen Kreuzweg, der nach vier verschiedenen Gegenden führte. Da sprach der älteste: »Hier müssen wir uns trennen, aber heut über vier Jahre wollen wir an dieser Stelle wieder zusammentreffen und in der Zeit unser Glück versuchen.« Nun ging jeder seinen Weg, und dem ältesten begegnete ein Mann, der fragte ihn, wo er hinauswollte und was er vorhätte. »Ich will ein Handwerk lernen«, antwortete er. Da sprach der Mann: »Geh mit mir und werde ein Dieb.«

»Nein«, antwortete er, »das gilt für kein ehrliches Handwerk mehr, und das Ende vom Lied ist, daß einer als Schwengel in der Feldglocke gebraucht wird.«

»Oh«, sprach der Mann, »vor dem Galgen brauchst du dich nicht zu fürchten: ich will dich bloß lehren, wie du holst, was sonst kein Mensch kriegen kann, und wo dir niemand auf die Spur kommt.« Da ließ er sich überreden, ward bei dem Manne ein gelernter Dieb und ward so geschickt, daß vor ihm nichts sicher war, was er einmal haben wollte.

Der zweite Bruder begegnete einem Mann, der dieselbe Frage an ihn tat, was er in der Welt lernen wollte. »Ich weiß es noch nicht«, antwortete er. »So geh mit mir und werde ein Sterngucker: nichts besser als das, es bleibt einem nichts verborgen.« Er ließ sich das gefallen und ward ein so geschickter Sterngucker, daß sein Meister, als er ausgelernt hatte und weiterziehen wollte, ihm ein Fernrohr gab und zu ihm sprach: »Damit kannst du sehen, was auf Erden und am Himmel vorgeht, und kann dir nichts verborgen bleiben.«

Den dritten Bruder nahm ein Jäger in die Lehre und gab ihm in allem, was zur Jägerei gehört, so guten Unterricht, daß er ein ausgelernter Jäger ward. Der Meister schenkte ihm beim Abschied eine Büchse und sprach: »Die fehlt nicht, was du damit aufs Korn nimmst, das triffst du sicher.«

Der jüngste Bruder begegnete gleichfalls einem Manne, der ihn anredete und nach seinem Vorhaben fragte. »Hast du nicht Lust, ein Schneider zu werden?«

»Daß ich nicht wüßte«, sprach der Junge, »das Krummsitzen von morgens bis abends, das Hin- und Herfegen mit der Nadel und das Bügeleisen will mir nicht in den Sinn.«

»Ei was«, antwortete der Mann, »du sprichst, wie du's verstehst: bei mir lernst du eine ganz andere Schneiderkunst, die ist anständig und ziemlich, zum Teil sehr ehrenvoll.« Da ließ er sich überreden, ging mit und lernte die Kunst des Mannes aus dem Fundament. Beim Abschied gab ihm dieser eine Nadel und sprach: »Damit kannst du zusammennähen, was dir vorkommt, es sei so weich wie ein Ei oder so hart als Stahl; und es wird ganz zu einem Stück, daß keine Naht mehr zu sehen ist.«

Als die bestimmten vier Jahre herum waren, kamen die vier Brüder zu gleicher Zeit an dem Kreuzwege zusammen, herzten und küßten sich und kehrten heim zu ihrem Vater. »Nun«, sprach dieser ganz vergnügt, »hat euch der Wind wieder zu mir geweht?« Sie erzählten, wie es ihnen ergangen war und daß jeder das Seinige gelernt hätte. Nun saßen sie gerade vor dem Haus unter einem großen Baum, da sprach der Vater: »Jetzt will ich euch auf die Probe stellen und sehen, was ihr könnt.« Danach schaute er auf und sagte zu dem zweiten Sohne: »Oben im Gipfel dieses Baums sitzt zwischen zwei Ästen ein Buchfinkennest, sag mir, wieviel Eier liegen darin?«

Der Sterngucker nahm sein Glas, schaute hinauf und sagte: »Fünfe sind's.«

Sprach der Vater zum ältesten: »Hol du die Eier herunter, ohne daß der Vogel, der darauf sitzt und brütet, gestört wird.«

Der kunstreiche Dieb stieg hinauf und nahm dem Vöglein, das gar nichts davon merkte und ruhig sitzenblieb, die fünf Eier unter dem Leib weg und brachte sie dem Vater herab. Der Vater nahm sie, legte an jede Ecke des Tisches eins und das fünfte in die Mitte und sprach zum Jäger: »Du schießest mir mit einem Schuß die fünf Eier in der Mitte entzwei.« Der Jäger legte seine Büchse an und schoß die Eier, wie es der Vater verlangt hatte, alle fünfe, und zwar in einem Schuß.

Der hatte gewiß von dem Pulver, das um die Ecke schießt.

»Nun kommt die Reihe an dich«, sprach der Vater zu dem vierten Sohn, »du nähst die Eier wieder zusammen und auch die jungen Vöglein, die darin sind, und zwar so, daß ihnen der Schuß nichts schadet.« Der Schneider holte seine Nadel und nähte, wie's der Vater verlangt hatte. Als er fertig war, mußte der Dieb die Eier wieder auf den Baum ins Nest tragen und dem Vogel, ohne daß er etwas merkte, wieder unterlegen. Das Tierchen brütete sie vollends aus, und nach ein paar Tagen krochen die Jungen hervor und hatten da, wo sie vom Schneider zusammengenäht waren, ein rotes Streifchen um den Hals.

»Ja«, sprach der Alte zu seinen Söhnen, »ich muß euch über den grünen Klee loben, ihr habt eure Zeit wohl benutzt und was Rechtschaffenes gelernt: ich kann nicht sagen, wem von euch der Vorzug gebührt. Wenn ihr nur bald Gelegenheit habt, eure Kunst anzuwenden, da wird sich's ausweisen.«

Nicht lange danach kam großer Lärm ins Land, die Königstochter wäre von einem Drachen entführt worden. Der König war Tag und Nacht darüber in Sorgen und ließ bekanntmachen, wer sie zurückbrächte, sollte sie zur Gemahlin haben. Die vier Brüder sprachen untereinander: »Das wäre eine Gelegenheit, wo wir uns könnten sehen lassen«, wollten zusammen ausziehen und die Königstochter befreien. »Wo sie ist, will ich bald wissen«, sprach der Sterngucker, schaute durch sein Fernrohr und sprach: »Ich sehe sie schon, sie sitzt weit von hier auf einem Felsen im Meer und neben ihr der Drache, der sie bewacht.« Da ging er zu dem König und bat um ein Schiff für sich und seine Brüder und fuhr mit ihnen über das Meer, bis sie zu dem Felsen hinkamen. Die Königstochter saß da, aber der Drache lag in ihrem Schoß und schlief. Der Jäger sprach: »Ich darf nicht schießen, ich würde die schöne Jungfrau zugleich töten.«

»So will ich mein Heil versuchen«, sagte der Dieb, schlich sich heran und stahl sie unter dem Drachen weg, aber so leis und behend, daß das Untier nichts merkte, sondern fortschnarchte.

Sie eilten voll Freude mit ihr aufs Schiff und steuerten in die offene See; aber der Drache, der bei seinem Erwachen die Königstochter nicht mehr gefunden hatte, [kam] hinter ihnen her und schnaubte wütend durch die Luft. Als er gerade über dem Schiff schwebte und sich herablassen wollte, legte der Jäger seine Büchse an und schoß ihm mitten ins Herz. Das Untier fiel tot herab, war aber so groß und gewaltig, daß es im Herabfallen das ganze Schiff zertrümmerte. Sie erhaschten glücklich noch ein paar Bretter und schwammen auf dem weiten Meer umher.

Da war wieder große Not, aber der Schneider, nicht faul, nahm seine wunderbare Nadel, nähte die Bretter mit ein paar großen Stichen in der Eile zusammen, setzte sich darauf und sammelte alle Stücke des Schiffs. Dann nähte er auch diese so geschickt zusammen, daß in kurzer Zeit das Schiff wieder segelfertig war und sie glücklich heimfahren konnten.

Als der König seine Tochter wiedererblickte, war große Freude. Er sprach zu den vier Brüdern: »Einer von euch soll sie zur Gemahlin haben, aber welcher das ist, macht unter euch aus.« Da entstand ein heftiger Streit unter ihnen, denn jeder machte Ansprüche.

Der Sterngucker sprach: »Hätt ich nicht die Königstochter gesehen, so wären alle eure Künste umsonst gewesen: darum ist sie mein.« Der Dieb sprach: »Was hätte das Sehen geholfen, wenn ich sie nicht unter dem Drachen weggeholt hätte: darum ist sie mein.«

Der Jäger sprach: »Ihr wärt doch samt der Königstochter von dem Untier zerrissen worden, hätte es meine Kugel nicht getroffen: darum ist sie mein.«

Der Schneider sprach: »Und hätte ich euch mit meiner Kunst nicht das Schiff wieder zusammengeflickt, ihr wärt alle jämmerlich ertrunken: darum ist sie mein.«

Da tat der König den Ausspruch: »Jeder von euch hat ein gleiches Recht, und weil ein jeder die Jungfrau nicht haben kann, so soll sie keiner von euch haben, aber ich will jedem zur Belohnung ein halbes Königreich geben.« Den Brüdern gefiel diese Entscheidung, und sie sprachen: »Es ist besser so, als daß wir uneins werden.« Da erhielt jeder ein halbes Königreich, und sie lebten mit ihrem Vater in aller Glückseligkeit, solange es Gott gefiel.

Ein Kaufmann hatte drei Söhne. Als diese groß waren, sprach der Vater: »Jetzt will ich sehen, wie ihr zum Geschäft euch anstellt. Hier hat jeder hundert Gulden, zieht in die große Stadt und kauft ein!« Die beiden älteren Brüder zogen miteinander voraus, den Jüngsten ließen sie allein und wollten nichts mit ihm zu tun haben. Denn sie meinten, er sei ein Dümmling und sie müßten sich seiner nur schämen. In der Stadt kaufte jeder der beiden so viele Waren, als man für hundert Gulden nur immer kaufen konnte, und wie sie heimkamen, lobte sie der Vater und war mit ihnen zufrieden. Als aber der Jüngste zur Stadt zog, sah er am Weg einen toten Menschen liegen, von dem fraßen die Vögel. Da jammerte es ihn, und er lief gleich zum nächsten Städtchen und fragte, warum man den Menschen am Weg liegen lasse. Es sei niemand, sprachen die Leute, der für die Beerdigung zahlen wolle. »Ich will zahlen!« sagte der Dümmling und ließ den Toten gleich ehrlich begraben, und das kostete fünfzig Gulden.

Froh eilte er jetzt weiter, kam in die große Stadt und kaufte für die anderen fünfzig Gulden auch Waren. Als er daheim ankam, erzählte er seinem Vater, was er getan habe. Dieser war zornig und rief: »Du bist ein schlechter Kaufmann, wenn du mir's noch einmal so machst, so jage ich dich fort!« Nach einiger Zeit schickte der Vater die drei Söhne wieder aus und gab jedem zweihundert Gulden und sprach: »Ich will sehen, wer am besten kauft!« Die beiden älteren Brüder waren wieder schnell in der Stadt und eifrig am Geschäft und kauften so billig, daß ihr Vater mit ihnen ganz zufrieden war. Als der

Jüngste in die Stadt kam und durch die Straßen ging, sah er an dem Gitter eines Kerkerfensters ein wunderschönes Mädchen. Er blieb stehen und fragte das Mädchen, wie es dahin gekommen sei. Da erzählte es weinend: man habe in der Stadt hundert Gulden gestohlen. Man halte es nun für die Diebin. Es sei aber nicht wahr. Nur dürfe es nicht sagen, warum und wie. Der Junge erbarmte sich ihrer, ging hin vors Gericht und sprach: »Das Mädchen ist unschuldig, gebt es frei. Hier sind hundert Gulden, bis man den rechten Dieb findet.« Da ließ man das Mädchen frei, und es war gerade die Königstochter. Sie ging nämlich jeden Tag verkleidet in die Häuser der Armen, tat im stillen Gutes und war jetzt eben auf der Straße, als man die Spur des Diebes verfolgte. Sie fiel den Häschern, die sie nicht kannten, in die Hände, und diese schleppten sie sofort ins Gefängnis. Als sie nun frei war, gab sie dem Jungen einen goldenen Ring und sprach: »Daran will ich dich erkennen!« eilte dann in die Königsburg und freute sich, daß man sie hier noch nicht vermißt hatte. Der Junge kaufte für die anderen hundert Gulden Ware und zog fröhlich, wie es nach einem guten Werk zu geschehen pflegt, nach Hause und erzählte seinem Vater, wie er das arme Mädchen aus dem Gefängnis befreit habe.

»Aus dir wird nichts!« rief sein Vater zornig, »packe dich fort aus meinen Augen, daß ich dich nie mehr sehe!« Der arme Junge mußte fort. Sein Vater gab ihm noch einige Gulden, damit solle er sich durch die Welt helfen und niemandem sagen, wessen Sohn er sei. Lange wanderte er herum, aber kein Haus wollte ihn aufnehmen. Wie er nun einmal in trüben Gedanken an der Straße saß, kam ein alter Mann in einem grauen Mantel zu ihm und fragte: »Warum bist du so traurig?« Da erzählte ihm der Junge sein Schicksal. Der Alte tröstete ihn und sprach: »Wenn du mir versprichst, nach sieben Jahren die Hälfte zu geben von allem, was du hast, so will ich dir ein großes Glück verschaffen.«

»Das verspreche ich von Herzen gerne!« erwiderte der Junge. »So eile in die Hauptstadt, denn die Königstochter wartet auf dich!« Damit entfernte sich der Alte, und der Junge zog schnell nach der Stadt. Der König hatte gewünscht, daß seine Tochter heirate. Er liebte sie aber so sehr, daß er sagte: »Ich will nicht dagegen sein, ihr Herz soll frei wählen, und träfe es den Ärmsten im Reich, so wird es mich freuen!«

Schon viele Grafen und Ritter, ja auch Fürsten und Könige hatten um ihre Gunst geworben, allein vergebens. Da erschien auch der Junge, und kaum hatte die Königstochter den Ring an seinem Finger erblickt, so rief sie freudig: »Das ist der Rechte!« faßte seine Hand, führte ihn zum König und sprach: »Vater, segne uns!«

Wer war froher als dieser, wie er sein Kind so überaus selig und seinen Wunsch erfüllt sah. Da wurde die Hochzeit mit großer Pracht gefeiert, und der Junge ward nach dem Tode seines Schwiegervaters König und lebte in Friede und Freude. Nach sieben Jahren erschien nur einmal der alte Mann und verlangte nach dem Versprechen die Hälfte von allem, was er habe. Der Junge war gleich bereit und teilte alles rechtschaffen genau auf zwei Hälften und gab ihm die eine. Nun wollte der Alte auch von den Kindern den gebührenden Teil. Mit schwerem Herzen gab der Junge ihm eins, denn er hatte zwei. Zuletzt blieb noch die Frau, und der alte Mann verlangte auch von der die Hälfte. »Wie ist das möglich?« rief der Junge bestürzt. »Die mußt du zerschneiden!« sagte der Alte. Da entsetzte sich der Junge und sprach nach kurzem Bedenken: »Die habe ich viel zu lieb, als daß ich ihr ein Leid zufügen oder auch nur ein Haar krümmen könnte. Aber was ich versprochen habe, will ich getreu halten. So nimm sie ganz.«

»Behalte alles!« rief der Alte, »ich habe dich treu erfunden!« und verschwand vor den Augen des Königs.

Der starke Jochem

Es war einmal ein Bauer, der war schon sieben Jahre verheiratet, und noch immer nicht hatte ihm seine Frau, die Bäuerin, ein Kind geschenkt. Endlich erhörte der liebe Gott ihre Bitten, und der Bauer war so erfreut darüber, daß er sprach: »Mutter, wenn's ein Junge wird, soll er Jochem heißen, und du mußt ihm sieben Jahre die Brust geben und darfst dabei nichts anderes tun als essen und trinken und mit ihm Karten spielen.« Wie der Bauer gewünscht hatte, so geschah es auch: Die Frau kam mit einem Jungen nieder. Alsbald nahm er ein neues Mädchen an, welches die Geschäfte der Bäuerin zu besorgen hatte, während diese nur aß und trank und dem Jungen die Brust gab und, als er älter wurde, mit ihm in der Karte spielte. In der Taufe aber wurde das Kind Jochem genannt.

Das gute Leben der Mutter bekam Jochem ausgezeichnet, und schon im ersten Jahre ward er so stark wie ein großer Junge und aß zu der Brust tagtäglich ein ganzes hausgebackenes Brot. Im zweiten Jahr mußte man ihm schon zwei Brote geben, im dritten drei, und im siebenten Jahr gar schrie er vor Hunger, wenn er nicht sieben Brote aufessen durfte. Da war's kein Wunder, daß er sich groß und stark anließ wie ein Riese, und Karten spielte er so schön, ei, so schön, daß er seinen Meister suchen konnte in der ganzen Welt.

Den Tag, da er entwöhnt ward, nahm ihn der Vater mit sich aufs Feld und gab ihm die Peitsche, daß er die Pferde antriebe.

»Was soll ich mit dem Ding!« sprach Jochem zornig, ging an den Waldesrand und zog eine junge sechszöllige Buche aus dem Erdreich heraus.

»Was willst du damit?« rief der Alte erschrocken.

»Die Pferde antreiben!« antwortete der starke Jochem, und schon hatte er dem einen Pferd, das nicht mehr weiterwollte, eins über den Buckel gegeben, daß ihm das Kreuz brach und es tot zu Boden stürzte. Darüber geriet der Bauer in Todesangst und wollte ausspannen und nach Hause zurückkehren. »Wenn's mir gefällt, wird aufgehört!« sprach der starke Jochem, und der Bauer war still und pflügte mit ihm trotz Hunger und Durst bis auf den Abend.

Als sie heimkehrten, stand die Bäuerin schon vor der Tür und hatte die Arme in die Seiten gestemmt und wollte schelten, daß sie so spät kämen. »Still, still, Mutter!« rief der Alte und nahm sie beiseite und erzählte ihr alles, wie es gekommen war. Da wurden sie eins miteinander, alles daranzusetzen, den starken Jochem sobald wie möglich loszuwerden. Zu dem Zweck sprach der Bauer am anderen Morgen: »Jochem, mein Sohn, du bist nun sieben Jahre alt und stark genug, in die Fremde zu gehen. Hier hast du drei Taler Geld, sieben hausgebackene Brote und ein halbes geschlachtetes Schwein, das soll deine Wegzehrung sein.« Das schien dem starken Jochem ein guter Rat, er nahm Geld, Brot und Fleisch und schritt zum Haus hinaus.

Vor dem Dorf macht er halt und aß alles mit einem Mal auf. Dann ging er auf den Gutshof und fragte den Edelmann, ob er nicht einen Knecht brauchen könne. Als der Herr Jochems starke Knochen sah, sprach er bei sich: »Der kommt dir wie gerufen, den wirst du nicht laufenlassen!« Gedacht, getan: Der starke Jochem wurde des Edelmanns Knecht und mußte sich verpflichten, bis Martini in seinen Diensten zu bleiben.

Um zwölf wurde zum Mittagsmahl geklappert und ein großer Kessel Erbsen und eine gute Schüssel Schweinefleisch für das Gesinde aufgetischt. Ehe sich's aber die anderen versahen, hatte der starke Jochem sich schon darübergemacht und alles rein aufgegessen, daß die übrigen das Nachsehen hatten. Und damit war er noch gar nicht zufrieden, er verlangte mehr, die paar Bissen hätten kaum seinen Hunger gestillt. Der Edelmann schüttelte den Kopf, ließ aber neue Speisen herbeischaffen und befahl dann den Knechten, in den Busch zu fahren und Eichenholz zu holen.

Die Leute waren schon längst im Wald, da kam der starke Jochem ihnen nach und fragte: »Welche Bäume nehmt ihr?«

»Die ausgezeichnet sind«, sagten die Knechte mürrisch, denn sie konnten den Ärger über das schöne Essen, welches ihnen der starke Jochem vor der Nase weggefressen hatte, nicht verwinden.

»Wieviel Bäume nehmt ihr?« fragte Jochem weiter.

»Einen«, sagten die Knechte, »das ist für den Wagen genug.«

»Warum habt ihr denn aber so viele Äxte mitgenommen?«

»Du Dummkopf, weil wir sonst die Bäume nicht fällen können!«

»Das bin ich anders gewohnt«, sprach der starke Jochem und ergriff mit jeder Hand einen dicken Eichbaum am Zopf und zog die Stämme samt den Wurzeln mit einem Ruck aus dem Erdboden heraus. Dann warf er sie auf den Wagen und trieb die Pferde an, um heimzufahren. Den Tieren war die Last aber zu schwer. »Auch gut!« sagte der starke Jochem und legte die Pferde oben auf die Stämme, spannte sich selbst vor den Wagen und zog die Fuhre gemächlich hinter sich drein, als hätte er nur ein paar Bund Heu geladen.

Vor dem Wald war ein Hohlweg. Da drückten den starken Jochen die sieben hausbackenen Brote und das halbe Schwein, der Kessel mit Erbsen und das Pökelfleisch, und er setzte sich nieder, und als er aufstand, war von dem Hohlweg nichts mehr zu sehen. Alles war so schier und glatt, als wär's eine ebene Straße. Das freute den starken Jochem, und nun ging's noch einmal so gut mit dem Wagen. Wie ihn der Edelmann aber so ankommen sah, erschrak er des Todes und glaubte, der leibhaftige Teufel wär's, der wolle ihn holen.

»Jochem«, rief er, als er ihn endlich erkannte, »was ist denn das?«

»Das ist Bauholz, Herr«, gab er zur Antwort.

»Aber Jochem, mit Zopf und Zweigen und Stubben?«

»Wir müssen sparen, Herr«, antwortete Jochem, »die Zweige brennen leicht an, und die Stubben halten lange vor.«

»Wo bleiben denn aber die anderen?« fragte der Edelmann.

»Die kommen nach«, sagte der starke Jochem. Aber der

Herr mochte lauern, solange er wollte, sie kamen nicht nach Hause.

»Jochem«, sprach darauf der Edelmann, »komm, wir wollen nach den anderen sehen!«

»Ich habe meine Arbeit getan«, sagte der starke Jochem, »aber wenn Ihr mir sieben fette Hammel und einen halben Wispel [altes Getreidemaß: 1 Wispel = 14 Hektoliter] Kartoffeln zum Abendbrot versprecht, so will ich es wohl tun.«

»Das sollst du alles haben, wenn du morgen wieder zum Dienst gehst«, sagte der Edelmann, und weil Jochem damit zufrieden war, gingen sie dem Wald zu, um nach den Leuten zu sehen.

Siehe, da steckten sie allesamt mit Pferd und Wagen im Hohlweg und konnten nicht vorwärts und nicht rückwärts. »Daran bin ich schuld«, sagte Jochem, ergriff einen Wagen nach dem anderen vorne an der Deichsel, und ein Ruck, so waren sie aus dem Hohlweg heraus und konnten die Fahrt fortsetzen.

Den Abend erhielt der starke Jochem die sieben fetten Hammel und den halben Wispel Kartoffeln, wie ihm der Edelmann versprochen hatte. Aber am anderen Morgen bekam er seinen Jahreslohn ausgezahlt und konnte wieder gehen, woher er gekommen war. Und das tat er auch, und der Bauer lachte über das ganze Gesicht und bereitete seinem Sohn einen guten Empfang, als er die harten Taler sah, welche dieser in einem Tag verdient hatte. Zu Ehren der Rückkehr mußte die Bäuerin obendrein so viel Kartoffeln kochen, als Jochem nur irgend essen konnte. Dem mochte aber die magere Kost nicht mehr gefallen, seitdem er die sieben Hammel gegessen, und er wußte sich Rat in der Sache. Als die

Nacht hereinbrach, ging er in des Herrn Schafstall und band sieben fette Böcke an den Schwänzen zusammen, warf sie über die Schultern und brachte sie seiner Mutter, daß sie ihm die Tiere zubereite und er sie äße.

Der Schäfer hatte aber den Dieb erkannt und klagte dem Edelmann das Leid. Der hieß in der folgenden Nacht die stärksten Knechte mit Äxten und schweren Steinhämmern in dem Schafstall Wache halten und dem starken Jochem, wenn er wieder erscheine, den Schädel einschlagen. So taten die Leute auch, und kaum hatte Jochem am nächsten Abend die Stalltür geöffnet, so schlugen sie von allen Seiten auf seinen Kopf ein. »Hätte ich doch nimmer gedacht, daß im Schafstall die Mücken stechen!« sagte der starke Jochem und eilte sich, daß er wieder sieben gute Böcke erwische. Die Knechte aber verkrochen sich vor Angst in den hintersten Winkel des Stalles und sagten Gott Lob und Dank in ihrem Herzen, daß Jochem bei der Dunkelheit ihrer nicht gewahr geworden war.

»Kommst du mir so?« rief der Edelmann zornig, als er von den Leuten hörte, wie es ergangen sei. »Warte, ich will dir schon an den Leib gehen!« Dann ließ er zwei wilde, gewaltige Bullen aus dem Stall holen und vor dem Schafstall einhürden. Die sollten den starken Jochem, wenn er wieder Schafe stehlen ginge, auf ihre Hörner nehmen und ihm so den Garaus machen.

Doch er hatte sich verrechnet, denn als der starke Jochem in der dritten Nacht kam und die Bullen erblickte, wie sie ihn grimmig anschauten und die Hörner senkten und aus der Nase schnoben und mit den Füßen das Erdreich scharrten, da rief er fröhlich: »Das sind mir freundliche Tierchen und größer als die Hammel; von der Art habe ich an zweien genug!« Sprach's und ergriff die Bullen an den Hörern und warf sie sich auf den Nacken, daß die Schwänze im Gras nachschleiften.

Jetzt sah der Edelmann ein, daß er mit Gewalt dem starken Jochem nichts anhaben könne. Er ging darum am anderen Morgen zu ihm auf den Bauernhof und redete ihm gemütlich zu, er möge doch die Gegend verlassen, sonst mache er ihn und seinen Vater dazu zum armen Mann. Da sei der König anders, der könne seine Soldaten nicht stark und lang genug bekommen, bei dem wäre er gut aufgehoben, auch würde er dort an Speis und Trank nie Mangel leiden. Die Rede gefiel dem starken Jochem, er sagte Vater und Mutter und dem Edelmann Lebewohl, wanderte in die Stadt und ließ sich den schönen bunten Soldatenrock anziehen. Darauf bekam er ein Gewehr in die Hand und sollte Griffe machen. Weil ihm nun eine Flinte ein gar gebrechliches Ding schien, brachte er sie fein sacht und behutsam beim Anfassen an die Schulter. »Kann der Kerl das Gewehr nicht fest einsetzen?« schrie der Feldwebel. »Mir soll's recht sein!« dachte der starke Jochem, griff fest zu, und der eiserne Lauf brach wie ein Rohrhalm mitten auseinander, und der Ruck war so groß, daß die obere Hälfte hoch in die Höhe flog, so hoch, daß sie eine gute Viertelstunde brauchte, ehe sie wieder auf den Erdboden herankam. Der Feldwebel sperrte Nase und Maul auf über den Anblick, machte kehrt und meldete die Sache dem Hauptmann.

»Das ist ja ein Mordskerl« sagte der Hauptmann, »dem müssen wir einen Sechspfünder als Flinte in die Hand geben!« Der starke Jochem erhielt nun auch wirklich einen Sechspfünder, und als er ihn der Hand hatte, fragte er den Herrn Hauptmann, ob er dies Ding auch gut einsetzen müsse. »Gewiß«, sagte der Hauptmann, »faß Er mal das Gewehr an!« Aber es ging nicht besser als das erste Mal: Das Kanonenrohr brach durch, und Jochem behielt nur die eine Hälfte im Arm. »Die Sache müssen wir dem General melden!« rief der Hauptmann, und der General kam und sah das Wunder mit an.

»Reicht ihm einen Zwölfpfünder!« sprach er darauf, und siehe, jetzt ging's: Der Zwölfpfünder brach nicht, und der starke Jochem hatte einen Schießprügel wie seine Kameraden alle. Aber wo er stand und Griffe machte, da sah der Exerzierplatz aus zum Gotterbarmen. Schließlich mochte es der General nicht länger ertragen und ließ einen Bericht an den König abgehen: sie hätten einen gewaltig starken Kerl unter den Rekruten, der könne nur mit einem Zwölfpfünder exerzieren. Damit richte er jedoch den ganzen Exerzierplatz zugrunde; ob es nicht besser wäre, ihm den Laufpaß zu geben. Der König hatte den Brief kaum gelesen, so gab er Befehl, den starken Jochem vor ihn zu bringen.

»Jochem«, sprach er zu ihm, »in meinem Reich liegt ein verwünschtes Schloß. Sooft ich noch Soldaten dorthin auf Wache geschickt habe, sind sie jedesmal von bösen Geistern in der Nacht umgebracht worden. Was meinst du, würdest du nicht drei Nächte dort aushalten?«

»Warum nicht?« sagte der starke Jochem. »Wenn mir Speise und Trank dorthin gebracht werden, soviel ich bedarf, und wenn ich Karten bekomme und einen Mann dazu, der mit mir spielt, so will ich die Wache gern übernehmen.«

Der König lobte den starken Jochem und ließ sogleich drei vierspännige Fuhren, mit Speise und Trank beladen, ins verwünschte Schloß fahren. Dann ließ er ausrufen in der ganzen Stadt: »Wer mit dem starken Jochem eine Nacht in dem verwünschten Schloß Karten spielt, der soll dreihundert Taler bekommen!« Aber es fand sich niemand, der das Geld verdienen wollte, denn jedermann in der Stadt wußte, daß es aus dem verwünschten Schloß kein Zurückkommen mehr gab. Endlich meldete sich bei Sonnenuntergang ein Schneidergeselle, ein alter, zerlumpter Krauter ohne Strümpfe und Schuh.

»Kannst du Karten spielen?« fragte der starke Jochem.

»Ja«, sagte der Schneider. Da war die Sache abgemacht, und er zog mit ihm in das verwünschte Schloß.

Dort zündeten sie sich in dem großen Saal ein Feuerchen an. Dann wurde gegessen und getrunken, und als sie damit fertig waren, spielten sie in der Karte, und so ging alles wunderschön, bis um elf Uhr mit einem Mal die Tür aufgerissen wurde und drei schwarze Kerle hereintraten.

»Können wir mitspielen?« fragten die drei.

»Wascht euch erst, wir haben neue Karten!« sagte der starke Jochem.

»Wir sind so schwarz von Natur und färben nicht ab«, gaben sie zur Antwort.

»Dann meinetwegen!« sprach Jochem. »Macht ihr mir aber meine neuen Karten schmutzig, so müßt ihr mir andere kaufen.«

Die schwarzen Kerle waren aber Betrüger, sie spielten falsch und sahen in die Karten, und wenn der starke Jochem und der Schneider dazu brummten, so lachten sie, und einer fuhr dem Schneidergesellen sogar mit der Hand ins Gesicht. »Bruder, wehr dich!« rief der starke Jochem, aber der Schneider fürchtete sich und litt es sogar, daß sie ihn bei der Hand nahmen und mit ihm hinausgingen. Derweil mischte Jochem drinnen die Karten. Als sie aber nicht wiederkommen wollten und wollten, ging er ihnen nach. Sieh, da waren die schwarzen Kerle verschwunden, und das Schneiderlein lag ganz still auf der Erde und rückte und rührte sich nicht. »Brüderchen, meld dich, was ist dir?« fragte Jochem. »Meld dich, ich tu' dir nichts!« Aber er war still und blieb still. Da dachte Jochem, am Ende sei ihm draußen zu kalt geworden, und er nahm ihn und hielt ihn an den Ofen, daß er wieder aufwärme. Der Ofen war aber von dem vielen Holz, das Jochem hineingesteckt, glühheiß geworden, so daß die Lumpen, die das Schneiderlein am Leib hatte, zu schwelen und sein Fleisch zu braten begann. »Brüderchen, du stinkst! Schäm dich!« sagte Jochem und drückte ihn noch fester an den Ofen. Aber je mehr er drückte, um so ärger ward der Gestank. Endlich wurde es ihm zu arg, er packte den Schneider und warf ihn zum Fenster hinaus, daß er hart an des Königs Tür zu Boden fiel. Darauf setzte er sich wieder ans Feuer, und weil seine vier Herrschaften verreist waren, spielte er mit sich allein Karten, bis der Tag anbrach.

Der alte König war den Morgen früh aufgestanden. Wie er nun zum Fenster hinaussah und den halbverbrannten Schneider vor der Tür erblickte, dachte er bei sich: Da ist's gut zugegangen!, und sogleich mußte ein Diener aufs verwünschte Schloß laufen und nach dem starken Jochem sehen. »Jochem sitzt am Feuer und spielt Karten«, sprach der Diener, als er zurückkam.

Da machte sich der alte König selber auf den Weg, und nachdem er sich genügsam gewundert hatte, fragte er

Jochem, ob er die nächste Nacht wiederum Wache halten wolle. »Wenn ich einen Kameraden zum Kartenspielen bekomme, dann soll's sein«, sagte Jochem, und der König versprach von neuem dreihundert Taler dem, welcher mit dem starken Jochem in dem verwünschen Schloß zubringen würde. Auf den Abend meldete sich ein hergelaufener, abgerissener Schustergeselle, und weil er das Kartenspielen aus dem Grund verstand, war Jochem mit ihm zufrieden, und sie setzten sich in den Saal und begannen das Spiel.

Um elf Uhr tat sich die Tür auf, und sechs schwarze Kerle traten herein und fragten, ob sie mitspielen könnten. »Wenn ihr nicht abfärbt, mag's darum sein«, sagte Jochem, »ich habe neue Karten.« Die sechs waren von Natur so schwarz und färbten nicht ab, und das Spiel ging wie den Abend zuvor. Als es bald zwölf schlagen wollte, legten sie die Karten beiseite und rückten dem Schuster auf den Leib. »Brüderchen, wehr dich!« sagte Jochem. Der Schuster wehrte sich aber nicht, sondern zitterte vor Angst, und schon wollten ihn die sechs bei der Hand fassen und mit ihm hinausgehen, als der starke Jochem mit einem Feuerbrand dazwischenfuhr und so auf sie einschlug, daß sie die Flucht ergriffen. Dann setzte er sich mit dem Schuster am Feuer nieder, und sie spielten zu zweien bis an den lichten Morgen, da der alte König kam und nachsah, wie es gegangen war. »Es sind schlechte Kerle, die Schwarzen«, sagte der starke Jochem, »und der Bruder Schuster taugt auch nicht viel. Morgen bleib ich für mich allein und binde mit den Kerlen erst gar nicht an.« Da ließ der König dem Schuster die dreihundert Taler auszahlen, dem starken Jochem aber machte er guten Mut. Wenn er noch eine Nacht aushielte, so wäre die ganze Verwünschung erlöst und die

Prinzessinnen, seine Töchter, auch. »Ich werde es schon machen«, sagte der starke Jochem.

Den dritten Abend, als sich um elf Uhr die Tür öffnete, stürzten sogleich zwölf schwarze Kerle auf den starken Jochem los, um ihm den Garaus zu machen. Und dabei waren sie so schnell, daß Jochem sich ihrer anfangs kaum zu erwehren vermochte und unter ihren Schlägen auf ein Knie sank. Da überkam ihn aber der Zorn, und er ergriff den Zwölfpfünder, den er bis dahin noch immer in guter Ruhe an seiner Seite gelassen hatte. Hast du nicht gesehen, ging's jetzt über die schwarzen Kerle her, und es dauerte nicht lange, so waren alle bis auf einen niedergeschlagen und zuckten mit keinem Glied mehr. Nur der zwölfte war noch am Leben. Das war aber ein gewaltig großer Riese, fast so stark und lang als Jochem selbst. Der trug in der Hand ein Schlüsselbund als Waffe, und der größte Schlüssel darunter wog seine sieben Zentner. Aber gegen Jochems Zwölfpfünder kam er doch nicht an. Sosehr er sich auch wehrte, er mußte sich schließlich ergeben und Jochem um Gnade bitten. Die versprach dieser ihm auch, wenn er ihm dafür alle Zimmer öffnen würde, zu denen die Schlüssel an dem Schlüsselbund gehörten. Anfangs wollte der Riese darauf nicht eingehen. Als ihm Jochem aber ein paar mit dem Zwölfpfünder in die Rippen versetzte, ward er gefügig.

»Geh du voran!« sprach er zum starken Jochem.

»Erst der Diener, dann der Herr!« erhielt er zur Antwort.

Der Riese tat wieder schwerhörig, bis Jochem ihm drohte, er würde ihm den Schädel einschlagen, wenn er nicht ginge. Da schloß der Schwarze alle Zimmer und Stuben und Säle auf, zu denen er die Schlüssel am Bund führte, und zeigte sie dem starken Jochem. Nur den großen Schlüssel, der sieben Zentner wog, setzte er nicht in Bewegung. »Warum schließt du nicht auch diesen Schlüssel?« fragte Jochem. Der Riese gab eine trotzige Antwort und versuchte zum drittenmal, sich zur Wehr zu setzen. Er merkte aber bald, daß er in dem starken Jochem seinen Meister gefunden, denn dieser gab ihm einen solchen Schlag mit dem Zwölfpfünder, daß er am Leben verzagte und, so schnell er nur konnte, den großen Schlüssel in das Schlüsselloch steckte.

Kaum hatte sich der Bart herumgedreht, da fuhr ein Donnerschlag durch das Schloß, daß dem starken Jochem die Sinne schwanden und er zu Boden fiel. Als er aus der Ohnmacht erwachte, lag er in einem seidenen Bett, und drei wunderschöne Prinzessinnen standen davor und herzten und küßten ihn und wollten ihn zum Mann haben.

»Kinder, doch nicht alle drei!« rief Jochem erschrocken und fragte, wer sie wären.

»Wir sind des alten Königs Töchter«, sagten die Prinzessinnen, »und du hast uns erlöst.« Indem sie noch so sprachen, kam der König selbst und sprach: »Jochem, welche willst du haben?«

»Ich will kein Elend machen und werde die Älteste nehmen«, sprach Jochem, und der König freute sich über die Wahl und sagte: »Du hast recht getan, der Ältesten steht's auch am ersten zu.«

Darauf wurde Hochzeit gefeiert, und Jochem lebte mit seiner jungen Frau in dem erlösten Schloß in Glück und Freude. Was aber das Wunderbarste war: Er hatte durch die Erlösung seine übermenschliche Größe und Körperkraft eingebüßt und war fortan nicht stärker und größer, als mächtige

Könige zu sein pflegen, und aß und trank auch nicht mehr und nicht weniger als ein anderer Mensch. Und als der alte König starb, ward er König an seiner Statt, und wenn er nicht gestorben ist, so lebt er heute noch.

Die Helden und Heldinnen der Märchen sind niemals allein. Stets erhalten sie Hilfe. Selbst gefahrvolle, ja lebensbedrohende Aufgaben bewältigen sie mühelos. Scheinbar Unmögliches und kaum Vorstellbares führt zu einem Abenteuer mit hohem Risiko, und der Ausgang ist für die Leser und Leserinnen von Märchen zu ahnen. So treibt beispielsweise eine Hungersnot, eine Probe der Tüchtigkeit, ein zerrüttetes Familienverhältnis zwischen Eltern und Kindern die Heranwachsenden aus dem Haus. Sie müssen die vertraute Umgebung verlassen und sich in der Fremde bewähren. Aber mag die persönliche und materielle Not noch so groß sein, die Erzählung hat fast immer einen guten Ausgang. Die Spannung über den Ausgang des Geschehens hält bis zum Schluß an. Die Helden und Heldinnen begegnen Menschen und Tieren, oft solchen mit übernatürlichen Fähigkeiten, die ihnen behilflich sind. Sie können kaum aus eigener Kraft die schwierigen Aufgaben lösen und sind daher auf die Unterstützung anderer angewiesen. Meist wird die Hilfe durch Gastlichkeit und Großzügigkeit erworben oder durch Ableistung eines Dienstes bei einem Dämon oder das Verrichten von Arbeiten ohne Widerspruch und ohne Eigennutz. Als Lohn winken Ratschläge oder stets verfügbare Zaubergaben. Alle, die sich anders verhalten und dabei von Habgier und Mißgunst geleitet sind, scheitern.

Diese einfache Struktur vieler Märchen macht sie so interessant, gerade wenn es um das Verhalten von Menschen innerhalb der eigenen Familie geht. Konflikte, die aus dem

Zusammenleben von älteren und jungen Menschen resultieren, machen einen großen Prozentsatz der Märchen aus. Sie führen zu vorübergehenden Trennungen von Eltern und Kindern, hervorgerufen durch elterliche Erziehungsgrundsätze gegenüber ihren Töchtern und Söhnen. Kindern erscheinen die Handlungen ihrer Eltern nicht immer verständlich, bittere Enttäuschungen bleiben nicht aus. Manchmal spüren sie auch ein fehlendes Vertrauen in ihre Fähigkeiten. Aber niemals stehen Eltern ihren Kindern unversöhnlich gegenüber.

Die Mutter ist häufig durch Güte und Fürsorge gezeichnet, der Vater dagegen bleibt vielfach eine blasse Figur und steht nicht im Mittelpunkt. Das Geschehen bestimmen die Kinder bzw. die Heranwachsenden. Die Figur des Vaters ist nur zu Beginn und am Ende der Handlung wichtig. Denn er muß als Familienvorstand entscheiden und seine Zustimmung erteilen, daß der Sohn in die Fremde ziehen kann, um ein Handwerk zu erlernen oder eine bestimmte Aufgabe zu lösen. Das Einverständnis der Mutter ist nicht erforderlich. Diese Rollenverteilung, die wir oft im Märchen antreffen, entsprach patriarchalischer Sehweise und weist zurück in eine frühere Zeit, in der die Märchen entstanden sind. Der Vater erteilt Ratschläge, bittet um Besorgung eines lebenswichtigen Heilmittels (Nr. 27) oder vertraut seinen Söhnen ein Geheimnis an, so daß sie ihr zukünftiges Leben sorgenfreier gestalten können sollen. Solche Eigenschaften können auch auf Tiere übertragen werden, wie am Beispiel des Tiermärchens von dem Sperling und seinen Jungen zu erkennen ist (Nr. 37): Hier sind die Tierkinder, wie so oft, mit menschlichen Eigenschaften ausgestattet. Sie wissen sich in der vom

Menschen beherrschten Umwelt zu behaupten und bedürften des väterlichen Rats eigentlich nicht mehr. Als der Vater seine Kinder nach ihren Erfahrungen befragt, ist er von ihrem Verhalten beeindruckt. Aber noch mehr, so lehrt bereits die älteste Fassung aus dem 16. Jahrhundert, überzeugt ihn das umsichtige Verhalten seines vierten und jüngsten Sohnes: Ihm gehört seine ganze Wertschätzung, weil dieser sein Vertrauen in Gott setzt.

Die Beziehung zwischen Vätern und Söhnen als ein enges Verwandtschaftsverhältnis schließt Konflikte und Widersprüche nicht aus. Wie so oft beginnen Märchen mit einer Situation, die für den eigentlichen Helden ein großes Problem darstellt. Es ist z. B. die scheinbare Hilflosigkeit des Vaters, etwa eine schwerwiegende Erkrankung, gegen die nur ein bestimmtes Heilmittel hilft; es kann aber auch eine Aufgabe sein, wodurch der Vater herausfinden will, wer sich am besten zu seinem Nachfolger eignet. Das Problem erfordert umgehende Hilfe. Bei der Vorliebe der Dreizahl in Märchen handelt es sich oft um drei Brüder (z. B. Nr. 18, 20, 21), welche das Erbe ihres Vaters antreten wollen. Die Aufgabe ist vielfach mehrteilig, erst der dritte Versuch, eine Zaubergabe zu erlangen oder eine schwere Aufgabe zu lösen, ist von Erfolg gekrönt, nachdem der Vater auch den Jüngsten seiner drei Söhne aus dem Haus geschickt hat. Dieser oft verkannte, unscheinbare Held erweist sich als der erfolgreichste und schlaueste unter seinen Brüdern. Eine der typischen Aufgaben besteht im Herbeischaffen des besten Pferdes (Nr. 14). Märchentypisch ist das Zusammenstehen der beiden älteren Brüder gegen den Jüngsten; die Rivalität der beiden älteren ist nicht handlungsbestimmend. Das Geschehen konzentriert sich ganz auf die humorvoll erzählten Abenteuer des jüngsten Bruders.

In zahlreichen anderen Märchen verspricht der Vater in einer Notlage unbedacht das erste, das ihm bei seiner Ankunft zuhause begegnet, einem Dämon oder einem Fremden. Ihm ist in diesem Augenblick nicht bewußt, daß es ein neugeborenes Kind sein könnte. Der Sohn, öfter ist es auch seine Tochter, begibt sich klaglos in den Dienst des Fremden und kann seinen Vater auslösen.

Unsere Auswahl stellt die wichtigsten Märchentypen in Fassungen aus Europa und anderen Teilen der Welt vor und versteht sich als Ergänzung zu den vorliegenden Bänden der schönsten Märchen von Kindern und Müttern und Töchtern.

1. Der mißratene Gelehrte. – Haltrich, Josef: Deutsche Volksmärchen aus dem Sachsenlande in Siebenbürgen. 3. Aufl. Wien 1882, Nr. 52.

2. Die Pomeranzen. – Tegethoff, Ernst: Französische Volksmärchen 2. Jena 1923, Nr. 24.

3. Die drei Raben. – Jahn, Ulrich: Volksmärchen aus Pommern und Rügen. Norden/Leipzig 1891, Nr. 8.

4. Pikkers Dudelsack. – Löwis of Menar, August von: Finnische und estnische Märchen. Jena 1922, Nr. 66 (estn.).

5. Der Goldvogel. – Löwis of Menar, August von: Finnische und estnische Märchen. Jena 1922, Nr. 4 (finn.).

6. Der gehorsame Sohn. – Volkov, A. A.: Karakalpakskie narodnye skazki (Karakalpakische Volkserzählungen). Nukus 1959, Nr. 26 (Text im Archiv der Arbeitsstelle »Enzyklopädie des Märchens«, Göttingen).

7. Der Rat. – Volkov, A. A.: Karakalpakskie narodnye skazki (Karakalpakische Volkserzählungen). Nukus 1959, Nr. 33 (Text im Archiv der Arbeitsstelle »Enzyklopädie des Märchens«, Göttingen).

8. Hans und Jagerlc. – Haltrich, Josef: Deutsche Volksmärchen aus dem Sachsenlande in Siebenbürgen. 3. Aufl. Wien 1882, Nr. 67.

9. Der junge Riese. – Ey, August: Harzmärchenbuch oder Sagen und Märchen aus dem Oberharze. Stade 1862, S. 154–159.

10. Der arme Weber und die indische Königstochter. – Jülg, Bernhard: Mongolische Märchen. Innsbruck 1868, 28–35.

11. Der Bartlose. – Kretschmer, Paul: Neugriechische Märchen. Jena 1917, Nr. 33.

12. Der große Hans. – Schönwerth, Fr[anz]: Aus der Oberpfalz. Sitten und Sagen 1–3. Augsburg: Rieger 1857/58/59, hier Bd. 2, S. 271–275.

13. Och. – Löwis of Menar, August von: Russische Volksmärchen. Jena 1914, Nr. 6.

14. Der Mann in allen Farben. – Tegethoff, Ernst: Französische Volksmärchen 2. Jena 1923, Nr. 53.

15. Die Wunderdinge. – Löwis of Menar, August von: Finnische und estnische Märchen. Jena 1922, Nr. 11 (finn.).

16. Ein Kopf. – Löwis of Menar, August von: Finnische und estnische Märchen. Jena 1922, Nr. 39 (finn.).

17. Kaiser Konstantins Schatz (Überschrift gekürzt). – Leskien, August: Balkanmärchen. Aus Albanien, Bulgarien, Serbien und Kroatien. Jena 1915, Nr. 8 (bulg.).

18. Der König und seine drei Söhne. – Leskien, August: Balkanmärchen. Aus Albanien, Bulgarien, Serbien und Kroatien. Jena 1915, Nr. 36 (bosn.).

19. Die jungfräuliche Königin. – Dirr, A.: Kaukasische Märchen. Jena 1920, Nr. 14.

20. Der treue Diener. – Dirr, A.: Kaukasische Märchen. Jena 1920, Nr. 17.

21. Hans mit den Watestiefeln. – Holbek, Bengt: Dänische Volksmärchen. Berlin 1990, Nr. 4.

22. Das schneeweiße Steinchen. – Sutermeister, Otto: Kinder- und Hausmärchen aus der Schweiz. Aarau 1869, S. 74 f.

23. Die Geschichte von den Nasen. – Wenzig, Joseph: Westslawischer Märchenschatz. Leipzig 1857, S. 5–10.

24. Von der schönen Cardia. – Nach Gonzenbach, Laura: Sicilianische Märchen 1–2. ed. Otto Hartwig. Leipzig 1870, Nr. 29.

25. Der Verwandlungskünstler (Überschrift gekürzt). – Asbjørnsen, P[eter]/Moe, Jörgen: Norwegische Volksmärchen. Deutsch von Friedrich Bresemann. Berlin [um 1908], S. 133–135.

26. Der gläserne Berg. – Javorskij, Jurij A.: Pamjatniki galicko-russkoj narodnoj slovesnosti. (Denkmäler der galizisch-russischen Volksliteratur 1–3. Kiev 1915, Nr. 28 (Text im Archiv der Arbeitsstelle »Enzyklopädie des Märchens«, Göttingen).

27. Vom goldenen Vogel (Überschrift ergänzt). – Javorskij, Jurij A.: Pamjatniki galicko-russkoj narodnoj slovesnosti. (Denkmäler der galizisch-russischen Volksliteratur 1–3. Kiew 1915, Nr. 31 (Text im Archiv der Arbeitsstelle »Enzyklopädie des Märchens«, Göttingen).

28. Dem Teufel verschrieben. – Javorskij, Jurij A.: Pamjatniki galicko–russkoj narodnoj slovesnosti. (Denkmäler der galizisch-russischen Volksliteratur 1–3. Kiew 1915, Nr. 101 (Text im Archiv der Arbeitsstelle »Enzyklopädie des Märchens«, Göttingen).

29. Der Herrgott als Pate. – Jahn, Ulrich: Volksmärchen aus Pommern und Rügen. Norden/Leipzig 1891, Nr. 36.

30. Abaraschika (Überschrift gekürzt). – Jülg, Bernhard: Mongolische Märchen. Innsbruck 1868, S. 11–16.

31. Die Hörner. – Amonov, Radžab: Tadžikskie skazki. Moskau 1961, Nr. 25 (Text im Archiv der Arbeitsstelle »Enzyklopädie des Märchens«, Göttingen).

32. Der Meister und sein Schüler. – Dirr, A.: Kaukasische Märchen. Jena 1920, Nr. 4.

33. Der unartige Knabe. – Wilhelm, Richard: Chinesische Volksmärchen. Jena 1914, Nr. 69.

34. Vom Königssohn, der fliegen gelernt hatte. – Strackerjan, L.: Aberglaube und Sagen aus dem Herzogtum Oldenburg 1–2. ed. K. Willoh. 2. Aufl. Oldenburg 1909, Bd. 2, Nr. 632.

35. Von drei Deserteuren. – Zingerle, Ignaz und Joseph: Kinder- und Hausmärchen aus Süddeutschland. Regensburg 1854, 403–414.

36. Die drei Rotbärte. – Haltrich, Josef: Deutsche Volksmärchen aus dem Sachsenlande in Siebenbürgen. 3. Aufl. Wien 1882, Nr. 2.

37. Der Sperling und seine vier Kinder. – Brüder Grimm [d.i. Jacob und Wilhelm]: Kinder- und Hausmärchen. Bd. 1–4. ed. Hans-Jörg Uther. München 1996, Bd. 3, Nr. 157.

38. Der gerechte Lohn. – Haltrich, Josef: Deutsche Volksmärchen aus dem Sachsenlande in Siebenbürgen. 3. Aufl. Wien 1882, Nr. 3.

39. Die vier kunstreichen Brüder. – Brüder Grimm [d.i. Jacob und Wilhelm]: Kinder- und Hausmärchen. Bd. 1–4. ed. Hans-Jörg Uther. München 1996, Bd. 2, Nr. 129.

40. Die Hälfte von allem. – Haltrich, Josef: Deutsche Volksmärchen aus dem Sachsenlande in Siebenbürgen. 3. Aufl. Wien 1882, Nr. 9.

41. Der starke Jochem. – Jahn, Ulrich: Volksmärchen aus Pommern und Rügen. Norden/Leipzig 1891, Nr. 17.

Literaturauswahl

Aarne, Antti: Der reiche Mann und sein Schwiegersohn (FFC 23). Hamina 1916.

Belgrader, Michael: Das Märchen von dem Machandelboom (KHM 47). Der Märchentypus AT 720: My Mother Slew Me, My Father Ate Me. Frankfurt am Main/Bern/Cirencester 1980.

Brettschneider, Werner: Die Parabel vom verlorenen Sohn. Das biblische Gleichnis in der Entwicklung der europäischen Literatur. Berlin 1978.

Daemmrich, Horst S. und Ingrid D.: Themen und Motive in der Literatur. Tübingen 1987 (^{2}1995).

Enzyklopädie des Märchens. Handwörterbuch zur historischen und vergleichenden Erzählforschung. Begründet von Kurt Ranke. Herausgegeben von Rolf Wilhelm Brednich u. a. Berlin/New York 1977 ff. (erschienen sind Band 1–10 [2002]).

Frenzel, Elisabeth: Motive der Weltliteratur. Stuttgart 1976.

Hacker, S.: Die Vaterfiguren in den Kinder- und Hausmärchen der Brüder Grimm. Magisterarbeit Köln 1986.

Hägglund, Tor-Björn und Vilja: The Boy Who Killed His Father and Wed His Mother. The Oedipus Theme in Finnish Folklore. In: The International Review of Psycho-Analysis 8 (1981) 53–62.

Harms, Wolfgang: Der Kampf mit dem Freund oder Verwandten in der deutschen Literatur bis um 1300. München 1963.

Reichl, Karl: Er Töstük und das Bärensohnmärchen. In:

Heissig, Walther (ed.): Fragen der mongolischen Helden-
dichtung 4. Wiesbaden 1987, 321–350.

Rölleke, Heinz: Der alte Großvater und der Enkel. In: Impri-
matur N.F. 12 (1987) 185–191.

Storp, Ursula: Väter und Söhne. Traditionen und Tradi-
tionsbruch in der volkssprachlichen Literatur des Mittel-
alters. Essen 1994.

Wentzel, Knud: Den kongelige familie. Børn og forældre i
folkeeventyret. Odense 1997.

DIE SCHÖNSTEN MÄRCHEN AUS ALLER WELT

Zusammengestellt und herausgegeben
von Hans-Jörg Uther

DIE SCHÖNSTEN MÄRCHEN
VON LIEBE UND SEHNSUCHT

DIE SCHÖNSTEN MÄRCHEN
VON SCHLAUEN KATZEN UND
LISTIGEN KATERN

DIE SCHÖNSTEN MÄRCHEN
VOM ESSEN UND TRINKEN

DIE SCHÖNSTEN MÄRCHEN
VON SONNE, MOND UND
STERNEN

DIE SCHÖNSTEN MÄRCHEN
VON HIMMEL UND HÖLLE

Knaur

DIE SCHÖNSTEN MÄRCHEN AUS ALLER WELT

Zusammengestellt und herausgegeben
von Hans-Jörg Uther

DIE SCHÖNSTEN MÄRCHEN
VON MÜTTERN UND TÖCHTERN

DIE SCHÖNSTEN MÄRCHEN
VOM HEILEN

DIE SCHÖNSTEN MÄRCHEN
VON UNERMESSLICHEN SCHÄTZEN
UND GROSSEN REICHTÜMERN

DIE SCHÖNSTEN MÄRCHEN
VON VÄTERN UND SÖHNEN

DIE SCHÖNSTEN MÄRCHEN
VON RIESEN UND ZWERGEN

Knaur

DIE SCHÖNSTEN MÄRCHEN
AUS ALLER WELT

Zusammengestellt und herausgegeben
von Hans-Jörg Uther

DIE SCHÖNSTEN MÄRCHEN
VON ELFEN UND FEEN

DIE SCHÖNSTEN
KINDERMÄRCHEN

GROSSMUTTERS
SCHÖNSTE MÄRCHEN

DIE SCHÖNSTEN
WEIHNACHTSMÄRCHEN

DIE SCHÖNSTEN
PFERDEMÄRCHEN

Knaur